일본의방송과방송문화사

이 연 저

학 문 사

서 문

　　2004년 11월 25일 오후 1시 35분 일본 나리타(成田) 공항대합실에는 약 5,000여명의 일본인 아주머니들이 몰려들어 북새통을 이루고 있었다. 인천공항에서 대한한공 편으로 나리타에 입국하는 배용준(일명 '욘사마')을 환영하기 위해서였다. 아침부터 경호요원도 무려 300여명이나 출동하여 현장을 경호하는데 진땀을 흘리고 있었다. 뿐만 아니라, 일본의 민간방송 TBS와 니혼TV, 후지TV 등 소위 민방 3사가 욘사마의 입국모습을 생중계하기 위해 헬리콥터까지 동원되었다. 1978년 나리타공항 개항 이래 단일 환영객 인파로는 이번이 최대의 규모라 한다.

　　왜 '욘사마'가 일본에서는 그렇게 인기가 있었던 것일까? 2002한·일 월드컵축구 공동 개최 이래 일본에서는 영국의 미남 축구선수 베컴이 일본 여성들에게 엄청난 인기를 얻고 있었는데, 그와는 비교도 안 될 정도로 '욘사마'의 인기는 폭발적으로 일본의 여성들을 사로잡아 나리타공항을 마비시켰던 이유는 무엇일까? 한국인이나 외국인에 대해서 차별을 일삼는 까다로운 일본의 민간방송들도 한국인을 그렇게까지 환대한 것은 '조선통신사' 이래 처음이라고 한다. 아마 그것은 2004년 3월부터 일본의 공공(公共)방송 NHK에서 3번씩이나 앙코르 방송된 KBS의 TV드라마 '겨울연가(후유노 소나타)'의 인기 때문이라고 하겠다. 이는 해방 이후 일본 식민지배하에서 우리가 그들에게 배운 기술이나 모방에서 탈피하여 우리 기술진들의 독자적인 제작능력에 의해서 만들어진 쾌거라 아니할 수 없다.

　　물론, 이런 현상은 "후유노 소나타" 등에 한정된 작품이긴 하지만, 일본인들의 정서나 풍속, 습관 등 그들의 방송문화에 상당히 접근한 작품이 아니면 NHK에서의 도입자체가 불가능하기 때문이다. 과거 우리나라 방송프로그램 중에는 일본의 방송프로그램을 그대로 베끼거나 모방하는 프로그램이 많았는데, 이제는 이러한 복사작업에서 한 단계 더 나아가서 그들의 정서에 맞게 제작할 수 있는 기술적인 노하우가 생겨났다는 것이다. 또, 다른 한편으로는 우리의 방송프로그램 제작능력이 이제는 국제적인 측면에서도 객관적으로 인정받고 있다는 뜻이다. 즉 1992년 한국의 TV프로그램인 "임진왜란"과 "여명의 눈동자", "질투" 등이 일본 방송시장에 진출한 이래 12년만의 경사이다. 이와 같이 까다로운 일본의 방송시장에 한국의 드라마가 수출되는 것은 중요한 의미를 갖는다고 하겠다. 특히 2005년 말에는 "후유노 소나타"의 영향으로 한·일 양국 사이에는 "욘사마"의 광고

효과가 무려 2조원을 넘는다는 연구보고서가 나오기도 했다.

　이러한 기회를 계기로 한국의 방송문화를 일본 방송시장에 적극적으로 수출할 수 있는 방법을 모색해 보아야 할 것이다. 일부 스타들의 인기에 편승해서가 아니라 또한 반짝 세일에 그치는 것이 아니라 이제 우리가 일본의 방송시장에 본격적으로 진출하려면 무엇보다도 우선 그들의 방송과 방송문화의 본질과 그 특수성을 이해하지 않으면 안 된다. 따라서 본서는 일본의 방송과 방송문화의 본질이나 특성뿐만 아니라, 일본의 방송과 방송문화의 전반적인 발전단계에 대해서도 구체적으로 분석해 보고자 한다. 나아가서 오늘날 일본의 방송과 방송문화는 어떻게 해서 세계적인 경쟁력을 갖추게 되었는지에 대해서도 구명해 보고자 한다.

　지금까지 국내에서는 일본의 방송에 관해서 방송제도나 구조연구 등 단편적이고 부분적인 연구보고서는 몇 편 있지만, 구체적으로 일본의 방송이나 방송문화의 본질적인 연구저술서는 거의 없는 상태다. 나아가서 본서는 일본의 방송이나 법제, 제작과 편성, 소유와 경영, 그리고 프로덕션이나 저작권 등에 이르기까지 방송발전의 전 과정을 광범위하게 구명해 보고자 한다.

　제1장에서는 1925년 3월 25일에 설립된 일본 최초의 방송국인 도쿄 라디오방송국의 설립에서부터 1953년 2월 1일 텔레비전방송국의 설립에 이르기 까지 방송발전사에 대해서 소상하게 기술하고 있다. 뿐만 아니라, 1945년 9월 22일부터 미군정 하의 GHQ(General Head Quarter : 연합국군총사령부)에 의한 방송정책, 그리고 1950(쇼와25)년 6월 1일부터 시행된 "전파3법" 즉 ① 전파법, ② 방송법, ③ 전파감리위원회설치법 등에 대해서도 소상하게 분석하고 있다. 특히 본고에서는 방송법 제정당시의 방송에 대한 이념이나 개념 등 법 제정 취지에 대해서 상세하게 기술하고 있다. 최근 방송통신의 융합으로 "방송"에 대한 개념 정의나 방송통신의 융합에 따른 개념 변화와 정의 등에 대해서도 새로운 시각에서 화두를 던지고자 노력하였다. 그 밖에 반론권과 불만처리, 방송규제(BPO : Broadcasting Ethics & Program Improvement Organization : 방송윤리·프로그램 향상기구) 등에 대해서도 구체적으로 소개하고 있다.

　일본 헌법 제21조 1항에는 "표현의 자유"가 보장되어 있고, 헌법 제21조 2항에도 "방송의 자유가" 보장되어 있다. 즉, 방송의 자유는 방송사나 방송제작사에게는 무한정으로 자유가 주어진 반면, 시청자나 소비자들에게는 방송의 자유가 상대적으로 상당히 소홀히 다룬 감이 없지 않다. 특히 최근에는 성이나 폭력, 외설, 인권, 프라이버시 침해 등의 문제가 무분별하게 보도되고 있어서 방송의 사회적 책임의식 또한 점점 높아져 가고 있다. 따라서 일본에는 방송 내용에 대한 불만이나 피해가 발생했을 경우에는 법원에 직접 제소하든지 아니면 당해 방송사의 <프로그램 심의위원회>에 그 피해 내용이나 불만사항을 토로하여 해결할 수밖에는 없다. 따라서 법원에 제소하기 이전에는 BPO가 방송프로그램 내용에 관해서 "권고"와 "견해(제언)" 등을 밝혀 방송피해를 중재를 하고 있다. 본서에서는 BPO나 민간방송연맹에 설치되어 있는 "방송프로그램 심의위원회"의 기능 등에 대해서도 상세하게 기술하고 있다.

그 밖에 2001년 에비사와 카츠지(海老沢勝二) NHK회장에 의한 NHK의 정치적 중립 훼손사건과 함께 일본에서는 독특하게 1999년 8월부터 시행되고 있는 통신방수(감청)법에 대해서도 소상하게 해설하고 있다.

제2장에는 일본의 대표적인 공공(公共)방송인 NHK의 설립 목적과 성격 및 경영위원회의 역할과 그 기능 등에 대해서 상세하게 설명하고 있다. 즉 NHK의 설립목적이나 성격규정, 그리고 사장 및 이사의 임면, 그 밖에 NHK의 수신료 징수문제나 운영 및 예산·감사 등에 대해서도 상세하게 분석하고 있다. 이는 최근 우리나라에서 문제가 제기되고 있는 KBS의 공영성 문제나 사장 및 이사의 선임제도 등의 문제점에 대해서 많은 것을 시사해 주고 있다.

제3장에는 일본의 민간방송과 방송 법제에 대해서 소상하게 분석하고 있다. 일본에서 민간방송이 처음 시작되게 된 것은 라디오방송으로 1951년으로 나고야(名古屋)의 주부 닛폰방송(中部日本放送 : CBC)의 설립이 그 첫 번째이다. 본서는 민간방송연맹의 조직이나 활동 및 운영 등에 관해서 상세하게 소개하고 있다. 텔레비전방송의 경우는 1953년 8월 28일 니혼텔레비전(日本TV : NTV)이 민방사상 처음으로 텔레비전 방송국을 개국하게 되었다. 당시 텔레비전 수신자는 약 866명 정도에 불과하기도 했다.

제4장에는 일본 방송사의 면허제도(재 면허 포함)의 관련법규나 진입규제 및 외자 도입 문제 등에 대해서 소상하게 해설하고 있다. 일본 방송사의 신규허가나 재인가 제도는 "일제 면허 방식주의"를 채택하고 있기 때문에 특정한 당해연도에는 일제히(일본 국내 방송사는 모두) 재 면허를 받지 않으면 안 된다. 신규면허의 경우도 재 면허와 똑 같은 절차와 수순을 밟아야 한다. 공영 방송인 NHK(日本放送協会)의 경우도 물론 일반방송사업자인 민간 방송사들과 똑 같이 재 면허를 받아야 한다. 이들은 면허기간 만료 3개월 전(90일)에 재 면허 신청서를 총무성에 제출해야 한다. 일본 방송사의 면허 유효기간은 5년이다.

제5장에는 일본 방송사의 평가기준과 시청자활동에 대해서 상세하게 밝히고 있다.

제6장은 일본 방송사의 전국 네트워크 구조를 설명하고 있다.

2005년 말 현재 일본의 방송사업자수는 총 1,070개 회사에 이른다. 그 중 NHK의 2개 방송국(NHK본국과 교육방송)을 제외하고도 도쿄에는 5개 민영TV방송국(Key Station)이 설치되어 있다. 또 각 지역에는 120여개의 민영TV방송국이 있는데 이들은 계열별로 전국 네트워크를 형성하고 있다. 따라서 일본에는 지방 광역자치단체인 도도부현(都道府県) 마다 1개 이상 TV방송국이 개설돼 있다. 구체적으로는 지상계 민간방송사업자가 373개사, 위성계 민간방송사업자(전기통신역무이용방송사업자 45개사 포함) 131개사, 케이블TV사업자 548개사, 전기통신(유선)역무이용방송사업자 11개사, NHK 및 교육방송 2개사가 총무성에 등록되어 있다. 일본의 민방들은 철저하리만큼 자본과 결탁되어 시청률 경쟁에도 이미 익숙해져 있을 뿐만 아니라, 산업적인 측면에서도 종주국의 위치를 확보하고 있다. 본서에서는 이러한 계열별 네트워크시스템에 대해서도 상세하게 설명하고 있다.

또, 제2부 제7장에서는 일본의 방송문화 발전사에 대해서 시대별로 상세하게 분석하고 있는데, 특히 일본의 방송문화의 원류와 본질 및 그 발전 과정에 대해서 소상하게 밝히고 있다. 물론, 방송문화에 대한 개념은 국가나 민족, 그리고 지역마다 조금씩 다를 수는 있지만, 우리가 흔히들 말하는 "방송문화"는 우선 텔레비전 화면에 비치는 영상물들을 연상하게 된다. 이는 방송문화에 대한 협의의 개념이다. 광의의 의미에서는 "음성이나 문자 등이 동영상에 의해서 비치는 모든 화면이나 작품, 그리고 그 주위에서 방송환경을 둘러싸고 있는 모든 사회·문화적인 창조물"들을 방송문화라고 말할 수 있다. 예를 들면, 단순한 방송화면에 비치는 영상물뿐만 아니라, 만화나 애니메이션, 영화, 오페라, 그림이나 조각, 도형과 모형 등 TV화면에 동영상으로 비칠 수 있는 모든 사물들은 방송문화의 대상이 된다. 물론, 여기에는 방송을 지탱하고 있는 법이나 제도, 조직 활동 및 방송관이나 방송철학 등도 여기에 포함될 것이다. 본서에서는 광의의 개념으로 모든 법규나 제도, 프로그램의 편집이나 제작, 조직 활동 등을 포함하는 개념으로 취급하고 있다.

그 밖에도 일본의 방송문화 형성과정이나 일본인들의 라이프스타일 등에 이르기까지 일본 방송문화의 특성과 본질에 관해서 분석하고 있다. 뿐만 아니라 일본의 방송문화는 전통문화를 고수하려는 의식이 어느 국가보다도 대단히 강하다는 사실도 밝히고 있다. 예를 들면, 드라마나 영화의 경우 대사나 줄거리 속에 전통문화가 상당히 용해돼 있다는 것이다. 일본이 자랑하는 작품성이 강한 영화들 '우게쓰 이야기'(雨月物語), '나라야마 부시코(楢山節考)', 혹은 폭력물이면도 베니스 영화제에 그랑프리를 수상한 '하나비(HANA-BI)' 같은 작품 속에 나오는 영화기법이나 대화에는 일본의 고전문학이 그대로 용해돼 있다고 해도 과언이 아니다. 또한 우리가 얼른 보기에는 일본의 문화가 우리와 비슷하게 보이지만, 실제로는 문화적 뿌리에서부터 상당한 차이가 있다고 하겠다.

제8장에는 일본 방송사의 TV프로그램 편성과 제작 실태에 대해서 밝히고 있다. 일본

의 방송사는 각 방송국마다 방송의 편성과 조직 및 운영에 관해서 직접적으로 관련이 있는 부서가 설치되어 있다. 일본 방송국의 경우, 네트워크 조직상 크게 도쿄(東京)의 6개의 키-국과 오사카(大阪)의 준 키-국(大阪局), 그리고 각 현에 있는 지역방송국으로 크게 3가지로 대별되고 있다. 또, 키-국과 준 키-국(大阪局)의 경우는 방송국의 조직 편제상 모든 텔레비전 방송국에는 방송편성에 관련된 부서가 설치되어 있다. 그 밖에, 각 방송국마다 편성기능이나 업무 내용 등에 대해서는 다소 차이가 있을 수 있다. 그러나 그것을 구분해보면 크게 2가지의 형태로 ① 제작 포괄형과 ② 제작 분리형으로 나눌 수 있다.

제9장에는 일본의 방송프로덕션과 방송발전사에 대해서 기술하고 있다.

일본의 방송프로덕션은 CS디지털방송(SKY perfec TV)에 이어 BS디지털방송이 출현하면서 본격적으로 그 변신을 시도하고 있다. 종전의 아날로그 식 영상프로덕션에서 다이내믹한 디지털영상으로 변화하는 세계시장에 접근하고 있다. 그러나 최근 텔레비전의 경우는 무엇보다도 영상프로그램을 제작하는 전문 제작프로덕션에 주목하고 있다. 왜냐하면 영상제작물은 그 들의 손에 의해서 제작되기 때문에 그들의 제작능력에 크게 기대하고 있는 형편이다.

제10장은 일본의 각 방송사별 계열별로 프로덕션을 소개하고 있다.

지난 2003년은 일본에서 텔레비전 방송이 시작된 이래 50주년이 되는 해였다. NHK는 방송시작 50년만인 12월에 지상파도 디지털방송을 실시하게 되었다. NHK는 TV방송프로그램 중에서 15%정도는 외주로 제작하고 나머지는 자체제작하고 있다. 여기에서 자체제작이란 NHK 자체 계열사에서 제작한 프로그램도 함께 포함하고 있다. NHK의 경우는 공영방송이기 때문에 직접적으로 외부 프로덕션에는 외주를 발주하지 않는다. 다만, 불가피하게 NHK가 외주를 발주해야 할 경우에도, 계열사(프로덕션)를 통해서 간접적으로 발주하게 된다. 특별한 경우를 제외하고는 거의가 계열자회사에 발주하게 된다.

마지막 제11장에는 일본 속의 한국의 방송문화, 그 지속가능성을 제기하면서 끝을 맺고 있다. 이제 새로운 디지털방송시대에는 컨텐츠의 개발이나 창의적인 아이디어가 방송산업을 지배하고 주도하는 사회다. 따라서 정부당국도 규제보다는 자율적으로 아이디어와 컨텐츠를 창출할 수 있는 자율적인 방송제작 환경조성이 시급한 시점이다. 특히 일본사회에서 한국문화가 이처럼 인기가 있었던 예는 몇 백 년 만에 찾아온 "일본 통신사"이래 처음이다. 이러한 호기에 한류를 지속적으로 살릴 수 있는 길은 우선 일본의 방송문화에 대한 깊은 성찰이 필요하다. 이와 동시에 보다 더 조직적으로 일본의 방송문화에 대한 면밀한 연구 분석이 필요하다. 왜냐하면, 일본의 방송문화는 세계적인 경쟁력을 갖

추고 있기 때문에 우리가 일본이나 세계시장에서 그들을 요리하기 위해서는 일본의 방송
문화에 대한 주도면밀한 조사와 연구 분석에서부터 그 해법을 찾아야 할 것이다.

마지막으로 본서는 그 동안 10여 년간 준비해 온 자료들과 함께 2003년 일본 조치대
학(上智大學 : Sophia Univ.) 신문학과 객원교수 및 NHK 자문교수 등을 거치면서 본격적으
로 분석한 내용임을 밝혀두고 싶다. 또한 본서는 시작에서부터 출판사의 최종 수정본에
이르기까지 될 수 있는 한 새로운 자료를 입수하여 수정작업을 거듭하였다. 주지하는 바
와 같이 방송에 관련된 법이나 제도는 수시로 개정되거나 변하기 때문에 본서를 준비하
는 과정에서 여러 번에 걸쳐서 구 자료는 폐기해야 하는 어려움을 많이 겪게 되었다.

끝으로 본서를 위해서 여러 모로 자기일은 제쳐두고 조언이나 새로운 자료들을 챙겨
주신 분들에게 무한한 감사를 드리고 싶다. 우선 조치대학(上智大學) 명예교수이신 하루
하라 아끼히코(春原昭彦) 교수님(前 日本新聞學會 會長), 다케이치 히데오(武市英雄) 교수
님(前 일본 매스 커뮤니케이션학회 회장), 同 大學 이시가와 사카에(石川旺) 교수님, 스즈
키 유가(鈴木雄雅) 교수님, 오토 요시아키(音好宏) 교수님, 가나야마 쯔도무(金山勉) 교수
님, NHK 방송문화 연구소 오쿠다 요시타네(奧田良胤) 선임 연구원, 스루가다이(鶴河台)
대학 도무라 에이꼬(戶村榮子) 교수님, 일본텔레비전 제작사협회 이마카와 히로유키(今川
裕之) 전무이사, 일본민간방송연맹(日本放送連盟) 프로그램부 모토하시 하루키 (本橋春
紀) 주간, 동 연맹 스나가와 요시히로(砂河浩慶) 디지털 추진부 주간님께 진심으로 감사
드린다.

아울러 IMF이후 출판사정이 매우 어려운 상황인데도 불구하고 전문 학술지에 대한
열정으로 기꺼이 출판에 응해주신 학문사 김영철 회장님, 그리고 육계산 상무이사님, 마
지막까지 교정으로 고생하신 문성원 선생님께도 감사드린다.

2006년 7월 1일
李 鍊 드림

목 차

제 1 부

제1장 일본의 방송 법제사
1. 일본 방송법제의 발전사 ·················· 19
  1)일본 방송법의 연혁과 태동 ·················· 19
  2)방송법의 목적 ·················· 22
  3)방송의 정의 ·················· 23
2. 방송보급과 기본계획 ·················· 27
  1)방송보급 기본계획의 구성 ·················· 27
  2)방송보급 기본계획의 의미 ·················· 28
  3)방송보급 기본계획의 주안점 ·················· 30
3. 방송프로그램 편집 ·················· 32
  1)방송프로그램 편집의 자유 ·················· 32
  2)일본의 방송프로그램준칙, 프로그램기준, 방송프로그램 심의기관 ·················· 37
4. 방송내용에 대한 반론권과 불만처리, 방송규제(BPO), 청소년보호 ·················· 44
  1)방송프로그램 불만과 대응 및 반론권 ·················· 44
  2)방송윤리 · 프로그램 향상기구(BPO) ·················· 46
  3)청소년의 보호 ·················· 50

4)개인정보보호 ……………………………………………………51

5)통신방수법시행(통신감청법) 등 ………………………………53

제2장 일본방송협회(NHK)

1. NHK의 설립 목적과 성격 ……………………………………… **58**

1)NHK(日本放送協會 : Nippon Hoso Kyokai)의 설립목적 ……………58

2)NHK의 성격 …………………………………………………62

2. NHK의 업무 ……………………………………………………… **63**

1)업무규정 ………………………………………………………63

2)출자규정, 업무위탁 …………………………………………67

3)위탁국내방송·위탁협회국제방송업무 등 …………………69

3. NHK경영기관 ……………………………………………………… **70**

1)경영위원회의 역할 ……………………………………………70

2)NHK의 회장, 부회장, 이사의 임면 ………………………72

3)감사(監査)기관 ………………………………………………73

4. NHK의 수신료제도와 경영재원 ……………………………… **74**

5. 국제방송 …………………………………………………………… **78**

6. NHK의 예산·결산 ……………………………………………… **81**

7. NHK 방송프로그램의 편집 …………………………………… **85**

8. 방송설비의 양도와 제한, 해산 ……………………………… **88**

9. NHK의 정치적 중립 훼손사건과 특별 사과방송 …………… **88**

1)NHK의 정치적 중립 훼손사건 ……………………………88

제3장 일반방송사업자(민간방송사업자)

1. 민간방송과 방송법제 …………………………………………… **93**

1)사단법인 일본민간방송연맹의 조직과 운영 ………………95

2)일본의 민간방송 ……………………………………………96

3)민방의 존립기반과 복수지배의 금지 원칙 ………………97

2. 유료방송 …………………………………………………………… **107**

1)방송보급기본계획과 민간방송사업자 ……………………108

3. 위탁방송사업자(소프트)와 수탁방송사업자(하드) …………… **109**

1)위탁방송사업자 ·· 109
2)수탁방송사업자 ·· 110

제4장 일본 방송사의 면허제도

1. 일본 방송사의 허가제도(일본은 免許·再免許)와 관련법규 ············ **114**
2. 방송사의 면허에 관련된 법규 ··· **115**
1)방송법과 그 특징 ·· 115
2)전파법 ·· 116
3)전파법 시행규칙 ··· 117
4)방송법 시행령과 방송법 시행규칙 ································· 117
5)방송국 개설의 근본적 기준 ·· 117
6)「방송보급 기본계획」과 「방송용주파수 사용계획」 ··············· 117
3. 일본의 방송제도와 규제 ·· **117**
1)방송의 자유와 방송제도 ·· 117
2)매스미디어의 집중 배제 원칙 ·· 119
3)외자 진입 규제 ·· 121
4. 일본 방송사의 재 면허 기준과 관련 법규 ······················· **122**
1)신규 방송국의 면허 기준과 그 조건 ······························· 122
2)방송국 재 면허의 근거 규정과 심사 요건 ·························· 129

제5장 일본 방송사의 평가기준과 시청자 활동

1. 방송평가와 기준 ··· **132**
1)방송내용의 기준항목 ·· 132
2)방송편성의 평가관련 내용과 기준 ·································· 133
3)방송편성 조직과 작업 내용 ··· 135
4)평가 대상 ··· 136
5)평가 내용 ··· 136
6)편성기준과 실제 ··· 137
2. 방송운영(제작환경 및 재무비율) 평가 관련 내용 ············· **138**
1)프로그램의 종류 ··· 138
2)프로그램의 외주제작 ·· 139
3)프로그램 기획 ··· 140

4)프로그램 제작비 ··140

3. 방송평가에 있어서 「운영면」 의 관련 내용 ·····················141
1)경영 평가 ··142

4. 기술투자(NHK기술연구소, 하드 소프트, 디지털) ············147
1)NHK 기술연구소 ···147
2)민간방송 ··149

5. 인적 투자 ···150

6. 시청자위원회 ···150
1)시청자회의 ···151
2)시청자 의향 집약 ··151
3)각종 전시회와 이벤트 행사 ··153
4)방송박물관 운영 등 ··153

7. 시민단체 평가 ···153
1)시민단체에 의한 방송평가 ··154
2)텔레비전 시청자 센터 ··156

8. 「방송프로그램 심의회」 와 방송 판례에 의한 평가 ·············156
1)방송프로그램 심의회 ···156
2)제소나 판례에 의한 평가 ··157

9. 소수계층에 대한 배려(캡션방송, 장애자 수화, 노인 방송) ·········157

제6장 일본의 방송사업과 전국 네트워크 구조
1. 일본 방송사업 ···159
2. 일본 방송국의 키 스테이션과 전국 뉴스 네트워크 ············160
1)일본에 있어서 키 스테이션과 지역 네트워크 ······················160
2)일본 지역 방송국의 뉴스 네트 워-크 조직과 구조 ·············162
3)전국 지역 방송망을 연결하는 「TV중계 회선 망」 ··············167

3. 일본의 지역 방송국의 운영 실태와 그 사례 ·····················168
1)지역에 밀착한 방송 ··169
2)지역 민방의 새로운 진로 모색 ···170
3)실제 방송국의 운영 사례 ··172

제 2 부

제7장 일본의 방송문화 발전사

1. 일본 방송문화의 발전 ……………………………… 177
2. 일본의 방송문화의 본질과 그 특성 …………… 178
   1) 방송문화의 개념과 범위 ……………………… 178
   2) 일본의 방송문화와 형성 과정 ……………… 179
3. 방송문화의 발전 …………………………………… 189
   1) 전통문화와 컨텐츠 …………………………… 189
   2) 방송의 디지털화와 방송문화 발전 ………… 191
   3) IT혁명과 방송문화 …………………………… 191
4. 일본의 방송구조와 방송문화의 글로벌화 …… 193
5. 일본 방송문화의 특성과 본질 ………………… 195
   1) 지상파 방송문화의 특성과 본질 …………… 195
   2) 전통문화의 고수 ……………………………… 197
   3) 왜, 일본의 방송은 시청률이 높은가? ……… 197

제8장 일본 방송사의 TV프로그램 편성과 제작실태

1. 일본의 텔레비전 방송프로그램 ………………… 199
2. 일본 방송사의 프로그램 편성정책과 제작 …… 200
   1) 일본 방송사의 프로그램 편성정책 ………… 200
   2) 방송편성의 기본방침과 업무내용 ………… 202
   3) 프로그램의 종류 ……………………………… 206
3. 방송프로그램의 제작 개념과 범위 …………… 206
   1) 외주제작 ……………………………………… 206
   2) 점점 증가하는 공동 제작이나 파견 제작형 … 207
   3) 프로그램 기획 ………………………………… 208
   4) 프로그램 제작비 ……………………………… 208
4. 외주제작의 의무규정과 법적 규제 …………… 209
5. 일본 방송사의 방송제작 환경의 변화와 전망 … 211
   1) 일본 방송사의 제작환경의 변화 …………… 211

2)디지털방송과 새로운 방송제작 환경 ·······················212

3)디지털시대에 있어서 방송제작 문화의 발전 ·······················213

제9장 일본의 방송프로덕션과 방송발전사

1. 일본 방송프로덕션의 발전사 ······················· 214

1)새로운 재능 발굴 ·······················214

2)방송사의 제작국과 프로덕션의 통합화 경향 ·······················216

3)지역 제작국들의 노력 ·······················216

2. TV프로덕션의 발전과정 ······················· 217

1)TV프로덕션의 탄생 ·······················217

2)TV프로덕션의 발전 ·······················219

3)TV프로덕션의 현황 ·······················220

4)TV프로덕션의 향후 과제 ·······················222

3. ATP(전 일본TV프로그램 제작사협회)의 방송제작환경의 개선과

방송발전 ······················· 223

1)ATP의 역할과 제작환경의 개선 ·······················223

2)ATP의 방송프로그램제작과 저작권보호 ·······················225

제10장 일본의 각 방송사별 계열 프로덕션

1. NHK와 계열 프로덕션 ······················· 228

1)NHK 엔터프라이즈 ·······················228

2)NHK 애드케셔널 ·······················234

3)NHK Enterprise America(New York 본사, Los Angeles 지사) ·······················236

4)NHK Enterprise Europ(Westminster London, 본사) ·······················236

5)NEP21 북경주재 ·······················237

6)NHK 소프트웨어 등 ·······················237

2. 니혼TV(NTV)와 계열 프로덕션 ······················· 237

3. 후지TV와 계열 프로덕션 ······················· 238

4. TBS와 계열 프로덕션 ······················· 239

5. TV아사히(朝日)와 계열 프로덕션 ······················· 240

6. TV도쿄와 계열 프로덕션 ······················· 241

제11장 일본 속의 한국의 방송문화, 그 지속가능성

1. 한국 방송프로그램의 일본 진출 ································ 242

2. 드라마 "겨울연가(冬のソナタ)"의 NHK 방영 ················ 243

3. 일본 속의 한국의 방송문화와 한류 ······················· 245

4. 일본 속의 한국의 방송문화, 그 지속가능성 ················ 245

참고문헌 ·· 247

찾아보기 ·· 252

제 **1** 부

제 1 장 일본의 방송 법제사
제 2 장 일본방송협회(NHK)
제 3 장 일반방송사업자(민간방송사업자)
제 4 장 일본에 있어서 방송사의 면허제도
제 5 장 일본에 있어서 방송사의 평가기준과 시청
          자 활동
제 6 장 일본 방송사업과 전국 네트워크 구조

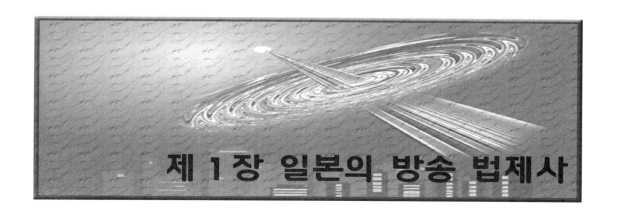

1. 일본 방송법제의 발전사

1) 일본 방송법의 연혁과 태동

일본에서 최초로 방송이 실시 된 것은 1925년 3월25일 오전 9시30분이다. 사단법인 도쿄방송국(東京放送局)에서 콜사인 JOAK로 라디오방송을 시작한 것이 최초의 방송이다. 텔레비전방송의 경우는 1953년 2월1일 오후2시에 NHK도쿄텔레비전이 개국하여 첫 전파를 발사한 것이 일본의 최초 텔레비전방송이다.[1]

일본에서 최초로 서구적인 방송관련 법제가 도입되게 된 것은 1945년 9월22일 미 점령 하의 GHQ(General Head Quarter : 연합국군총사령부)에 의해서 제정된 「방송 준칙」(Radio Cord)이 그 시초이다.[2] [3] 그 후 GHQ는 1946년 12월9일 「언론 및 신문에 자유에 관한 각서」를 발표하는 등 방송에 관해서 검열과 지도를 하게 된다. 즉 CCD(Civil Censorship Detachment = 民間檢閱支隊)에 PPB(Pictorial Press Broadcast = 영상, 출판, 방송검열부)를 설치하고 통신을 검열하게 된다. 또

---

1) NHK放送文化研究所編『テレビ視聴の50年』, 日本放送出版協会, 2003年, pp.14~15.
2) 日高一朗『日本の放送のあゆみ』, 人間の科学社, 1991年, pp.100~101.
3) ファイスナーの示唆が「日本放送法に関する会議に於ける最高司令部示唆の大要」として文書化され, GHQ部内に配布される(いわゆる「ファイスナーメモ」).

한 편으로는 GHQ에 일본의 방송제도를 관장하는 CCS(Civil Communications Section = 民間通信局)을 설치하여 근대적인 방송체제도 정비하게 된다.[4] 일본정부도 이러한 GHQ의 요구를 전면적으로 받아들여 「전파감리위원회설치법」 등을 수정해 1949년 12월19일 내각에서 결의해 방송관련 모법을 제정하게 된다.[5]

일본의 방송관련 모법(母法)에는 소위 '전파3법'이 있다. 1950(쇼와25)년 6월1일부터 시행된 ① 전파법, ② 방송법, ③ 전파감리위원회설치법이 그것이다. 이 전파3법 중 전파감리위원회설치법은 후에 폐지되었지만 전파법, 방송법은 시행후 50여 년이 지난 지금도 전파와 방송계의 기본법으로서 부분적으로 개정되면서 그 사명을 다하고 있다. 전파감리위원회설치법에 관한 역할은 현재 전파감리심의회가 그 임무를 담당하고 있다고 하겠다. 폐지된 전파감리위원회는 미국의 FCC를 모방한 복수 합의제의 방송 행정기관이었다. 태평양전쟁의 종식과 함께 GHQ에 의해서 제정된 법률이었으나 점령군 통치가 끝난 요시다(吉田) 내각의 등장과 함께 일본 국민들의 강한 반발로 이 법은 폐기되고 말았다. 한 마디로 말해서 미국의 FCC와 같은 합의제는 당시의 관료제가 강했던 일본의 실정에서는 하나의 이상형에 불과했던 것이다. 따라서 총무대신의 전권에 속하는 행정기구로 개편되게 되어 오늘날에 이르고 있다.

그 이전까지 방송에 관련된 기본법은 1915(다이쇼4)년에 제정된 '무선전신 법'으로 동법에는 제1조에 "무선전신 및 무선전화는 정부가 이를 관장한다."라고 하고, 제2조에서 각호에 열거하는 것은 명령의 규정에 따라 주무장관의 허가를 받아 설치 할 수 있다고 했다. 방송에 관해서는 제2조 제6항의 "전 각호 외에 주무장관이 특히 시설이 필요하다고 인정하는 것"이 있는 조항에 기초하여 송수신에 대해서도 "방송용 사설무선전화 규칙"에 따라 허가하게 되었다.

'전파3법' 제정이전 일본은 1947년 10월 16일 연합군총사령부 민간 통신국, 민간 정보교육국(CIE : Civil Information & Education Section) 등에 의해서 방송 기본법이 논의되게 된다. 특히, 당시 민간 통신국의 조사과장대리가 파이스너 였기 때문에 "파이스너 메모"라 불리기도 하는데, 이 메모가 방송법제 연구에 있어서는 중요한 출발점이 되었다. 파이스너씨의 발언은 상당히 길지만 법률제정 작업을 당초부터 담당한 소히로(莊宏), 마츠다(松田 英一), 무라이(村井 修一)씨의 "전파법, 방송법, 전파감리위원회설치법에 대한 상해(詳解)"를 요약해 보면 다음

---

4)「月刊民放」2005年04月号(特集) 參照.
5) 日高一朗『日本の放送のあゆみ』,人間の科学社, 1991年, pp.130~131.

과 같다.6)

1947년 10월 16일 연합군총사령부 민간통신국 및 민간정보교육국에서 방송에 관한 법률제정에 관해서 다음과 같이 시사하고 있다.

① 신 법률은 모든 방송 즉 표준방송, 국제방송, 주파수변조방송, 전시(電視)방송, 전사(電寫)방송 등의 발달에 대한 확고한 기반을 규정할 것.

② 신 법률은 (1)방송의 자유 (2)방송의 불편부당 (3)공중(公衆)에 대한 서비스 책임의 충족 (4)기술적 제 기준 준수라는 4원칙을 규정할 것.

③ 모든 종류의 방송형태를 감리하고 또 표준방송, 국제방송을 운용하는 기관을 설립할 것. 이 기관은 자주기관이며 어떠한 정당, 정부의 기관, 개인의 단체로부터 지배를 받지 않는 독립된 것일 것. 이 자주기관은 두 개의 요소로 구성되고 그 제 1요소는 감독 또는 감리부분이며 법령에 따라 방송에 관한 정책을 결정하고 또 공공기관 및 민간 방송 회사에 의해 운영되는 모든 방송을 면허, 감독하며 제2요소는 운영부분이며 이 부문으로는 현재 일본방송협회에 의해 운영되고 있는 방송시설을 이관할 것 등이다.

④ 일본의 경제상황이 호전되었을 때에는 민간방송회사 상호간 또는 민간방송회사와 그 자주기관과의 사이에 자유경쟁을 추진하게 하기 위해 민간방송회사의 발전에 관한 규정을 만들 것.

여기서 특히 "파이스너 메모"를 인용하여 설명한 것은 현재 방송법의 기본적인 이념이 여기에 존재하고 있다고 생각하기 때문이다. 예를 들면 이 메모 ②의 (1), (2), (3)의 원칙은 현행 방송법 제1조의 3원칙 즉, ▶최대한 방송의 보급에 따른 효용의 보장, ▶방송의 불편부당, 진실, 자율 보장에 따른 방송에 의한 표현의 자유 확보, ▶방송에 종사하는 자의 직책의 명확화 등으로 이것이 이후 일본의 건전한 민주주의 방송 발전에 크게 기여하게 된 근원이 된다.

이 "파이스너 메모"가 발표된 후 법률제정까지는 많은 시일이 필요했지만, 방송법은 연합군총사령부, 특히 미국 정책관계자에 의해 미국적인 방송법제에 상당한 영향을 받게 되었다. 2차대전 후 연합군에 의해서 일본이 제국주의 침략국에서 근대 민주국가로 변신하는 과정에서 재벌의 해체와 함께 일본국의 헌법도 미국의 영향 하에서 헌법이 제정되게 된다. 아무튼 이러한 법규범 속에서 일본은 많은 부분에서 민주적인 헌법제정과 함께 서구적인 방송법제가 도입되게 된다. 현행방송제도는 방송주체에 관해서는 구 사단법인 일본방송협회가 일체의 권리의무를 승계하게 된다. 이 새로운 방송법에 의해서 공공(公共)방송사업체인

---

6) 莊宏, 松田英一, 村井修一 『電波法, 放送法, 電波監理委員会設置法詳解』 日信出版, 1950年, pp.1~6.

일본방송협회(NHK)[7]와 전파법에 의한 일반방송사업자(민방)의 병존체제로 출범하게 됐다.[8]

2) 방송법의 목적[9]

현행 방송법 제1조(목적)에는 "이 법률은 아래에 열거하는 원칙에 따라 방송을 공공의 복지에 적합하도록 규율하고, 그 건전한 발달을 도모할 것을 목적으로 한다."라고 규정하고 방송 3원칙을 열거하고 있다.

제1원칙은 "방송이 국민에게 최대한 보급되어 그 효용이 미치도록 보장할 것."이다. 이것에 관련된 조문은 제7조 NHK는 전국 어디에서든지 수신할 수 있도록 조치해야 한다는 규정이 있다. 제2원칙은 "방송의 불편부당, 진실 및 자율을 보장함에 따라 방송에 의한 표현의 자유를 확보할 것"을 규정해 일본 헌법 제21조 표현의 자유 규정을 살린 취지로 방송법의 기본정신을 규정하는 방송법 제3조(방송프로그램 편집의 자유)에 이어지는 규정이다. 방송에 종사하는 자, 관계되는 자는 방송의 불편부당, 진실, 자율을 위한 노력으로 비로소 방송에 의한 표현의 자유는 확보된다는 것을 지적하고 있다.

방송법 제2조 2(방송보급 기본계획)의 규정 제6항에는 "방송사업자는 그 행하는 방송에 관계되는 방송대상지역에 있어서는 해당방송이 전국에서 수신할 수 있도록 노력해야 한다"는 규정이 있다.

이상과 같이 NHK는 방송의 보급을 전국적으로 의무화하고 있고, 또한 민간방송도 시행하는 방송대상지역의 해당방송이 전국에서 수신할 수 있도록 해야 한다는 것으로 해석된다. 이러한 포괄적이고 총체적 표현으로 '방송이 국민에게 최대한 보급되도록' 법으로 규정하고 있다.[10]

앞에서 소개한 소히로(莊宏)씨 등의 "전파법, 방송법, 전파감리위원회설치법상해"에서는 "일본 방송협회라는 공공성이 강한 특수법인을 설립하여 일본 전국

---

7) KBS(Korea Broadcasting System)와 BBC(British Broadcasting Corporation), NBC 등 방송사의 이름은 대체로 영어의 머리글자 약자이다. 그러나 NHK(Japan Broadcasting Corporation)는 이와 같이 영어글자의 머리 글자가 아니라, 일본어 인 日本放送協會(Nippon Hoso Kyokai)의 영문표기의 약자다. 이와 같이 NHK는 이름자부터 서구제도와는 다르게 독특한 이름을 사용하고 있다. 뿐만 아니라, 일본의 방송법이나 제도, 그리고 프로그램제작에 이르기 까지 방송제도는 서구와는 다르게 독특한 일본적인 제도로 운영되고 있는 것이 많다고 하겠다.

8) 小野善邦『放送を学ぶ人のために』, 世界思想社, 2005年, pp.41~45.

9) 田中正人, 平井正俊『放送行政法解説』, 電波振興会, 1960年, pp.5~10.

10) 小野善邦『放送を学ぶ人のために』, 世界思想社, 2005年, pp.44~45.

에서 수신할 수 있도록 하는 방송사명을 부여함과 동시에 넓게 일반에게도 전파를 개방하여 자유롭게 방송사업을 경영할 수 있게 했다."라고 설명하고 있다.

마지막으로 제3원칙에서는 "방송에 종사하는 자의 직책을 명확히 하는 것에 따라 방송이 건전한 민주주의의 발달에 이바지하도록 할 것."으로 되어 있다. 구체적으로 어느 조항에서 방송에 종사하는 자의 직책을 명확히 하고 있는 가 라는 점에 있어서는 구체적인 직책규정으로 ①NHK의 경영위원회위원, ② 혹은 회장 이하의 집행 임원, ③감사에 대한 조항이 있다. 또 방송에 종사하는 자라 는 자구를 방송사업자 등으로 넓게 해석하면 NHK나 민간방송 등 방송사업자에 대한 소요 규정이 된다.

따라서 이상 3원칙에 따라 방송을 공공복지에 적합하도록 규정하고 그의 건 전한 발달을 도모하는 것을 방송법의 목적으로 한다고 하는 것이 방송법 제1조 의 목적 규정이다.

3) 방송의 정의

방송의 정의는 1950년 방송법 제정 당시 제2조에 규정되어 있듯이 "방송", "국제방송", "방송국", "방송프로그램" 이 4개의 영역으로 현재는 이것을 포함해 서 20개의 영역으로 확대되었다. 정의의 수가 5배나 증가한 것은 어떤 의미에서 는 방송법이 그 만큼 복잡하게 되어 있다고도 할 수 있다. 또한 방송의 정의를 이렇게 포괄적으로 이해하는 것도 상당히 곤란하다고 할 수 있다. 그러나 방송 은 국민생활에 있어서 없어서는 안 될 필요불가결한 것으로 민주사회를 유지하 기 위해서는 대단히 중요한 기능이다. 따라서 방송의 기본이념에 관한 법률에 대해서는 일본국민 모두가 관심을 가지고 그 이념에 대해서 깊이 성찰하고 이 해할 필요가 있을 것이다.

방송의 정의 규정에 대해서는 1950년 법제정 이래 수차례에 걸쳐서 법을 개 정해 왔다. 우선 방송의 정의를 규정한 방송법 제2조에는 "이 법률 및 이 법률 에 기초하는 명령 규정의 해석에 관해서는 다음의 정의에 따르는 것으로 한다." 라고 하고 있다.

방송법 제2조 1항에는 "'방송'이란 공중(公衆)에 의해 직접 수신되는 것을 목 적으로 하는 무선통신의 송신을 의미한다."라고 규정하고 있다. 국제적으로는 국제전기통신연합헌장에 규정하는 무선통신규칙에도 같은 취지가 기술되어 있다. 이 규정에는 "공중에 의해", "직접 수신되는 것을 목적으로 한다.", "무선통신의 송신"이 방송의 요건인 것을 밝히고 있다.[11]

따라서 공중, 즉 불특정 다수에 의해 직접 수신되는 것을 목적으로 하는 무선통신의 송신이 방송이며 특정인에 의해 수신되는 것을 목적으로 한 무선통신의 송신은 통신이다.

이와 같이 "방송"에 대한 정의는 최근 방송과 통신에 관한 개념 정의에 화두를 던지고 있다. 예를 들면 공공성을 가지는 통신(인터넷 홈페이지 등)과 한정성을 가지는 방송(고도로 전문적인 정보를 제공하는 방송 등)에 관한 것이 그것이다. 1997년 12월 체신청은 "통신위성을 이용한 통신·방송의 중간영역인 새로운 서비스에 관계되는 통신과 방송의 구분에 관한 가이드라인"을 발표했다. ① 세일즈 레디(Sales Ready) 가정으로의 영업정보 등의 배신(配信), ② 의사회나 변호사회가 그 회원에 대한 회보 등 관련 정보의 배신, ③ 학원이 그 학원수강생에 대해서 시행하는 수업영상 등의 배신이다.[12] 즉 이것들은 특정인에게만 수신하게 하는 것을 목적으로 송신으로, 송신자의 의도가 송신자의 주관만이 아니라, 객관적으로도 인정되는 통신 행위이며 방송과는 구별된다고 했다.[13]

방송법 제2조 제1항 2(국내방송)는 국내에 수신되는 것을 목적으로 하는 방송이며 다음에 설명하는 수탁국내방송 이외의 것으로 한다고 규정하고 있다.

제1항 3(수탁국내방송)은 "타인의 위탁에 의해 그 방송프로그램을 국내에서 수신되는 것을 목적으로 그대로 송신하는 방송으로 인공위성 무선국에 의해 실시되는 것을 말한다."라고 한다.[14] 방송국의 면허 주체가 방송프로그램의 편집책임을 가지는 소위 하드·소프트일치원칙에 대해서 인공위성의 무선국에 따라 시행되는 것에 한해서 예외 규정을 인정한 것이다. 즉 지상파에는 엄격하게 적용되던 하드·소프트 일치원칙을 위성에는 예외로 하드·소프트를 분리를 인정하는 정책이다. 장래의 멀티미디어시대에 대비해 하드·소프트의 분리가 더욱 추진되어 2001년 7월에는 전기통신역무이용방송법이 제정되어 방송과 통신의 융합을 유도하고 있다.[15]

방송법 제2조 제2항(국제방송)은 외국에서 수신되는 것을 목적으로 하는 방송

---

11) 片岡俊夫 『新·放送概論』 日本放送出版協会, 2001年, p.26.
12) 『電波タイムズ』(第4023号), 1997年 12月 24日 付け.
13) 片岡俊夫 『放送概論―制度の背景をさぐる』 日本放送出版協会, 1998年, p.256.
14) 『情報通信白書』(第2005年版), 総務省, 2005年, P.175.
15) 片岡俊夫 『新·放送概論』 日本放送出版協会, 2001年, p.27.

이며 다음에 설명하는 중계 국제방송이나 수탁협회 국제방송은 제외된다. NHK 국제방송은 현재 외국에서 수신 상태를 개선하기 위해 제 외국의 송신소를 사용하여 중계방송을 실시하고 있지만 이것은 여기에 규정하는 국제방송에 포함된다. 제2항 2의 "중계국제방송"은 아니다. 제2항 2의 "중계국제방송"은 외국방송사업자의 위탁으로 그 외국방송사업자의 방송프로그램을 외국에서 수신되는 것을 목적으로 그대로 송신하는 방송이다. NHK가 제9조 제2항 1의 규정에 따라 NHK의 국제방송 수신 개선을 위해 외국에서 송신을 외국방송사업자에게 위탁할 필요가 있는 경우에 당해 외국방송사업자와의 협정에 기초하여 해당사업자의 방송프로그램을 외국에서 수신되는 것을 목적으로 그대로 송신하는 방송을 시행하는데 바로 이 방송을 의미하는 것이다.

방송법 제2조 제2항 2의 2(수탁협회국제방송)는 NHK의 수탁에 의해 NHK의 방송프로그램을 외국에서 수신되는 것을 목적으로 그대로 송신하는 방송으로 인공위성의 무선국에 의해 시행되는 것을 말한다.

방송법 제2조 제2항 2의 3(수탁내외방송)은 타인의 위탁에 따라 그 방송프로그램을 국내 및 외국에서 수신되는 것을 목적으로 그대로 송신하는 방송으로 인공위성의 무선국에 의해 시행되는 것이다. 현재 수탁협회국제방송은 NHK에 대해서의 규정이지만 수탁내외방송은 민간방송에 대한 규정이다.

또 방송법 제2조 제2항 2의 3 "중파방송"은 526.5KHz~1,606.5KHz까지의 주파수를 사용해서 음성 그 외의 음향을 보내는 방송을 말한다고 규정하고 있다. 제2항 4 "초단파방송"은 30MHz를 넘는 주파수를 사용해서 음성 그 외의 음향을 보내는 방송(문자, 도형 그 외의 영상 또는 신호를 병행해서 보내는 것을 포함한다.)으로 텔레비전 방송에 해당하지 않고, 또 다른 방송의 전파에 중량해서 시행하는 방송이 아닌 것을 말한다고 규정하고 있다.

제2항 5(텔레비전방송)는 정지(靜止), 또는 이동하는 사물의 순간적 영상 및 이것에 수반되는 음성 그 외의 음향을 보내는 방송(문자, 도형 그 외의 영상 또는 신호를 병행하여 보내는 것을 포함한다.)을 말한다고 규정하고 있다.

제2항 6 "다중방송"은 초단파방송 또는 텔레비전방송의 전파에 중첩해서 음성 그 외의 음향, 문자 도형 그 외의 영상 또는 신호를 보내는 방송으로 초단파방송 또는 텔레비전방송에 해당하지 않는 것을 말한다고 규정한다.

제3항 "방송국"은 방송하는 무선국을 의미한다고 규정한다. 그리고 무선국에 대해서는 전파법 제2조 제5항에 무선설비 및 무선설비의 조작을 시행하는 자의 총체를 말한다. 단 수신만을 목적으로 하는 것을 포함하지 않는다고 하는 규정이 있다.

제3항 2는 "방송사업자"의 정의이며 우선 처음으로 전파법 규정에 의해 방송국 면허를 받은 자이다. 여기에는 NHK도 민간방송국도 수탁방송사업자도 포함된다. 다만 전파법 제5조 제5항에 규정하는 수신 장해대책 중계방송을 실시하는 것에 대해서는 전파법에서 언급하고 있다. 다음으로 위탁방송사업자 및 위탁국내방송업무 또는 위탁협회국제방송업무를 실시하는 경우의 NHK이다. 이것은 방송국 면허를 받은 자는 아니지만 특별히 여기에 규정되어 방송사업자의 하나가 된다. 위탁국내방송업무에 대해서는 다음에 NHK업무에서 설명하겠다.

제3항 3의 "일반방송사업자"는 NHK 및 방송대학 학원 이외의 방송사업자를 말한다. 소위 민간방송이지만 최근에는 이 중에 수탁방송사업자, 위탁방송사업자나 커뮤니티방송국, 특정사항만을 방송사항으로 하는 방송국, 임시 또는 일시적 목적을 위한 방송국도 포함되게 되고 일반방송사업자의 종류는 극히 다양해졌다.

제3항 4의 "수탁방송사업자"와 제3항 5의 "위탁방송사업자"는 소위 하드사업자와 소프트사업자이다. 전자는 전파법 규정에 따라 수탁국내방송, 수탁협회국제방송 또는 수탁내외방송(이것은 '수탁방송'이라 총칭한다.)을 하는 무선국 면허를 받은 자를 말한다. 후자는 위탁방송업무(전파법 규정에 따라 수탁국내방송 또는 수탁내외방송을 하는 무선국의 면허를 받은 자에게 위탁하여 방송프로그램을 방송하게 하는 업무를 말한다.)에 관해서 방송법 제52조 13 제1항의 인정을 받은 자를 가리킨다.

제3항 6의 "위탁협회국제방송업무"는 NHK가 전파법 규정에 따라 수탁협회국제방송을 하는 무선국 면허를 받은 자 또는 수탁협회국제방송을 하는 외국의 무선국을 운용하는 자에게 위탁하여 그 방송프로그램을 방송하게 하는 업무를 말한다고 규정하고 있다.

제4항 "방송프로그램"은 방송하는 사항(그 방송이 수탁방송일 때는 위탁해서 방송을 하게하는 사항)의 종류, 내용, 분량 및 배열을 말 한다.

제5항, 제6항은 "교육프로그램", "교양프로그램"의 정의이다. 전자에서는 학교교육 또는 사회교육을 위한 방송 방송프로그램이며 후자는 교육프로그램 이외의 방송프로그램으로 국민의 일반교양 향상을 직접적으로 목적한다고 되어 있다.

2. 방송보급과 기본계획

1) 방송보급 기본계획의 구성

　　방송보급 기본계획은 방송법 제2조 2항에 이 규정이 있는데, 이는 1988년 방송법의 대폭적인 개정과 함께 생겨난 내용이다. 그에 대한 개략을 언급하면, 우선 "총무대신은 방송의 계획적인 보급과 그 건전한 발달을 도모하기 위해 '방송보급기본계획'을 규정하고 이에 기초하여 필요한 조치를 강구하는 것으로 규정한다."(제1항). 중앙부처 등 개혁관계법시행법이 1999년 12월 22일에 공포되고 그 중에서 전파법, 방송법 등의 개정이 시행되고 "우정장관", "우정성 령"은 "총무대신", "총무성 령"으로 개정되어 2001년 1월 6일부터 시행되었다.

　　그리고 방송법 제2조 2항의 2(방송보급 기본계획)에는 방송국의 치국(置局)(수탁국내방송 및 수탁내외방송에 있어서는 이러한 방송을 행하는 방송국의 치국 및 위탁방송업무로 한다.)에 관해서 다음의 사항을 정하도록 한다.[16]

1. 방송을 국민에게 최대한으로 보급시키기 위한 지침
2. 방송을 할 수 있는 기회를 되도록 많은 자에게 확보함에 따라 방송에 의한 표현의 자유가 가능한 한 많은 자가 향유할 수 있도록 하기위한 지침
3. 그 외의 방송의 계획적인 보급 및 건전한 발달을 도모하기 위한 기본적인 사항을 규정하기로 되었다.

　　또 NHK의 방송, 방송대학의 방송, 일반상송사업자(민방)의 방송 구분, 국내방송, 수탁국내방송, 국제방송, 중계 국제방송, 수탁협회국제방송, 수탁내외방송의 구분, 중파방송, 초단파방송, 텔레비전방송 그 외의 방송의 종류에 의한 구분, 그 외의 총무성 령으로 규정하는 각각의 방송 구분과 동일한 방송프로그램의 방송을 동시에 수신할 수 있다고 인정되는 지역이다.

　　방송대상 지역마다의 방송계(동일 방송프로그램의 방송을 동시에 시행할 수 있는 방송국의 총칭)의 수(수탁방송에 관계되는 방송대상 지역에 있어서는 방송계에 의해 방송할 수 있는 방송프로그램의 수)의 목표를 규정하게 되었다.

　　또 방송보급 기본계획은 제9조 제1항의 NHK의 국내방송, 국제방송 등의 본래 업무의 규정, 동조 제2항 제1호의 중계국제방송의 규정, 동조 제5항의 NHK방송이 전국에서 수신 가능하도록 조치하는 규정, 전파법 제7조 제3항의 방송용 해당가능

---

16) 片岡俊夫 『新・放送概論』 日本放送出版協会, 2001年, P.29.

주파수, 방송에 관한 기술의 발달과 수요동향, 지역의 자연적, 경제적, 사회적, 문화적 제 사정 등을 감안하여 규정하게 되었다. 또 총무대신은 이러한 사정의 변동에 따라 필요 하다고 인정할 때에는 방송보급기본계획을 변경할 수 있다. 그리고 기본계획을 규정하고 변경한 때는 공시하지 않으면 안 된다(제2, 3, 4, 5항).

또 기본계획의 규정, 변경은 방송법 제53조 10 제1항 제1호의 규정에 따라 전파감리심의회의 심문사항으로 되어 있다. 게다가 통상 방송사업자는 그 시행하는 방송에 관계되는 방송대상 지역에서 해당방송이 전국에서 수신될 수 있도록 하는 노력의무도 규정되어 있다(제6항).

이상이 방송보급 기본계획에 대한 규정의 개략이지만 기본계획 그것은 1988년 10월1일에 우정성 공시로서 발표되고 수차례에 걸쳐 변경 시행되었다.

2) 방송보급 기본계획의 의미[17]

이전부터 방송용주파수의 할당을 중심으로 장기적, 계획적인 관점에서의 방송행정 전개를 바라는 목소리가 높았고 또 법률에 기초하는 방송행정 원칙에 따른 시책의 실시가 요망되어 왔다. 예를 들면, 1963년 당시 우정성에 설치되어 있던 <임시방송관계법제조사회>에 대해서 NHK는 "일본방송협회의 방송법제에 관한 의견"을 제출하였다. 그 중에서 방송기본법 제정과 독립규제위원회로서의 방송위원회 설치를 전제로 "방송에 대해서는 장기적인 안목에서 유한하고 희소가치가 높은 방송용 주파수를 가장 유효적절하게 이용하여 방송을 공공복지에 적합하게 하기 위한 방송기본계획을 책정할 필요가 있다."고 주장하였다. 또 "방송에 관한 행정은 근대국가의 일반적인 행정원칙에 따라 법률에 의해 행정원칙을 확립하고 방송행정의 기준이 되는 사항은 물론 방송사업자의 권리 의무에 관계되는 사항은 원칙적으로 법률로 정해야 한다."고 건의 했다. 또 같은 시기에 사단법인 일본민간방송연맹(이하, 민방연이라 한다.)은 "방송이 그 공공의 사명을 달성하기 위해서는 그 지역의 경제적, 사회적, 문화적 제 사정 등을 충분히 고려하여 안정성 있는 장기계획을 세우고 거기에 기초한 면허제가 시행되어야 한다."고 했다.

또 이 방송법 개정이 시행되는 직전인 1987년 10월 민간방송연맹은 "주파수 할당계획의 책정근거, 책정에 있어서의 기본원칙, 책정·변경 때의 공청회 개최 절차를 법률로서 규정할 필요가 있다. 할당 계획책정이 장기적 전망 하에서 방

---

17) 『日本民間放送年鑑2000』 コーケン出版, 2001年, p.608.

송체제와 사업존립의 기반이 되는 지역경제력을 충분히 고려하여 실시하는 취지를 명시해야 한다."라는 요망을 시행하고 있었다.

이상과 같은 경위를 거쳐 1988년 개정에서는 방송법상에 "방송보급 기본계획" 그리고 관련해서 전파법상에 "방송용주파수 사용계획"에 대해 규정을 만든다는 주목할 만한 형식이 채택되었다. 1988년 법개정 이전은 방송행정상 중요한 시책 전개는 주로 전파법 체계에 의해서 시행되었지만, 이 법의 개정으로 방송법상에 방송보급 기본계획의 책정·변경 규정이 만들어짐에 따라 방송국의 치국(후에 위탁방송업무 등을 추가)의 측면에서 방송법의 체계에 중요한 행정상의 시책 전환이 가능하게 되었다. 현재는 개정 후 10여년이 지났지만 대부분이 이 방송보급 기본계획의 변경 방법에 따라 행정이 추진되고 있다고 하겠다.

전파법이나 방송법이 제정된 본래의 취지는, 전자의 경우는 희소가치가 있는 전파를 국민에게 개방한다는 관점에서 할당 가능한 주파수는 사용 신청이 있으면 될 수 있는 한 많은 국민에게 할당한다고 하는 것이 기본원칙이고, 후자는 신문이나 출판 등의 매스미디어와는 달리 방송이 유한·희소한 전파를 이용하는 것 등에서도 유일한 언론입법이라는 형태로 방송프로그램 편집의 자유를 최대한 보장하게 했다는 것이다. 따라서 전파·방송 영역에 대한 관계법령의 개정이나 관계 정책의 집행 시에는 항상 이러한 기본정신에 가장 유의하고 있 한다. 1988년 방송법 개정에 따라서 방송보급 기본계획도 공공복지를 위해서는 풍부하고 질 높은 방송프로그램을 전국에 보급되도록 하는 기본법이 제정 되었다. 이에 따라 NHK나 민간방송의 실질적인 방송체계를 규정하는 지침도 마련되게 되었다. 따라서 1988년 방송법 개정은 어떤 의미에서는 수동적 행정에서 능동적 행정으로의 방송정책의 전환을 가능케 하는 조치라고도 말할 수 있다. 이러한 조치는 표현의 자유를 기본이념으로 하는 방송이나 방송 사업에 관한 행정 영역으로 우리는 이러한 일본의 방송제도에 충분히 주목해 볼 필요가 있다.[18]

방송보급 기본계획

제1. 방송국의 치국(수탁국내방송 및 수탁내외방송은 수탁국내방송 및 수탁내외방송을 실시하는 방송국의 치국 및 위탁방송업무. 이하 동일)에 관해서 규정하는 지침 및 기본적인사항.

제2. 각 방송 구분의 방송대상 지역 및 각 방송대상 지역의 방송계 수(수탁국내방송에 관계되는 방송대상 지역은 방송계에 의해 방송할 수 있는 방송프로그램의 수)의 목표

1. 총칙(략)
2. 국내방송에 관한 각 방송 구분의 방송대상 지역 및 각 방송대상 지역의 방송계의 수의 목표
   (1) 지상계에 의한 방송(디지털방송 이외의 방송)

---

18) 塩野宏『放送法制の課題』, 有斐閣, 1988, pp, 71~72.

> 2. 국내방송에 관한 각 방송 구분의 방송대상 지역 및 각 방송대상 지역의 방송계의 수의 목표
> (1) 지상계에 의한 방송(디지털방송 이외의 방송)
> 가. 중파방송(략)
> 나. 단파방송(략)
> 다. 초단파방송(략)
> 라. 텔레비전방송

방송의 구분			방송대상지역	방송계 수의 목표
표준 텔레비전방송	협회방송	종합방송 광역방송	관동광역권	1
		종합방송 현(縣)역방송	관동광역권에 속하는 현을 제외한 도부현(道府縣)의 각 구역	각 방송대상 지역에 1
		교육방송	전국	1
	학원방송	대학교육방송	관동광역권	1
	일반방송 사업자의 방송	종합방송 광역방송	관동광역권	5
			중경광역권 및 킹키(近畿)광역권 각 지역	각 방송대상지역에 4

(이하 생략)

3) 방송보급 기본계획의 주안점

다음은 방송법 제2조 2항의 방송보급 기본계획에 관한 규정에 대해서 좀 더 자세하게 고찰해 한다. 우선 제2항 제1호 중에 "……방송을 하고자 하는 기회를 되도록이면 많은 사람들에 대해 확대함에 따라 방송에 의한 표현의 자유를 가능한 한 많은 사람들이 향유할 수 있도록 하기 위한 지침……"을 정한다고 규정되어 있다. 방송을 할 수 있는 기회를 되도록 많은 사람들에 의해 향유되도록 한다는 기본적인 견해는 민주주의 사회를 충실히 발전시키기 위한 이념으로 방송문화 발전에 깊은 의미가 있다고 하겠다.

이러한 방송법의 기본적인 이념에 따라 '방송보급 기본계획'에는 다음 세 가지의 방침을 주안점으로 두고 있다.[19]

① 일반방송사업자에 의한 방송은 원칙적으로 한 사람에 의해 소유 또는 지배되는 방송계의 수를 제한하고 가능한 한 많은 사람에 대해서 방송할 기회를 개방한다.
② 위탁방송업무는 원칙적으로 한 사람에 의해 실시되고 또는 지배되는 위탁방송업무에 관계되는 방송프로그램의 수 또는 전송용량을 제한하고 가능하면 많은 사람에 위탁하여 방송하게 하는 기회를 개방한다.

---

19) 片岡俊夫 『新·放送槪論』 日本放送出版協会, 2001年, P.34.

③ 각 지역 사회의 각종 대중정보 제공수단의 소유 및 지배가 원칙적으로 방송국의 치국에 따라 특정인에게 집중하는 것을 피한다.

①은 소위 복수방송국 소유 등을 제한하기 위한 지침이고 ②는 ①의 견해를 위탁·수탁 방송사업자의 제도를 인정할 때에 위탁방송업무도 수용한 규정이다. ③은 라디오, 텔레비전, 신문의 3사업의 지배를 금지하기 위한 지침이다. 그러나 도쿄나 가고시마 현의 경우는 예외다.

이와 같이 '방송보급 기본계획'에 대한 지침을 구체적으로 규정하고 있는 것이 총무성 규칙에 있는 "방송국 개설의 근본적 기준" 제9조(방송의 보급)의 규정이며, 또 위탁방송업무는 방송법시행규칙 제17조 8항(인정의 기준)이다.[20]

이 중에서 전자는 1988년 방송법·전파법 개정까지는 우정성의 통고형식으로 처리되었던 부분이며 중요한 규정이기 때문에 법률에 근거를 두도록 해야 한다는 관계자의 의견이 명시되어 있다. 후자는 인공위성으로 위탁방송업무를 시행하려는 자는 방송법 규정에 입각하여 총무대신의 인가를 받아야 한다. 물론 그 이용하는 방송전파에 대해서는 수탁방송사업자가 전파법 규정에 의해 면허를 받은 것이지만, 위탁방송업무의 규율은 전파법 체계가 아닌 방송법 체계로 시행된다. 따라서 매스미디어 집중배제 등에 필요한 규율은 방송법실시규칙에 규정된다. 이것은 1988년에 개정된 방송법에 기초한 것이다.

또 2001년 7월 국회에서 "전기통신역무이용방송법"이 제정되었는데, 동법 제5조(등록거부)에 "전기통신역무이용방송이 가능한 한 많은 자에 의해 시행되도록 하기 위한 것이기도 하지만, 다른 한 편으로는 해 총무성 령으로 정하는 기준에 합당하지 않는 자"는 등록을 거부하는 조항도 있다는 것을 유의해야 한다.

방송법 제2조 2의 제1항에는 "총무대신은 방송의 계획적인 보급 및 건전한 발달을 도모하기 위해 방송보급 기본계획을 정하고 이 규정에 따라서 필요한 조치를 강구해야 한다."고 하는 조항이 있다. 여기에는 방송보급 기본계획상에서는 지상계에 의한 일반방송사업자의 방송은 방송사업자의 구성과 운영에서 지역사회를 기반으로 함과 동시에 그 방송을 통하여 지역주민의 요망에 부응함에 따라 방송에 관한 해당 지역사회의 요망을 충족한다고 규정되어 있다.

동 법의 개정에 따라 NHK는 1999년 텔레비전방송의 정의를 개정하는 등 디지털기술의 특성을 활용하여 다양화, 고도화되는 시청각장해자 등을 포함하는

---

20) 小野善邦『放送を学ぶ人のために』, 世界思想社, 2005年, pp.46~47.

공공의 수요나 지역사회의 요망에 부응하게 하도록 했다. 1998년 방송법개정에서 NHK는 텔레비전방송에 의한 위탁국내방송업무를 시행하게는 되었지만, 이와 관련해서 '방송보급기본계획'에 규정하는 방송법 제2조 2 제2항 제2호의 "협회의 방송(협회의 위탁에 의해 실시되는 수탁국내방송을 포함, 제32조 제1항 본문과 같음.)"의 괄호표기가 추가되었다. 제32조 제1항 본문이란 수신계약의 조항이며 "협회의 방송을 수신할 수 있는 수신 설비를 설치한 자는 협회와 그 방송의 수신에 대해서의 계약을 해야 한다.……"라고 규정하고 있다.

3. 방송프로그램의 편집

1) 방송프로그램 편집의 자유

방송법 제 3조는 "방송프로그램은 법률에 정하는 권한에 기초하지 아니하고는 어떠한 사람으로부터도 간섭 받거나 규제되지 않는다."고 규정하고 있다. 이는 방송에 종사하는 자, 또는 방송에 관계되는 자 들에게는 법률에 의하지 않고는 방송프로그램 편집상 어떠한 간섭이나 제재, 압력도 가할 수 없도록 독립성을 보장한 조항이다. 특히 일본 헌법 제 21조에는 "집회·결사·표현의 자유, 검열의 금지, 통신의 비밀"이 보장돼 있다. 따라서 방송법도 모법인 헌법에 기초해서 이렇게 기술되어 있으며, 이것이 일본의 전후 민주주의 건설이나 국민의 알 권리에 봉사하는 방송의 정신적인 철학적 지주가 되어 있다. 하세카와(長谷部恭男) 교수는 매스미디어는 사회의 공공이익을 위해서 법에 의하지 아니하고는 보도의 자유를 제한해서는 안 된다고 주장하면서 일본국 헌법에서 보장하는 기본적 인권에는 자율적인 인권이 보장되어 있다고 한다. 즉 매스미디어의 활동이 사회 전체에 불이익을 가져오지 않는 경우에 매스미디어의 표현의 자유를 제한해서는 안 된다고 주장하고 있다.[21]

즉, 일본국 헌법 제 21조 제 1항은 "집회, 결사 및 언론, 출판 그 외의 모든 표현의 자유는 이것을 보장한다."고 규정하고 있다. 제 2항에서도 "검열은 해서는 안 되고, 통신의 비밀도 침해해서는 안 된다."라고 규정해 언론의 자유를 보장하고 있다. 자유로운 언론 표현 중에서 국민이 모두가 스스로 구속 없이 스스로 선택하고 다수의 의견에 따라 시책을 강구해 가는 것이 민주주의 정치의 기

---

21) 渡辺武達·松井茂記『メディアの法理と社会的責任』, ミネルヴィ書店, 2004年, pp.6～7.

본원칙이다. 뿐만 아니라, 각 개인이 자기 인격을 형성해 가는 과정에서도 표현의 자유는 필수 불가결하다고 하겠다. 헌법 제 21조에서 규정한 언론 출판 그외의 모든 표현의 자유란 '인간의 내면에 있는 정신작용을 방법을 불문하고 외부에 발표하는 자유'이며, 그 예시로서 구두에 의한 것은 언론이고 매스미디어에 의한 것은 출판을 들 수 있다.[22)]

헌법에서 규정한 표현의 자유와 언론에서 말하는 보도의 자유에 관해서는 상위법인 일본헌법에 규정되어 있는 표현의 자유 중에 "보도의 자유"가 포함되어 있다고 해석하고 있다. 일본의 최고재판소(대법원)는 1969년 1월 소위 하카타(博多)역 텔레비전 필름제출 명령사건에서 "보도기관의 보도는 민주주의사회에서 국민이 국정에 관여함에 있어서 중요한 판단자료를 제공하고, 국민의 '알 권리'에 봉사하는 것이다. 따라서 사상표명의 자유와 같이 사실보도의 자유는 표현의 자유를 규정한 헌법 21조의 보장 하에 있는 것은 말할 것도 없다.……"라고 판시했다. 또 보도의 자유와 함께 중시되어야 할 것은 취재의 자유가 있다는 것이다. 이 점에 대해서는 이 하카다역 텔레비전 필름사건의 최고재판소 결정에서도 "……보도의 자유와 함께 보도를 위한 취재의 자유도 헌법 제 21조의 정신에 입각하여 충분히 존중할 가치가 있다고 할 것이다."라고 판결 했다.[23)]

이러한 최고재판소의 결정은 후반부에서는 본건에서 공정한 재판의 표현이라는 헌법상의 요청에서 장래 취재의 자유가 방해받을 우려가 있다고 하는 정도의 불이익은 감수해야 한다고 했다. 그리고 취재 필름제출 명령을 정말 어쩔 수없이 받아들이기에 이르렀다. 그 다음 사례로서는 이 최고재판관의 결정이 원용되어 비디오테이프 입수나 텔레비전 녹화를 사용하는 예까지 등장하고 또 하카타역 사건은 재판소의 제출명령에 관한 것이었지만 그 후 수사기관에 의한 사례도 나타나고 있다.

아사히신문은 "'증거비디오'와 취재의 자유"란 제목의 사설(1980년 3월 7일)에서 다음과 같이 밝히고 있다. "……취재결과가 사법목적으로의 사용이 허용된 것은 다른 증거도 없고 그것이 사건해결에 있어서 말 그대로 불가피한 것이라던가, 아니면 무죄를 증명할 만한 둘도 없는 경우에 한정된 것은 아닐까 하고 우리는 생각 한다. 사법당국의 양식 있는 판단을 기대한다."고 기록하고 있다.

---

22) 小野善邦『放送を学ぶ人のために』, 世界思想社, 2005年, pp.48~49.
23) 最高裁判所刑事判例集, 第23券 11號. 1490頁, 堀部政男編『マスコミ判例百選』(第 2 版), 有斐閣, 1985年, pp.18~19.

이 사설의 관점으로 설명하면 1971년 11월 오사카(大阪) 지방재판소 결정이 참고가 된다. 제트기 소음에 대한 국가배상청구소송인 본건에서는 원고변호 단측인 NHK의 다큐멘터리 프로그램 "하늘로부터의 공격"이란 필름의 증거신청에 대해서 재판소측은 이를 기각했다.

그 당시 재판소는 "······ 현재 항공기가 주야로 착발을 계속하고 있는 이상 다시 그 사정을 촬영 녹음할 수 있는 것은 물론 현장 검증이나 증인 혹은 본인 심문, 감정 그 외의 제반 조사보고자료 등에서 적확한 직접증거에 따라 입증할 수가 있다.······"고 하고 또 "······보도기관이 보도목적으로 취재한 것을 어떻게 이용하는가는 보도의 자유와 직결되며 또 보도기관이 취재할 경우에는 취재한 것을 보도만을 위해 이용하고 보도 이외의 목적으로는 제공하지 않는다는 신뢰 관계가 존재하며 그것을 제외하고는 취재의 자유는 있을 수 없기 때문에 본건의 필름 등이 이미 방영되었더라도 이것을 재판의 증거로서 사용한다면 장래 취재 활동에 대해서 유형무형의 불이익이 발생할 것이라는 것은 부정할 수 없다.······"라고 판시 했다. 이것은 취재의 자유에 대한 매우 양식적인 판단이라 아니할 수 없다.[24]

본건의 경우에는 비교적 취재의 자유를 이해하는 입장을 쉽게 찾을 수 있는 상황이지만 형사사건을 포함하여 취재 측의 기본적 입장에 충분히 배려한 재판이 정착돼 가고 있다.

여기에서 좀 더 취재자유와 관련해서 취재원(源)의 비닉(秘匿)에 대해서 언급해보기로 하겠다. 1952년 기자의 취재원에 관한 증언거부사건에서 최고재판소는 기자가 법정에서 취재원에 대해 증언을 거부한 것은 형사소송법 제 161조(선서 증언의 거절과 형벌)의 "정당한 이유"에 해당된다고 하는 주장을 거부한 사건이 있었다. 이 사건은 1950년대 이후 증언거부에 대한 대표적인 사례로서 소개돼 왔다. 그 후 민사재판에서는 1979년 사죄광고 등 청구사건에서 기자의 취재원에 관한 증언거절이 민사소송법 제 281조(현 197조) 제 1항 제 3호의 직업 비밀에 해당하는지 아닌지에 대한 분쟁에서 지방재판소, 고등재판서에서 모두 여기에 해당된다고 했던 판례가 있다. 이 사건에서 특별항고를 받은 최고재판소도 특별 항고에 해당되지 않는다고 기각했다.[25]

이와 같이 일본에는 오랜 관행으로 취재기자의 직업상 윤리로서 확립되어 있

---

24) 長谷部恭男 『憲法』 (第 2 版), 新世社, 2001年, pp.217~218.
25) 清水英夫 「取材源の秘匿と公正な裁判」 『マスコミ判例百選』 (第 2 版), 有斐閣, 2000年, pp.12~13.

는 취재원의 비닉권은 취재자유의 관점에서 충분히 존중되고 있다고 하겠다.

다시 헌법 21조로 돌아가면, 동 조는 "방송프로그램은 법률에 정하는 권한에 기초하지 않고는 누구로부터도 간섭받고 규제될 수 없다." 이것은 방송사업자에게 있어서 생명선이라고도 할 수 있는 중요한 규정이지만 헌법 제 21조의 규정과는 규정방법이 다른 점이 있다. 즉 "……법률에 정하는 권한에 기초한 경우가 아니면 ……"라고 규정한 것이다. 이것은 방송은 유한·희소한 전파를 사용함으로서 성립하는 방송의 사회적 영향이라고 하는 특수성으로 이해해야 할 것이다. 따라서 방송사업자의 권한도 사실이 아닌 방송으로 제3자의 권리를 침해 할 때는 방송법 제 4조(정정방송 등) 제 1항의 규정에 의해 정정방송 또는 취소방송을 해야 한다. 방송법 제33조(국제방송 등의 실시 명령), 제46조(광고방송 등의 금지), 제51조(광고프로그램 심의기관, 제52조(후보자 방송)등의 규정이 있다. 또 다른 법률에서는 공직선거법 제150조의 정견방송, 제151조(경력방송), 제151조 5의 선거운동방송의 제한 규정이나 재해대책기본법 제57조에 의해 재해방송요청 등의 규정이 있다.[26]

방송법은 앞에서 언급한대로 제1조에서 ① 방송이 국민에게 최대한 보급되고 그 효용을 향유할 수 있도록 보장할 것, ② 방송의 불편부당, 진실 및 자율을 보장함으로서 방송에 의한 표현의 자유를 확보할 것, ③ 방송에 종사하는 자의 직책을 명확히 함으로서 방송이 건전한 민주주의의 발달에 이바지하도록 할 것 등의 3원칙에 따라서 방송을 공공복지에 적합하도록 규율하고 그 건전한 발달을 도모할 것을 목적으로 하고 있다. 이러한 전제 하에서 방송프로그램 편집에 대한 자유에 대해서 방송법 제3조가 존재하는 것이다. 따라서 방송은 유한·희소한 전파를 사용하고 그 사회적 영향력이 매우 지대하다는 사실을 항상 인식하고 엄격한 자율 속에서 방송프로그램편집의 자유를 생각해야 한다.[27]

다음은 방송프로그램에 관한 정부권한에 대해서 영국의 BBC 예를 들어보자. BBC에 관한 영국정부의 관한은 특허장과 협정서가 있는데 이것은 1996년 5월부터 시행되었다. 여기에는 ① 각료로부터 그 임무에 관련한 고지 사항의 방송 요구 ② 그리고 긴급사태시나 그 외에 관련 된 사항에 대한 방송 요구 ③ 특정 방송프로그램 또는 특정 종류의 방송프로그램 방송을 보류할 것을 요구할 수 있는 정부권한을 규정하고 있다.

---

26) 石村善治·堀部政男 『情報法入門』, 法律文化社, 1999年, pp.68~70.
27) 片岡俊夫 『新·放送概論』, 日本放送出版協会, 2001年, p.39.

1977년의 소위 아난위원회 보고서에 따르면 이러한 점에 대해서 방송의 요구는 정식적인 요구라기보다는 일상의 사태로서 통보 등으로 처리되고 있으며 방송프로그램의 금지에 관해서 특정방송사에 지시한 사례는 없다. 영국정부는 지금까지도 특정프로그램을 정지시킬 수 있는 권한은 갖고 있지만 역대정부는 개별 프로그램뿐만 아니라, BBC의 일상 업무에 대해서도 독립성을 인정하는 방침으로 일관하고 있다. 그런데 이러한 권한은 보류권한(reserve power)이라 부르고 있다.

그렇지만 1988년 10월 북아이랜드의 테러활동을 지지하는 성명의 방송을 금지하기 위해 당시의 면허협정서 제13조(Independent Broadcasting Authority(IBA)에 대해서는 당시 방송법 제29조 (3))의 규정이 처음으로 적용되었다.[28] 이에 대해서 BBC Annual Report &Accounts(1988~89)에 다음과 같은 주목할 만한 기사가 게재되었다.

"이 조항은 정부에 대해서 BBC가 무엇을 방송할 수 있는가 혹은 무엇을 방송할 수 없는가를 정하는 형식상의 절대권한을 부여하는 것으로 BBC의 책임에 대해서 정부의 견해와 BBC 스스로의 견해가 대립하는 경우에는 정부의 견해가 우선될 수 있다는 것이다. 이 조항은 수에즈 위기, 포클랜드전쟁, 북 아일랜드 분쟁, 최근에는 이라크 전쟁 때에 그러한 문제를 둘러싼 BBC의 편집판단이 가장 혹독한 비판을 받았을 때에도, 어떤 특정프로그램의 방송금지를 위해서 발동된 적은 없었다. 그러나 1988년 10월 북 아일랜드의 테러활동을 지지하는 성명의 방송을 금지하기 위해서 이 조항은 이용되었다. 특정문제 혹은 특정단체에 대해서 정부가 BBC면허협정서 제13조 (4) 조항에 기초하는 권한을 행사한 것은 이것이 처음이다."

특히 영국 <BBC의 가이드라인>을 보면, 전쟁이나 테러 인질사건에 대해서는 다음과 같이 엄격하게 중립을 지키고 있을 뿐만 아니라, 명확한 사실보도를 원칙으로 하고 있다.

① 보도 언어의 사용은 신뢰성과 객관성을 유지한 명확한 언어를 사용한다. 예, "우리군(our troops)"이 아니라, 삼인칭인 "영국군(British troops)"으로 객관보도를 견지하고 있다. ② 정보원도 명시를 명확히 한다. 모든 분야에서 관측이나 억측, 과장된 주장에 대해서는 유의해서 보도하도록 하고 있다. ③ 정보의 공포금지 항목에는 비록 영국군에는 적이 되더라도 "적(enemy)"이라는 표현은 쓰지 않도

---

28) 『NHKデータブック世界の放送』, NHK放送文化研究所, 2001年, P. 84.

록 한다. ④사상자나 포로(테러)의 영상에는 신중을 기한다. 즉 사상자의 영상 설명에는 신중을 기하고, 개인의 존엄을 배려한다. 통상 클로즈업된 영상은 사용하지 않는다. 또한 피해자가 과도하게 받는 고통이나 비참한 보도는 특별한 이유가 있을 경우에 한한다. ⑤전쟁포로나 행방불명 등의 관계자 인터뷰는 통상적으로 방송하지 않는다. 이런 소재는 심문담당자에게 역 이용당해 포로나 납치자의 안전을 위협할 가능성이 크기 때문이다. 실제로 BBC의 경우는 1982년 영국과 아르헨티나의 포클랜드 전쟁 때 "우리군"이 아니라, "영국군"으로 보도했다가 당시 대처수상으로부터 엄청난 비난과 공격을 받은바 있다.

"BBC는 특허장이 정한 책무와 국민에 대한 의무에 입각해 프로그램의 독립편집권을 행사하는 자유를 항상 정신력으로 방어해 왔다. 이 자유는 최초의 특허장 이전의 시기까지 거슬러 올라간다. 체신장관으로서 BBC설립에 관련된 윌리엄 미첼 톰슨(후에 셀스든 경)은 국내정책에 관한 문제는 BBC의 자유판단에 맡겨야 한다는 견해를 명확히 했다. 이 견해는 당시 영국하원에서 승인 받고 1933년 하원의결로 재확인되어 이후에도 각료에 의해 많은 기회를 통하여 지지 확인되어 온 것이다."[29]

이러한 방송의 금지는 1994년 9월에 해제되었지만 이 금지조치는 그 후에 많은 비판을 받았다. 어쨌든 BBC의 견해처럼 같은 나라의 역사와 전통 위에 오랜 세월에 걸쳐 인정되어 온 기본적인 견해가 앞으로도 계속 유지될 것으로 보인다.

2) 일본의 방송프로그램준칙, 프로그램기준, 방송프로그램심의기관

(1) 국내 방송프로그램준칙 등

방송법 제3조 2 제1항은 모든 방송사업자에 의해 준수되어야 할 중요한 규정이다. 방송사업자란 제2조 방송의 정의에 관한 설명 때처럼 전파법 규정에 따라 방송국 면허를 받은 자 중에 수신 장해대책 중계방송을 시행하는 것을 제외하고, 이것에 위탁방송사업자와 위탁국내방송업무, 위탁협회국제방송업무를 시행하는 경우에는 NHK를 포함하는 것의 총칭이지만 제 52조 12의 규정에 따라 수탁방송사업자에는 제1장 2의 방송프로그램의 편집 등에 관한 통칙 규정의 전부가 적용되지는 않는다.

---

29) BBC Annual Report & Accounts(1988-89), P.104.

　　방송법 제3조 2 제1항에서 방송사업자는 국내방송의 방송프로그램 편집에 있어서는 다음 각 호에 정해져 있는 4개의 준칙에 따라야 한다는 규정이 있다.

① 공안 및 선량한 풍속을 해치지 않을 것.
② 정치적으로 공평할 것.
③ 보도는 사실을 왜곡하지 말 것.
④ 의견대립이 있는 문제는 가능한 한 여러 각도에서 논점을 명확히 할 것.

　　이 준칙에 열거된 사항은 방송이 유한·희소한 전파를 이용해서 사회적으로 영향력이 매우 크다는 점에서 본래 방송사업자가 자주적으로 규율해야 할 사항이다. 이것은 법률상에 규정된 것으로서 윤리규범적인 것이라 할 수 있다. 따라서 이러한 준칙과 관련해 앞으로 일본에도 전파법 제76조나 방송법 제52조 24의 법 위반에 따른 업무정지 등의 사태는 발생하지 않을 것으로 본다.

　　일본에도 1984년 1월 방송통신제도연구회가 발표한 "방송제도에 관한 법 정책연구보고서"에 따르면 방송프로그램 편집은 "방송사업자의 자율에 맡겨져야 되며 제1호의 공안·미풍양속의 원칙, 제3호의 보도의 사실성의 원칙은 삭제되어도 좋다고 생각된다. 한편 표현의 자유의 의의를 국민의 알 권리 충족에 둔다면 한정된 전파를 통해서 가능한 한 많은 논점이나 이것에 관련된 공평한 정보가 국민에게 전달될 기회가 보장되지 않으면 안 되고 제2호의 정치적 공평의 원칙과 제4호의 대립의견의 다각적 논점의 원칙은 존치이유가 있다고 본다."라고 되어 있다.[30)]

　　동 방송정책간담회는 "특히 정치적 공평의 확보(제2호) 및 논점의 다각적인 해명(제4호)의 준칙은 방송 미디어가 다양화되어 인터넷 방송이나 IPTV 등 다수 사업주체가 참가하고 있는 오늘날, 모든 미디어에 대해서 똑 같이 법으로 규정해 나갈 필요가 있는지 어떤지는 다소 문제점이 남 는다. 따라서 프로그램편집준칙에 대해서는 끊임없이 검토해야 하겠지만 방향으로서는 텔레비전, 라디오는 현행 프로그램편집준칙을 유지하기로 하고 또 문자방송 등의 다중방송은 미디어의 특성에 따라 탄력적으로 생각해 나가야 하는 것이 바람직하다."라고 제안하고 있다.

　　이 4원칙에 대해서의 견해가 서로 다르지만 전자는 방송사업자의 자주성과 국민의 알 권리의 관점에서의 고찰이며 후자는 미디어특성에 관점을 둔 결과라

---

30) 片岡俊夫 『新・放送槪論』, 日本放送出版協會, 2001年, p.41.

고 생각된다.

미국의 경우는 연방통신위원회(Federal Communication Commission : FCC)는 1987년 8월 공적인 쟁점에 대해서 적당한 방송시간을 충족시킴과 동시에 상반되는 의견을 공정하게 전하는 것을 의무로 하는 공정의 원칙(Fairness Doctrine)을 바꿔 오히려 방송에 있어서 언론의 자유를 제약하는 결과를 초래하게 되었다. 즉 방송국 수가 증가하고 동 원칙의 필요성이 점점 엷어져 가고 있다는 이유를 들어 개정하게 되었다. 이 점에 대해서 연방의회 중에는 이러한 FCC의 견해에 대해 강하게 비판하는 의견도 남아있기 때문에 그러한 동향에 대해서도 주목할 필요가 있다.[31]

앞으로 일본에서는 디지털기술의 발달과 함께 이러한 4원칙의 필요성 여부에 대해서 많은 논의가 이루어 질 수 있으며, 우선 그때는 미디어의 특성이나 NHK, 민간방송, 방송대학 학원 등 방송사업 주체의 성격에서의 검토도 의미 있다고 생각한다.

그 밖에 방송법 제 44조(방송프로그램 편집 등)에도 NHK의 국내방송 및 국제방송의 방송프로그램 편집규정이 있다.

다음은 제3조 2 제2항의 조화의무 규정에 대해서 살펴본다.

동 조에서 "방송사업자는 텔레비전 방송에 따른 국내방송의 방송프로그램 편집에서 특별한 사업계획에 의한 것을 제외하고는 교양프로그램 또는 교육프로그램 및 보도프로그램, 오락프로그램을 설치하여 방송프로그램 상호간에 조화를 유지하도록 해야 한다."고 규정하고 있다. 이 규정은 1988년 개정 전에는 특별한 사업계획에 의한 것을 제외하고 국내방송 전반에 폭넓게 적용되었지만 개정 후에는 텔레비전 방송, 그것도 국내방송에 한해서만 적용 대상이 되었다. 또 제44조 제3항에 따라 NHK의 중파방송과 초단파방송의 방송프로그램편집에 준용되고 제50조 2의 규정에 의해 방송대학 학원에는 적용되지 않기 때문에 결국 특별한 사업계획에 의한 것을 제외하고는 NHK, 민방TV와 NHK의 중파 라디오, FM방송이 대상으로 되게 된다.

방송미디어가 다양해지고 있는 가운데 각 미디어의 특성을 살려 편성하는 것이 바람직하다는 것이 1988년 법 개정의 취지였지만 기본적으로 텔레비전에 대

---

31) 仲左秀雄「放送発信の多元化と公規制原理の伝換」『「放送の自由」のために』, 日本評論社, 1998年, pp.82~89.

해서는 영향력이 크기 때문에 조화의 의무를 남겨둔 셈이다. 또 NHK 중파와 FM은 시청자가 부담하는 수신료를 기초로 해서 전국보급 의무 하에서 방송되고 있기 때문에 조화의무를 남기게 되었다.

다음은 동 항의 "특별한 사업계획에 의한 것을 제외하는 한편"에 대해서 언급하도록 한다. 여기에서 말하는 특별한 사업계획이란 기존의 교육전문 국이나 보도전문 국, 음악전문 국 등이라 여겨왔다. 방송국 개설 면허에 관한 기본적 방침인 "방송국 개설의 근본적 기준"에는 교육적 효과를 목적으로 하는 방송만을 시행하는 방송국에 관한 규정이 있는데 NHK의 교육텔레비전이 여기에 속한다. 동 기준에서는 일주일 방송시간 가운데 교육프로그램 방송이 50%이상을 차지하는 것이나 교육프로그램의 방송시간이 100%에 달하지 않을 때는 나머지의 대부분이 교양프로그램으로 채워지는 것 등을 요구하고 있다. 즉 NHK의 교육텔레비전의 면허장에서는 교육프로그램 75% 이상, 교양 프로그램 15%이상으로 방송하도록 규정되어 있다. 최근 일본방송의 교양프로그램은 인기 탤런트와 노는 장면이 많이 나오는 프로그램이 많다. 어린이나 청소년 어른 등 연령대에 맞는 교양프로그램으로 시청 후에 무엇인가를 줄 수 있는 프로그램으로 보다 더 전문성이 요구되는 영역이다.[32]

1988년의 방송법 개정 이후는 동법 제2조 2의 규정에 기초하여 방송보급기본계획이 정해지고 동조 제2항 제 2호에 따라 "성령으로 정하는 방송의 구분"이 명확하게 되었다. 그리고 이 성령(省令)에서 정하는 방송의 구분은 방송법 시행규칙 제1조 2 별표 제1호에 명시되어 있다.

별표에는 여러 구분이 있지만 그 중에는 "종합방송"의 표시가 있으며 "종합방송"이란 "교양프로그램 또는 교육프로그램, 보도프로그램, 오락프로그램의 상호 간의 조화로운 방송프로그램 편집에 따른 방송을 말한다."고 주기되어 있다. 이 표현은 방송법 제3조 2 제2항의 조화의무규정과 같은 취지이며 이 의무규정은 앞에서 말한 대로 텔레비전방송과 NHK의 중파방송, FM방송에 대한 것이기 때문에 별표(別表)에서 이러한 방송 중에서 종합방송과 구분되어 있는 지상계 NHK 중파 제1방송, FM방송, NHK 종합텔레비전방송, 민방 텔레비전방송, 위성계의 NHK 위성 제1방송 이외는 "특별한 사업계획에 의한 것"에 해당한다. 일본에는 2000년 12월부터 BS디지털방송으로서 방송위성업무용 주파수를 사용하는 위탁국내방송이 개시되었지만 그 중에서는 위성 계에 의한 국내방송과 동일

32) 小野善邦『放送を学ぶ人のために』, 政界出版社, 2005年, pp.210~211.

방송프로그램을 방송하는 방송 이외의 디지털방송으로서 NHK의 고정세도(高精細度 : 하이비전) 텔레비전방송은 종합방송으로 되어 있다.

방송법 제3조 2 제3항은 국내방송의 교육프로그램 편집 및 방송에 관한 조항으로 그 대상으로 하는 자가 명확하며 내용이 그 자에게 유익 적절하고 조직적이며 그 방송 계획이나 내용을 미리 공중이 알 수 있도록 할 것, 해당프로그램이 학교를 위한 것일 때는 그 내용이 학교교육에 관한 법령에 정하는 교육과정의 기준에 준거하도록 해야 한다는 규정이 있다. 제4항은 1997년 개정으로 추가된 텔레비전의 국내방송에 대한 규정으로 시각장애자 및 청각장애자에게 설명하기 위한 방송프로그램에 관한 노력규정으로서 이러한 프로그램을 가능한한 많이 설치되도록 해야 한다고 기술하고 있다.

(2) 프로그램 기준 및 방송프로그램 심의기관

방송법 제3조(프로그램 편집기준) 3의 규정에 의하여 방송사업자는 방송프로그램의 종별 및 방송하는 대상 자에 따라 방송프로그램의 편집기준을 정하고 이것에 따라 방송프로그램을 편집해야 한다. 또 방송사업자는 국내방송에 관해서는 전항의 규정에 의해서 프로그램 기준을 제정했을 때에도 총부성 령에 의해서 이를 공표해야 한다. 이를 변경 할 때도 이와 마찬가지다.

방송법 제3조(방송프로그램 심의기관) 4의 규정에 의하면 방송사업자는 방송프로그램의 적정을 도모하기 위해 방송프로그램심의기관을 설치하게 되어 있다. 이 프로그램심의기관은 방송사업자의 심문에 따라 방송프로그램의 적정을 도모하기 위해 필요한 사항을 심의하는 한편 이것에 관해 방송사업자에 대해서 의견을 말할 수 있도록 되어 있다. 방송사업자가 프로그램기준이나 방송프로그램의 편집에 관한 기본계획을 제정하거나 변경할 경우에는 프로그램심의기관에 자문해야 한다. 그리고 프로그램심의기관의 답신이나 의견을 언급한 사항에 대해서는 방송사업자는 존중하고 조치해야 한다.

또 1997년 개정에서 방송사업자는 존중하고 조치한 내용이나 뒤에서 설명 할 제4조 제1항의 규정에 의한 개정 또는 취소의 방송 실시상황, 그리고 방송프로그램에 관해서 불평이나 의견 개진이 있었던 프로그램은 의견개요를 프로그램심의기관에 보고해야 한다고 규정되어 있다. 이 프로그램기준과 프로그램심의기관의 규정은 방송법 제3조 5에 따라 경제상황이나 자연사상(事象) 및 스포츠에 관한 사항, 그 외 혹은 총무성 령으로 사항만을 방송하는 방송, 또는 임시 일시적 목적을 위한 방송만을 시행하는 방송사업자에게는 적용되지 않는다. 그 밖에 프로그램심의기관에 관해서는 방송법 제44조 2의 NHK의 방송프로그램심의회에서도 규정되어 있다.

(3) 방송프로그램의 정정 및 취소방송

방송법 제4조(정정방송 등) 제1항은 "방송사업자가 진실이 아닌 사항을 방송했다는 이유로 그 방송에 의해 권리침해를 받은 본인 또는 그 직접관계자로부터 방송이 있었던 날로부터 3개월 이내에 청구가 있었을 때는 방송사업자는 지체 없이 그 방송을 한 사항이 진실인지 아닌지를 조사하고 그 진실이 아닌 것이 판명됐을 때는 판명된 날로부터 2일 이내에 그 방송을 한 방송설비와 같은 방송설비로서 상응한 방법으로 정정 또는 취소방송을 해야 한다."고 규정하고 있다. 이는 1995년 개정 때 방송이 있었던 날로부터 2주일 이내가 3개월 이내로 개정되었다. 여기서 주의할 것은 이 규정에 따라 권리침해를 받은 본인 또는 그 직접관계자에 한 한다. 이 이외의 자로부터는 신청이 있어도 이 규정과는 무관하다.

1995년 방송법 개정 이전에는 2주일 이내의 청구도 있었고 이 규정에 근거를 둔 사례는 많지 않지만 개정 후는 3개월 이내로 개정되었기 때문에 앞으로의 동향이 주목된다. 2001년도 판 정보통신백서에서는 "정정방송의 청구건 수 등의 추이"를 발표하고 있는데, 1988년도부터 1999년도까지 각 연도별 청구건수와 실시건수의 수치를 보면 1988년이 각각 2건·1건, 1990년 2건·2건, 1991년 5건·4건, 1992년 8건·2건, 1993년 5건·2건, 1994년 7건·5건, 1995년 5건·2건, 1996년 13건·12건, 1997년 20건·16건, 1998년 13건·8건, 1999년 16건·10건이다.

방송법 제4조 2항에는 방송사업자 자신이 그 방송에 대해서 진실이 아닌 사항을 발견했을 때도 전 항과 같이 한다고 되어 있다. 또 방송법 제4조 3항에는 이 제1항, 제2항의 규정은 민법 규정에 의한 손해배상 청구를 방해하는 것이 아님을 만일의 경우를 대비해서 규정하고 있다고 하겠다.

총무대신은 방송법 제53조 8의 규정에 의하여 이 법률의 실행에 필요한 한도에는 방송사업자에 대해서 정령(政令)이 정하는 것에 따라 자료제출을 요구할 수 있게 되어 있다. 또 방송법 제4조 제1항의 정정 또는 취소 방송에 관한 사항에 대해서는 방송법 시행령에 의해서 자료제출을 요구할 수 있도록 규정되어 있다. 앞에서 언급한 바와 같이 1997년 법 개정에 따라 제4조 제1항의 규정에 의한 정정 또는 취소의 방송실시 상황은 프로그램심의기관의 보고사항으로도 되어 있다.

(4) 방송프로그램의 보존 등

방송법 제5조에는 방송프로그램의 보존 규정이 있다. 즉 "방송사업자는 해당 방송프로그램의 방송 후 3개월 간(정정 또는 취소의 청구가 있었던 방송에 대해서 그 청구에 관계되는 사안이 3개월을 넘어 계속될 경우에는 6개월을 넘지 않는 범위 내에서 해당사안이 계속되는 기간)은 정령에 정해져 있는 대로 방송프로그램의 내용을 방송 후에 방송프로그램심의기관이나 또는 동 조에 의해 정정 또는 취소 방송의 관계자가 시청 그 외의 방법으로 확인할 수 있도록 방송프로그램을 보존해야 한다."는 규정이 있다. 이 규정은 1995년에 개정된 부분이다. 개정 전은 3개월 이내에 한하고 앞에서와 같은 기관이나 관계자가 확인할 수 있도록 필요한 조치를 취해야 한다고 했던 것은 기간을 연장하고 또 시청 그 외의 방법으로 확인할 수 있도록 방송프로그램을 보존해야 한다고 보존 기간을 명확히 하고 있다. 방송법 시행령 상 보존방법으로는 원고나 녹음, 녹화, 그 외에 적당하다고 인정하는 방법(방송프로그램심의기관이 요구한 방송에 대해서는 그 요구하는 방법)으로 녹음, 녹화에 한정하고, 보존프로그램의 범위도 시사에 관한 내용을 중심으로 대폭 확대하게 되었다.[33]

다음은 방송법 제6조(재방송)에 대한 규정이다. 동조에 의하면 "방송사업자(수탁방송사업자 제외) 또는 전기통신역무이용방송사업자(전기통신역무이용방송법: 2001년 법률 제85호 제2조 3항)의 동의를 얻지 않으면 그 방송(위탁해서 실시하는 방송 포함) 또는 전기통신역무이용방송(전기통신역무이용방송 제1조)을 수신하고 이를 재방송해서는 안 된다"고 규정하고 있다. 이와 같이 전기통신역무이용방송법이 제정됨에 따라서 전기통신역무이용방송사업자나 동 방송에 대응하는 표현이 추가되게 된다.

방송법 제6조 2에 의하면, 방송사업자는 국내방송을 시행함에 있어서 폭풍, 호우, 홍수, 지진 등의 대규모 화재, 그 외 재해가 발생, 또는 발생할 우려가 있을 경우에는 그 발생을 예방하고 피해를 경감하도록 하는 방송을 해야 한다고 의무적으로 규정하고 있다.

---

33) 磯本典章 「放送法第5条所定の放送内容確認の主体の範囲および確認請求権の存否」 『法学論集(第5号)』, 学習院大学大学院法学研究科, 1997年, pp.67~91.

4. 방송내용에 대한 반론권과 불만처리, 방송규제(BPO), 청소년보호

디지털방송기술의 급진전과 함께 방송의 사회적 역할이 점점 확대됨에 따라 방송프로그램에 대한 사회적인 관심도도 점점 높아지게 되면서, 방송사업자나 방송내용에 대한 불만 또한 폭발적으로 증가하고 있다. 이러한 방송환경 속에서 일본의 방송사업자측도 이에 대응하기 위해서 1996년에는 NHK와 민간방송연맹이 공동으로 "방송윤리 기본대강령"을 제정하게 된다. 이어서 1997년에는 NHK가 "NHK방송 가이드라인"을 제정하고, 민간방송연맹은 "일본민간방송연맹보도지침"을 제정 발표하게 된다. 뿐만 아니라, NHK와 민방 양자는 1998년에도 "애니메이션 등의 영상수법에 관한 가이드라인"도 작성해 기준으로 삼고 있다.

따라서 본고에서는 이와 관련해서 프로그램에 대한 불만 및 대응, 청소년 보호, 개인정보보호, 인권 구제제도, 통신 방수(傍受)법 시행 등에 관해서 언급해 보기로 한다.

1) 방송프로그램 불만과 대응 및 반론권

1996년의 "다채널시대에 있어서의 시청자와 방송에 관한 간담회"보고서에서는 "……방송법령·프로그램 기준에 관련된 중대한 불만사항에는 시청자의 권리침해에 관련된 불만사항이 많이 포함되어 있다. 하지만 이러한 불만은 방송사업자 스스로의 판단에 맡겨야 하겠지만 그러나 다른 한편으로는 당사자인 방송사업자에게 적정한 해결을 요구하는 것은 판단의 공정성 등의 관점에서 볼 때는 일정한 한계가 있다고 생각 된다. 이 때문에 방송법령이나 프로그램기준에 관계되는 중대한 불만, 특히 권리침해에 관련된 불만사항은 시청자와 방송사업자와의 사이에서는 해결할 수 없는 경우가 있었다. 따라서 시청자들의 방송에 대한 신뢰를 유지하고 방송의 건전한 발달을 도모할 뿐만 아니라, 방송에 의한 피해자의 구제에도 도움이 되게 하기 위해 방송사업자 이외의 제 3자에게 객관적인 판단을 맡기는 시스템을 설치하도록 제안했다."[34] 즉 이는 방송프로그램에 대한 불만 대응기관을 방송사업자가 아닌 다른 외부 공동기관으로 설치하는 견해를 밝히고 있다.

---

34) 多チャンネル時代における視聴者と放送に関する懇談会編 『放送多チャンネル時代』, 日刊工業新聞社, 1997年, pp.40~45.

이러한 불만 대응기관으로는 공적인 기관이나 방송사업자가 자주적으로 설치하는 기관, 혹은 이 양자의 중간에 위치하는 것으로서 법률규정을 바탕으로 방송사업자가 설치하는 기관 등이라고 할 수 있다. 그러나 공공적인 기관은 방송프로그램 편집에 과도한 영향을 미칠 우려가 있다는 문제점이 있으며, 또한 방송사업자가 자주적으로 설치하는 기관은 시청자들에게 충분한 신뢰를 얻는 데는 한계가 있다고도 할 수 있다. 뿐만 아니라, 방송사업자의 자주·자율성의 중요성에 비추어 볼 때 방송사업자 스스로의 판단에 맡겨야한다는 의견도 있다고 병기하고 있다. 이 보고서에 대해서 NHK는 시청자의 프로그램에 관한 불만은 어디까지나 방송사업자 스스로의 판단에 의해 책임져야 한다고 했다. 또한 법률에 기초한 공적 기관이 판정을 하고 이러한 판정에 따르는 것에는 절대로 반대한다고 했다.

프로그램 편집의 자유를 보장하는 것은 어디까지나 방송사업자의 자율이며 그 근저는 방송프로그램에 종사하는 한 사람 한 사람의 방송윤리의 문제다. NHK는 이 사실을 깊이 명심하여 각 부서 내에서 방송윤리를 더욱 철저하게 지켜 나가기로 했다. 또 민방연은 방송프로그램의 편집·제작자 자체에 자유롭고 활발한 창조력을 필요로 하는 문제다. 이러한 관점에서 방송사업에 직접 종사하는 자로서 제 3자에 의한 불만대응기관의 설치는 불필요하다는 것을 재차 주장해 왔는데 이러한 의견이 이 보고서에는 충분히 반영되지 않아서 실로 유감이라고 발표하기도 했다.

반론권은 미국이나 독일, 프랑스 등의 제도에서 볼 수 있지만 일본에서는 1987년 4월의 최고재판소판결(신문지상의 의견광고에 대한 반론 문 게재청구)에서 언급되었듯이, 반론 문 게재가 강제되면 그 때문에 지면을 할애해야 되는 등의 부담을 강요당하고 이러한 부담이 비판적 기사, 특히 공적사항에 관한 비판적 기사의 게재를 주저하게 하며 표현의 자유를 간접적으로 침해할 우려가 있다고 지적하고 있다. 방송에서도 당연히 이와 같은 위험성이 있기 때문에 신중한 대응이 필요하다는 견해가 있다.

앞에서 "다채널시대의 시청자와 방송에 관한 간담회" 보고서는 반론 방송에 대해서 "······방송사업자가 자주적으로 도입할 경우를 제외하고 이것을 법률에 따라 의무지우는 것은 방송사업자의 경제적 부담이나 방송프로그램 편집에 대한 위축효과가 발생하는 폐해 등 많은 문제를 포함하고 있기 때문에 신중하게 판단할 필요가 있다."고 언급하고 있다. 최근 여기에 주목할 만한 동향을 살펴보면 새로운 신문윤리강령의 제정이 있다. 일본신문협회는 1946년에 신문윤리강령을 정했지만 2000년 6월에 다시 신 강령을 제정했다. 그 중에 "인권 존중"의 항목으로 "……보도를 잘못했을 때는 신속하게 정정하고 정당한 이유 없이 상대의 명예를 손상시켰다고 판단됐을 경우 에는 반론의 기회를 제공할 것 등 적절한 조치를 강구해야 한다."로 규정하고 있다. 이것은 어디 까지나 자율적인 강령의 범위에 속하는 것이며 반론권은 아니지만, 반론의 기회를 제공할 것 등을 규정하고 있다는 점에서 앞으로의 동향에 대해서 유의해 볼 필요가 있다.

2) 방송윤리 · 프로그램 향상기구(BPO)[35]

그 후 우여곡절 끝에 일본에는 1997년 NHK와 민방연이 자주적으로 불만 처리 기구를 설립하게 되었다. 그 기구는 "방송과 인권 등 권리에 관한 위원회기구(Broadcast and Human Rights/Other Related Rights Organization(약칭 'BRO')"라 칭한다. 이 기구에는 "방송과 인권 등 권리에 관한 위원회"가 설치되어 NHK 및 민방연 회원 각사의 개별 방송프로그램에 관한 방송법령 또는 프로그램 기준에 관계되는 중대한 불만, 특히 인권 등의 권리침해에 관계되는 불만<방송된 프로그램에 대해서 불만신청인과 방송사업자와의 대화가 용납되지 않는 상황에 있고 또한 사법에 기초하여 계쟁(係爭) 중이 아닌 것>의 관리, 심리결과에 기초한 불만신청인 및 피 신청 방송사업자에 대한 권고 또는 견해 제시, 권고 또는 견해의 회원으로의 보고 및 공표 등을 시행하게 되고 1997년 6월부터 불만 접수를 개시했다.

그러나 BRO는 2003년 7월에 다시 ① 방송과 인권 등의 권리에 관한 위원회(BRC) ② 방송과 청소년에 관한 위원회(청소년위원회) ③ 방송프로그램위원회의 3위원회가 통합하여 방송윤리 · 프로그램 향상기구(BPO : Broadcasting Ethics & Program Improvement Organization)로 확대 개편하게 된다. 이 기구는 방송계의 자주적인 자율기관으로 미국의 FCC나 우리나라의 방송위원회와 같은 규제기구가 아니다. 일본에는 우리나라의 방송위원회와 같은 독립된 규제기구가 없다. 다만, 총무성에서 인허가나 재인가 등으로 방송사나 프로그램 내용을 규제하고 있을 뿐이다.

---

35) 放送と人権等権利に関する委員会『BRC判断基準2005』, BRC委員会, 2005年, P.140.

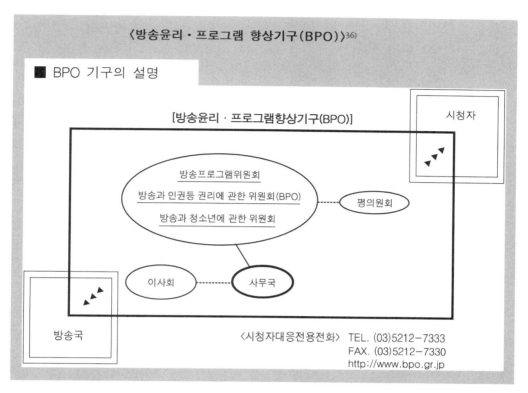

〈방송윤리·프로그램 향상기구(BPO)〉[36]

■ BPO 기구의 설명

(1) BPO의 가맹 방송국은 각 위원회로부터 방송윤리상의 문제가 지적되는 경우는 구체적으로 개선책을 포함한 대응상황을 일정 기간 내에 위원회에 보고하고 BPO는 그 보고 내용 등을 공표한다.

(2) 각 위원회의 위원은 방송사업자 및 관계자를 제외한 유식자 7명 이내로 구성하고 「평의원회」가 선임한다.

(3) 이사회는 방송사업자 및 그 관계자 이외로부터 선임된 「이사장」과, 일본방송협회(NHK) 및 사단법인 일본민간방송연맹(민방연)으로부터 선임된 8명 이내로 이사회를 구성하고 「평의원」을 선임한다.

(4) 사무국은 시청자로부터 의견·불만을 접수해서 그 내용을 위원회에 보고함과 동시에 각 위원회의 심의에 협력한다. 사무국은 전무이사, 이사(사무국장), 각 위원회 담당 조사역, 시청자대응 담당자 등으로 구성되어 있다.

(5) BPO는 NHK와 민방연 가맹 각 방송국으로 구성되어 재원은 NHK와 민방연 가맹 각국, 민방연의 거출에 의한다.

　방송윤리·프로그램 향상기구(약칭, BPO)는 방송에 의한 언론 표현의 자유를 보장하면서 시청자의 기본적 인권을 옹호하기 위해 만들어진 조직이다. 특히 방송에 대한 불만이나 인권, 청소년과 방송문제 등에 관해서는 자주적으로 독립된

---

36) http://www.bpo.gr.jp, 2006년 3월 3일자.

제3자의 입장에서 신속 적확하게 대응하며, 방송윤리 고양에 기여하는 것을 목적으로 하고 있다.37)

앞에서 언급한 대로 일본 헌법 제21조 1항에는 "표현의 자유"가 보장되어 있고, 헌법 제21조 2항에도 "방송의 자유가" 보장되어 있다. 즉, 방송의 자유는 방송사나 방송제작사에게는 무한정으로 자유가 주어진 반면, 시청자나 소비자들에게는 방송의 자유가 상대적으로 상당히 소홀한 감이 없지 않다. 특히 최근에는 방송의 사회적 책임이 점점 높아져 감에 따라서 성이나 폭력, 외설, 인권, 프라이버시 침해 등 무분별하게 보도되는 방송사의 윤리의식에 대한 비판의 목소리 또한 한층 높아지고 있다.38) 예를 들면, ① 각 방송사가 내규로 정하고 있는 취재·보도 가이드라인 작성, 정치적인 공평·공정 보도 ② 야라세(인위적인 조작 연출) 문제 ③ 윤리의식 ④ 방송의 표현문제 ⑤ 인권·프라이버시 문제 ⑥ 빈발하는 청소년 범죄 등에 대한 보도가 커다란 사회문제로 대두하고 있다.39)

그러나 일본은 우리나라와 같이 방송사나 방송프로그램을 즉시로 직접 규제할 수 있는 규제기구(FCC나 방송위원회)가 없다. 따라서 방송내용에 대한 불만이나 피해가 발생했을 경우는 법원에 직접 제소하든지 아니면 당해 방송사의 <프로그램 심의위원회>에 피해나 불만사항을 토로하여 해결할 수밖에는 없다. 따라서 법원에 제소하기 이전에는 방송프로그램에 대해서 "권고"와 "견해(제언)" 등을 밝혀 방송피해를 중재를 하고 있는 BPO(Broadcasting Ethics & rogram Improvement Organization : 방송윤리·프로그램 향상기구)에 의견을 피력해 구제받을 수 있다. 앞에서 언급한대로 NHK와 민간방송연맹은 1997년 공동으로 <방송과 인권 등 권리에 관한 위원회기구>(BRO : Broadcasting and Human Rights / Other Related Rights Organization)와, 동 위원회 BRC(Broadcasting and Human Rights / Other Related Rights Committee)를 설립하였다.

이 기구는 방송사업자들이 자율적으로 설립한 기구로 우리나라의 <방송위원회>나 <언론중재위원회>와 같은 규제나 중재기능은 없지만, 객관적인 입장에서 전문가들이 "권고"와 "제언"을 하는 기구이다. 방송사는 우선 피해자로부터 1차적으로 불만을 접수하여 각 방송사마다 설치되어 있는 "프로그램 심의위원회"에서 해결하고 있다. 그러나 민간방송의 경우는 <민간방송연맹>에 설치되어 있는 "방송프로그램 심의위원회"서도 심의하게 된다. 이 경우 <민간방송연

---

37) 放送と人権等権利に関する委員会『BRC判断基準2005』, BRC委員会, 2005年, P.141.
38) 民間放送連盟篇, 民間放送50年史, 2001年, pp.382-389. 일본 헌법 제21조 1항 "표현의 자유"(Freedom of assembly and association as well as speech, press and all other forms of expression)
39) 渡辺武達·松井茂記『メディアの法理と社会的責任』, ミネルヴィ書店, 2004年, pp.162~163.

맹>은 방송사 동업자들의 이익집단이기 때문에 위원회에는 강제규정이 없을 뿐만 아니라, 심의내용도 해당 방송사나 제작자에게 결과만 통보하는 기능에 그치고 있다.

따라서 방송에 의한 권리침해 문제가 발생했을 경우, 우선 방송사와 피해자 양자간 대화에 의해서 해결하고 만약 양자간에 대화로 원만히 해결되지 않을 경우에는 BPO에서 심의하고, 그 결과에 따라서 "권고"와 "견해"를 밝히고 있다.[40] 다행히도 지금까지는 비교적 BPO의 의견이 존중되어 잘 해결되고 있는 편이다. 그러나 최근 관계전문가들에 의하면 방송프로그램의 심의기능이 한층 더 강화되어야 한다는 주장도 강하게 대두되고 있다. 이런 가운데, 동 위원회는 다시 2003년 7월 1일에 BPO로 통합하게 된다.

그 후 2003년 10월 24일에는 니혼TV(채널4)의 PD에 의해서 시청률 조작사간이 일어났다. 즉 니혼TV의 PD가 시청률을 조사할 때 조사 조사대상자에게 금품을 주고 시청률을 조작한 사건이다. 이 사건으로 니혼TV나 방송계는 물론, BPO의 윤리근간을 흔드는 중대한 문제가 발생했다. 동 기구의 3개 위원회에서는 여러 가지 각도에서 시청률 조작에 대한 의견을 다음과 같이 제언하고 있다. [41]

① 양적 시청률뿐만 아니라, 프로그램의 질을 측정하는 시청률조사의 도입도 검토할 것.
② 광고계도 새로운 평가기준을 만들기 위해서 적극적으로 협력하는 것이 바람직하다.
③ 방송인의 모럴을 높이고 자율을 강화하는 윤리연수가 시급하다.
④ 시청자(시민)의 프로그램에 대한 적극적인 발언을 기대 한다.
⑤ 신문이나 잡지가 시청률 지상주의 증폭(增幅)에 가담하지 않는 것이 바람직하다.

방송을 담당하고 있는 여러분들은 이러한 제언의 진의를 충분히 이해하고, 건전한 방송문화의 실현과 발전을 위해서 총력을 경주 하는 노력을 절실히 기대한다.

이와 같이 BPO는 시청률조작문제에 대해서 3기구 위원장의 견해를 정리하여 매우 엄중하게 주의를 요구하는 견해를 밝혔다. 각 위원회의 위원들은 이번 사건이 우발적인 사건이 아니고, 또 당해 프로듀서 개인의 문제도 아니라는데 인식을 같이 하게 되었다.

따라서 방송국 경영에 있어서 시청률의 존재이유나, 아니면 시청률이 프로그램 평가의 하나의 수단이 된다는 것에는 부정할 수 없는 일이다.

---

40) BPO「BPO：放送倫理·番組向上機構」(2006.1.20) P.1.
41) BPO「視聴率問題に関する三委員長の見解と提言」(2006.1.20) P.2.

동 기구는 1997년 6월부터 불만 접수를 개시한 이래 동 위회원의 운영 규칙에 따라 심리경과를 포함하여 불만신청인 및 해당방송사업자에게 서면으로 통지하고 위원회명의로 공표 시행했다.

3) 청소년의 보호

"다채널시대의 시청자와 방송에 관한 간담회" 보고서에는 청소년보호에 관해서 시간대별로 ①방송프로그램 제한 ②프로그램의 사전표시 ③페어 렌털 록 기능과 V(Violence)칩에 대해서 언급하고 있다. 그리고 구미에서 추진되고 있는 법제도적인 조치에 대해서는 신중한 태도를 취하고 자주적인 대응을 제안하면서 특히 지상파 방송의 V칩 도입에 대해서는 아직 시기상조라고 지적하고 있다.

그러나 1998년 4월에 발표된 "차세대를 짊어진 청소년을 생각하는 학자들의 회의"에서는 각 텔레비전방송국들의 공동 프로그램심사·평가, 방송 시간대의 배려, V칩 도입 등에 대해서 디지털화 등 앞으로의 기술혁신 동향 등도 염두에 둔 검토를 요구하기도 했다. 또 중앙교육심의회도 1998년 3월 "유아기부터의 심리교육에 대해서"의 중간 보고서를 발표하고 프로그램 사전표시나 V칩 도입을 신속하게 검토해 갈 것을 강력하게 요구했다. 이러한 상황 속에서 1998년 5월 우정성은 "청소년과 방송에 관한 조사연구회"를 발족시키고 동 조사연구회는 같은 해 12월 다음과 같은 보고서를 발표했다.[42]

· 청소년문제에 대한 대응은 방송법의 기본정신에 입각하여 우선 방송사업자의 자주적인 대응에 맡기는 것이 바람직하다.
· 앞으로 방송 분야에서 청소년 대책에 대해서는 구체적으로 제언한다.
· 청소년을 위한 방송프로그램의 충실
· 미디어·학습능력(literacy) 향상
· 청소년과 방송에 관한 조사 등의 추진
· 방송시간대의 배려
· 방송에 관한 정보제공의 충실
· V(Violence)칩에 대해서 계속적인 검토
· 앞으로의 진행방법(행정, 방송사업자의 제언의 조기 실시를 위해 새로운 검토의 장(전문가 회합)을 만들어 빠른 시일 내에(6개월 이내를 기준) 구체화할 필요가 있다.

---

42) 片岡俊夫『新·放送槪論』, 日本放送出版協會, 2001年, P.52.

이상과 같은 논의 끝에 NHK 교육텔레비전은 심야방송 시간대를 연장해서 "학교방송프로그램을 집중 편성하는 시간(zone)"을 신설하기로 하고, 민방연에서는 아동·청소년의 지식이나 이해력을 함양하고 또 정조(情操)를 풍부하게 하는 프로그램을 각 민간방송 사업자가 주 3시간 이상 방송할 것, 또 방송프로그램 기준에 조문을 추가하여 구체적으로 청소년에게 배려하는 시간대 17시~21시를 설정하고 민간방송사업자에게 철저하게 주지시키기로 했다. 2001년 가을 개편 이후 21시~23시에 대해서도 청소년들을 배려하도록 했다. 또 NHK와 민방연에서 방송프로그램향상협의회에 "청소년과 방송위원회(2000년 4월 발족), NHK와 재경 민방 각 사는 년 2개의 "어린이와 관련된 텔레비전 프로그램"을 제작하기로 했다.

4) 개인정보보호

1994년 8월 내각에 총리대신을 본부장으로 하는 "고도 정보통신 사회 추진본부"가 설치되었다. 그 후 5년이 경과한 1999년 7월에 동 본부 안에 "개인정보보호검토부회"가 만들어졌다. 이 검토부회는 동년 12월에 중간보고서를 발표하는 한편, 2000년 1월에는 "개인정보보호법제화전문위원회"를 설치해 개인정보보호에 대한 법제화 검토가 진행되었다. 이 고도 정보통신 사회 추진본부는 2000년 7월에 폐지되고 다시 "정보통신기술(IT)전략본부"로 새로 발족하게 된다.

여기서 말하는 개인정보보호의 견해는 정보공개에 대한 동향과 함께 정보통신기술의 급진전 속에서 나타난 부작용에 대한 검토이다. 1980년 9월 경제협력개발기구(OECD)는 "프라이버시 보호와 개인 데이터의 국제유통의 가이드라인에 관한 이사회권고안"을 채택했다. 이 권고에는 다음과 같이 8개의 원칙이 기술되어 있으며 개인정보보호를 검토할 경우에 폭 넓게 참고 되고 있다.[43]

① 수집제한의 원칙, ② 데이터 내용의 원칙, ③ 목적명확화의 원칙, ④ 이용제한의 원칙, ⑤ 안전보호의 원칙, ⑥ 공개의 원칙, ⑦ 개인 참여의 원칙, ⑧ 책임의 원칙

일본에서도 이 8원칙이 검토부회의 심의의 기초가 되고 개인정보 보유자의 책무로서 ① 개인정보 수집, ② 개인정보 이용 등, ③ 개인정보 관리 등, ④ 본인 정보 개시 등, ⑤ 관리책임 및 불만처리에 대해서 관련된 검토가 실시되었다. 이 점을 방송사업자와의 관계에서 보면 ①에 관해서는 본인 이외로부터의 수집제

---

43) 堀部政男「情報公開制度·個人情報保護制度の回顧と展望」岩波書店, 1998年, P. 8.

한 ④에 관해서는 보유상황의 공개 등으로 특히 주의해 둘 필요가 있으며 동 부회의 공청(hearing)에 대해서도 NHK, 민방연, 신문·잡지 관계자로부터 매스미디어에 대한 개인정보보호의 법적의무화에는 부정적인 의견이 언급되었다.

검토 부회의 중간보고에서는 개인정보는 개인의 인격에도 관계되는 것으로 적절한 보호가 이루어지는 것이 중요하며 개인정보보호시스템의 중심이 되는 기본원칙 등을 확립하기 위해 전 분야를 포괄하는 기본법 제정이나 개별법에서 개인정보보호를 위한 구체적인 조치의 정비를 도모해 갈 필요가 있다고 했다. 또 보도·출판이나 학술·연구 분야에서는 각각의 기본원칙에 대해서 구체적으로 어떠한 지장이 발생하는가를 검정한 후에 헌법의 견해를 기초로 해서 개인정보의 이용정도와 보호 현상의 균형을 고려하면서 적용제외의 필요 여부를 법제적으로 검토할 필요가 있다고 했다. 또 법제적인 관점에서의 전문적인 검토를 실시하기 위해 전문위원회 설치를 요구했다.

2000년 1월에 설치된 "개인정보보호법제화전문위원회"는 동년 3월의 NHK, 민방연, 일본신문협회 등에 대한 공청(hearing) 등을 거쳐 6월에 "개인정보보호기본법제에 관한 대강 안(중간정리)"을 발표했다. 7월에는 대강 안(중간정리)에 대해서 관계단체 공청이 실시되어 NHK, 민방연, 일본신문협회로부터 보도의 자유에 관한 분야는 법률 적용 대상에서 제외되어야 한다는 의견이 나왔고 8월에는 이러한 3단체 314개 사의 공동성명으로 보도에 관한 개인정보를 기본법의 적용 대상 외로 하는 것이 주장되었다. 9월에는 대강소안이 명시되고 일본신문협회의 긴급성명과 민방연 의견의 제출이 있었다. 2000년 10월 개인정보보호법제화 전문위원회는 "개인정보보호기본법제에 관한 대강"을 결정했다.

이 대강에서는 보도 분야의 개인정보취급은 보도의 자유와 밀접하게 연관 관계가 있다. 따라서 보도 분야의 취재활동 등에 따른 개인정보의 취급에 대해서는 다음과 같이 조치할 필요가 있으므로 "개인정보취급사업자의 의무 등"의 제 규정은 적용하지 않는다고 기술했다. 이에 따라 이용목적에 따른 제한 및 적정한 취득, 적정한 관리, 제3자 제공의 제한, 공표 등, 개시, 정정, 이용정지 등, 불만 처리 등을 시행하는 단체 인정 9항목 규정은 적용되지 않는다. 그러나 보도 분야에서도 "목적" "기본원칙"의 제 규정에 준하여 개인정보가 적정하게 다루어지기 위한 자주적인 대응을 시행하도록 노력해야 한다고 명시하고 있다.

이에 대해 동년 10월 민방연은 "기본원칙"이 보도 분야에 적용되게 된 문제는 대단히 크다. 조금이라도 "표현의 자유"를 침해하는 듯한 규제에는 반대한다는 견해를 표명하고 일본신문협회는 보도목적인 개인정보가 기본원칙을 포함하여 기본법의 적용대상에서 전면적으로 제외되도록 요청한다는 의견서를 발표했다. 또 NHK도 방송 등 표현의 자유에 관계되는 제 활동에 대해서는 기본원칙의 적용에서 제외해야 한다는 의견을 밝혔다.

2001년 3월에는 정부의 "개인정보보호에 관한 법률안"이 발표되고 이것에 대해서도 민방연, 일본신문협회로부터 동법의 전면적인 적용 제외의 요구가 있었고 동년 3월 법안의 국회제출에 있어서도 NHK, 민방연은 기본적으로 매스미디어 등 표현의 자유에 관계되는 제 활동에 적용해서는 안 된다는 요청했다. 개인정보는 개인의 인격에 관계되는 것으로 적절하게 보호되어야 하지만 국민의 알 권리에 봉사하기 위한 보도의 자유, 취재의 자유도 민주주의사회에 있어서 불가피하다.
현재로서는 개인정보취급사업자의 의무 등의 제 규정을 보도 분야에는 적용하지 않기로 했지만 이용목적에 따른 제한, 적정한 취득, 정확성·안전성·투명성 확보에 관한 기본원칙은 적용되게 되어 있다. 이러한 매스미디어에 대한 기본원칙의 적용에 대해서는 신중한 대응이 요구된다.

동 법안은 20001년 통상국회에서는 계속 심의되었다. 국회심의 동향에 주목해 보자.

5) 통신방수법시행(통신감청법) 등

1999년 8월에부터 검토되어 온 통신방수법은 보도관계자도 방수(傍受 : 제3자가 엿 듣는 것 = 감청) 금지대상에 포함되지 않았다. 즉 일본의 언론계는 통신방수법은 취재 보도의 자유와 정보원 보호에 중대한 도전일 뿐만 아니라 기본적인 인권이나 프라이버시의 침해라고 반발하고 있다. 특히 이 법에 의해서 조직적인 범죄 취재에 중대한 장애가 된다는 것이다.[44] 통신방수법(범죄수사를 위한 통신방수에 관한 법률)은 조직적인 중대 범죄에 신속하게 대처하기 위해 수사 과정에서 범인들이 서로 간에 사용하고 있는 전화나 전기통신을 감청하기

---

44) 民放連報道委員会(委員長＝石川一彦·日本TV放送網専務)은 1999年 6月 10일, 国会審議中의「通信傍受法案」에 대해 다음의「見解」을 参議院法務委員会委員에 인계하고 各政党党首, 参議院議長, 法務大臣에 송부했습니다. 通信傍受法案에 대한 <民放連報道委員会見解>
1999년 6월 1일에 통신방수법안이 일본 중의원본회의에서 가결되자 일본민간방송연맹은 헌법에 보장된 기본적 인권이나 프라이버시 등 민주주의의 근간인 취재보도의 자유를 침해할 우려가 있다고 동 법안에 대해서 유감 표명을 했다. 특히 동 연맹은 정보제공자를 보호하기 위하여 정보원의 비닉권을 인정하지 않으면 안 되기 때문에, 이를 관철하지 못한 방송인에게는 기본적인 윤리문제가 대두되게 된다. 본 법안에서 방수금지대상에서 보도관계자가 제외되었기 때문에 조직적인 범죄취재에 있어서는 사실상 정보원의 비닉이 불가능하게 되었다. 그 결과 취재에 중대한 장애가 발생했을 뿐만 아니라, 국민의 알권리 보호에도 상당한 손실이 우려된다고 했다.

위해 제정된 법이다. 이 법은 2000년 8월 15일부터 시행되고 있는데 이 신법의 법률적 구조는 다음과 같다.

동 법은 4개의 중대한 범죄에 한정돼 있고 타의 방법이 없을 때 만 적용되는 법이다.

〈동법의 적용대상 범죄〉
① 약물에 관한 범죄
② 총기에 관한 범죄
③ 조직적인 살인 등
④ 집단밀항에 관한 범죄

이 법은 위의 4가지 범죄에만 한정하고 있다. 특히 이 법이 적용되는 적용 대상은 범죄 조직이 깊이 관여되어 있는 사례가 많다. 이러한 4가지의 범죄행위를 실행함에 있어서 복수의 범인 사이에 통신이 행해지고 있다고 의심이 들 때나 사정 청취, 정보 습득 및 잠복 등으로 타의 방법으로는 범행을 해명하기가 매우 어려운 경우에 한해서 통신 감청이 인정된다(동법 제3조).

〈방수영장은 최장 30일로〉

체포나 수색, 압수는 법관의 영장 없이는 할 수 없다(헌법 제33조, 제35조). 똑같이 통신방수의 경우도 방수영장이 필요하다(제3조). 영장청구는 검찰총장이 지시하는 검사, 또는 국가공안위원회나 도도부현 공안위원회가 지정하는 경시(경감) 이상의 경찰관 등에 한하고, 게다가 경찰의 경우는 도도부현 경찰본부장(도쿄도는 경시청장관)의 사전 승인이 필요하다(제4조, 시행규칙 제2조).

뿐만 아니라, 경찰관 개인에 의한 행동에 지나지 않거나 위법수사 등을 철저히 체크함과 동시에 경찰조직에 대한 책임도 명확히 하고 있다. 방수영장을 발부 결정하는 곳은 각 지방재판소의 재판관의 권한이다(동법 제4, 제5조). 수사자료 등을 참고로 해당 범죄 행위가 행해졌거나 아니면 해당 범죄를 준비하기 위해 이미 중대한 범죄행위가 행해진 의혹이 있는 충분한 이유가 있을 때 발부한다. 체포영장에는 상당한 이유가 있으리라고는 보지만, 보다 더 엄격한 규제가 따르고 있다.

또한 범행에 사용되고 있다고 생각되는 전화번호나 E-mail 주소 등을 지정한 이후에 피의사실의 요지나 방수방법, 장소 등 영장에는 구체적인 내용이 기록된다(동법 제6조). 방수기간은 10일 이내로 하고 필요에 따라 10일 이내로 연장할 수 있다. 최장 30일은 넘지 않은 범위 내에서 방수가 가능하다(동법 제5조, 제7조). 기간 연장에 관한 수순도 영장발부 때와 똑같이 동일하다.

〈방수는 범죄에 관련된 최저한의 통신에 한정〉

실제로 방수는 원칙적으로 NTT 등의 통신시설로 행해진다. 통신사업자는 기기의 접속 등에 관해서 기술적으로 협력할 의무가 있다(제11조). 팩스나 E-mai 등은 그 장소에서 바로 통신의 내용이 해명되지 않기 때문에 우선 내용 전부를 방수하지만, 전화의 경우는 계속적으로 방수가 필요 한가 어떤가를 판단해야 한다(제13조). 방수장치로 전화의 경우는 처음 수분 간은 우선 방수하고 범죄에 관련 있는 것이면 계속해서 방수하지만 무관계가 판명되면 즉시 중지하고, 확실히 판정이 나지 않는 경우에는 수분 정도에서 자동적으로 중지한다(스팟트 방수규칙 제11조). 중지 이후에도 통화가 계속 될 경우에는 다시 자동적으로 순간방수를 개시한다.

또 방수하고 있을 때에 해당범죄와는 별도로 중대한 범죄(동법에 규정한 범죄 외에 사형, 무기, 혹은 1년 이상의 징역, 금고에 해당하는 범죄)에 관해서 통신이 행해지고 있을 때는 소위 현행범 체포와 동일하게 취급해서 영장 없이 방수할 수 있게 규정하고 있다(제14조). 또한 방수 중에 수사를 위해 필요하다고 인정되는 경우에는 그 장소에서 상대방의 전화번호 등을 역 탐지하는 것도 영장 없이 할 수 있다(제16조). 방수시 통신사업자(무리할 때는 지방공무원도 가)가 입회해서 동석하고 정당한 수순으로 행해지고 있는가를 확인하고 이상이 있으면 의견을 진술할 수 있다(제12조). 그리고 방수가 완료된 때에는 녹음 기록한 원본을 입회인이 봉인한 후에 당해 재판소에 제출하여 보관하게 한다(제20조).

〈방수 기록의 작성과 당사자 쌍방에 통지〉

수사측은 수사와 동시에 방수기록을 복제 작성하고 이와 동시에 범죄와 관련 없는 불필요한 부분을 삭제하고 필요한 부분만 남겨서 방수기록을 작성한다(제22조). 이 방수기록에 게재된 통신에 대해서는 통신 송수신자 쌍방에 대해 해당 통신을 방수했다는 취지의 통지를 최종 방수 후 30일 이내에 해야 한다. 단, 수사에 방해될 우려가 있을 때에는 60일 이내에 연기할 수도 있다(23조).

이 통지를 받은 사람은 해당 부분의 방수기록을 청취한다든지 열람, 또는 복제도 할 수 있다. 방수기록이 정확 한가 어떤가를 확인할 필요가 있을 때에는 재판소에 보관되어 있는 기록 원보의 열람 등도 가능하다(제24, 제25조).

〈통신 비밀을 범한 공무원은 3년 이하의 징역〉

또 업무상의 성격으로부터 의사, 치과의, 조산부, 간호부, 변호사, 변리사, 공증인, 종교 직에 있는 사람이 그의 업무상 내용으로 연락하고 있다고 인정 될 때에는 방수하는 것을 금지한다(제15조). 또한 수사과정에서 알게 된 통신 비밀을 지키지 못한 공무원은 3년 이하의 징역 또는 100만 엔 이하의 벌금이 부과된다(제30조, 미수범도 같다). 전기통신사업자가 통신의 비밀을 범한 경우에는 위의 공무원과 똑 같이 3년 이하 징역 또는 100만 엔 이하 벌금이 부과된다(제30조 미수도 동일). 일반인에 대해서는 2년 이하 징역 또는 50만 엔 이하의 벌금에 처한다. 뿐만 아니라, 범죄에 의해서 얻은 정보를 수익 사업에 투자하는 등으로 정화시키는 소위 마네 로링다린구 행위를 처벌하는(5년 이하 징역, 혹은 1000만 엔 이하의 벌금, 또 양쪽 다 병과) 규정이 담겨져 있다.

이 법에 관해서 일반 국민들은 통신방수법 =「도청법」이다. 통신비밀의 자유(헌법 21조 제2항)를 침해했다. 경찰을 신용할 수 없다 법을 폐지하라는 등등의 비판 여론이 거세기도 했다.

일본의 방수법에는 통신의 감청 경우에도 4가지 항목에 걸쳐 명확한 범죄에 한해서 가능하도록 했을 뿐만 아니라, 관련 집행 공무원도 엄격하게 법률적으로 통제하고 있다. 이에 비해 우리나라는 정보기관들에 의해 정치인이나 유명인들이 범죄와는 전혀 관계없이 정치적인 이유만으로도 도청 감청이 상습적으로 자행되고 있다. 이는 헌법에 보장된 통신비밀의 자유나 인권, 프라이버시 침해에 대한 중대한 범죄행위가 아닐 수 없다.

형사소송법 제222조 2에서 "(전기통신의 방수를 실시하는 강제처분) 통신의 당사자의 어떠한 동의도 얻지 않고 전기통신의 방수를 시행하는 강제처분에 대해서는 별도로 법률로서 정하는 것에 따른다."고 규정했다. 통신의 검열과 비밀은 침해해서는 안 된다는 헌법 제21조 제2항과 관련에서 통신방수법은 앞으로도 그 운용상황에 주의해 둘 필요가 있는 법률이지만 여기서는 보도 취재를 위한 통신의 취급에 대해서 생각해 보자.

동 법 제15조에는 의사 등의 업무에 관한 통신의 방수 금지 규정이 있고 의사, 치과의사, 조산원, 간호원, 변호사, 변리사, 공증인, 종교 직에 있는 자를 들 수 있지만 보도관계자에 대해서는 기재되어 있지 않다. 그렇기 때문에 입법단계부터 논의가 있었지만 2000년 8월 국가공안위원회는 경찰관이 통신방수를 실시할 때에 지켜야 할 방법 절차 등을 정한 "통신방수규칙"을 제정하고 경찰청에서는 관련되는 통고가 발표된다. 동 규칙에서는 경찰본부장이 미리 수사주임관에게 문서로 지시하는 사항 중에 "보도 취재를 위한 통신이 실시되고 있다고 인정될 경우에 유의해야 할 사항"이 열거되어 있다. 또 통고 중에는 "취재를 위한 통신인 것을 알았던 단계에서 즉시 방수를 종료해야 한다."고 규정한다.

단 취재통신이라고 판명되기 전에 피의자가 범행을 고백했기 때문에 영장에 기초하는 방수를 실시한 경우 등은 예외적으로 방수를 계속할 수 있다. 동년 8월 법무성도 같은 내용을 검찰관이 전화 등의 통신을 방수할 때 구체적인 절차를 정한 규정과 동법을 운용할 때의 유의 사항 등을 통고로서 전국 검찰청에 송부하고 있다.

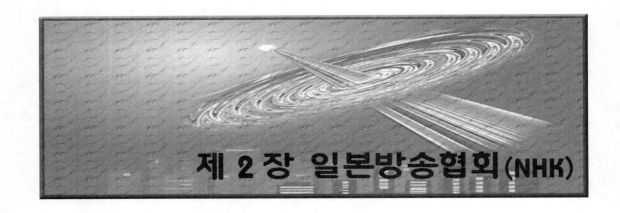

제 2 장 일본방송협회(NHK)

1. NHK의 설립 목적과 성격

1) NHK(日本放送協會 : Nippon Hoso Kyokai)의 설립목적

1950년 1월 24일 츠나시마 츠요시(綱島 毅) 전파감리장관은 중의원전기통신위원회의 방송법안 개요 설명 중에서 다음과 같이 언급했다.

"……일본국 방송사업의 사업형태는 전국 방방곡곡에서 방송을 청취할 수 있도록 방송설비를 시설하여 전 국민의 요망에 부응하는 방송프로그램을 방송하는 임무를 가진 국민적이고 공공적인 방송기업체와 개인의 창의와 연구에 의해 자유롭고 활발하게 방송문화건설을 고양하는 자유로운 사업으로서의 방송기업체, 즉 일반방송국 또는 민간방송국이라는 것과의 두 가지가 있습니다. 이 두 가지가 각각 장단점을 발휘하여 양자가 서로 계발(啓發)하고 상호간의 결점을 보완하는 방송으로서 국민의 충분한 복지를 향유할 수 있도록 도모하고 있습니다.……"

여기에 일본국 방송체제의 기본과 NHK·민간방송의 자세가 집약적으로 명확하게 표현 되어 있으며 본서는 이러한 설명을 기본으로 하고 있다.

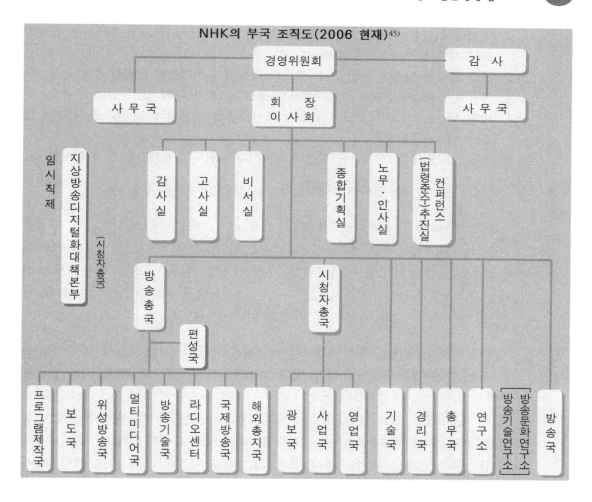

NHK의 부국 조직도(2006 현재)[45]

NHK의 설립목적은 방송법 제7조에서 "협회는 공공의 복지를 위하여 널리 일본 전국에서 수신 할 수 있도록 풍부함과 동시에 양질의 방송프로그램으로 국내방송을 실시한다. 또 해당방송프로그램을 위탁해서 방송함과 동시에 방송 및 그 수신의 진보발달에 필요한 업무를 시행하고 국제방송 및 위탁협회국제방송 업무를 행하는 것을 목적으로 한다."라고 규정하고 있다.[46] 이 NHK의 목적 규정과 제44조 3항에 규정되어 있는 과거의 우수한 문화의 보존과 새로운 문화의 육성 등에서 NHK 방송프로그램에 기대되는 제사항 등에서 NHK의 사명을 간결하게 집약하면 다음과 같다.[47] [48]

---

45) NHK의 도쿄방송국의 부국 조직도, 2006.2.10, http://www.nhk.or.jp
46) 日本放送協会編 『放送50年史資料編』, 日本放送出版協会, 1977年, P.167.
47) 日本放送協会編 『放送50年史』, 日本放送出版協会, 1977年, P. 3 .
48) 日本放送協会編 『20世紀放送史(上)』, 日本放送出版協会,, 2001年, P.28.

1. 국민의 다양한 요망에 부응하고 일본국의 문화수준의 향상에 기여하는 풍부하고 우수한 방송프로그램을 방송할 것.
2. 널리 전국에 방송이 수신될 수 있도록 양질의 송신기능을 유지할 것.
3. 전국적인 방송프로그램 외에 지방방송프로그램을 제공할 것.
4. 방송 및 수신의 진보발달에 필요한 조사연구를 시행하여 그 성과를 가능한 한 일반에게 제공할 것.
5. 국제친선 증진 및 경제교류 발전에 이바지하기 위하여 국제방송 등을 실시할 것.

이상 다섯 가지의 집약에 대해서 약간의 설명을 덧붙이고자 한다.

제1항에 대해서 설명하면 앞으로의 디지털시대에는 매스매디어간의 경쟁이 한층 격화되고 그 결과 총체적으로 방송프로그램의 질적으로 향상되겠지만 현실적으로는 많은 어려움이 예상된다. 이러한 상황 속에서야말로 시청자의 이해와 지지로 성립하는 수신료제도와 독특한 조직형태를 가진 NHK가 존재의식을 한층 명확하게 하도록 해서 일본의 문화수준 향상에 최선을 다하겠다는 것이다.

제2항에서는 NHK는 전국방방곡곡에서 방송이 수신될 수 있도록 방송하는 것을 우선 기본적인 사명으로 하고 있다. NHK는 이 사명을 달성하기 위하여 사용주파수의 특성상 전국보급이 극히 어려운 텔레비전방송에 대해서는 2000년도 말에 총 3,446개국, 교육 3,371개국, 9,742의 텔레비전공동수신시설을 운용하고 위성방송에도 위성 제2방송은 난시청해소를 목적으로 편성하고 있다. 위성방송에 디지털방식이 도입되고 위탁하여 방송프로그램을 방송하게 하고 또 지상파에서도 2004년 12월부터 디지털방송이 시작되었지만 기본적 사명에는 변화가 없다.

제3항의 전국적인 것 외에 지방방송프로그램을 제공할 것에 대해서는 중앙집중 현상이 나타나는 현재의 상황에서 지방 분권의 필요성과 지방시대가 강조되고 있는 요즘은 실로 지역사회를 위하는 방송프로그램편성이 중요하다는 것이다. 이 점에 대해서 NHK는 조직의 효율화와 경량화라는 관점에서는 NHK의 로컬방송 불필요라는 견해는 채택하지 않고 있다. 또 NHK는 보도, 교육, 교양 프로그램을 균형 있게 방송하고, 오락프로그램은 민방에 만 방송한다는 기능분담론은 적절하지 않다. 이것은 모두(冒頭)에서 설명한 방송법안 개요설명에서의 NHK와 민방, 공민영 이원(二元)체제의 의의, 즉 각각의 장점을 발휘하고 상호간의 계발과 결점을 보완하는 방송으로 국민이 충분한 복지를 향유할 수 있도록 한다는 것에서도 명백하다.

제4항은 조사연구업무와 그에 대한 성과제공이지만 그동안 NHK방송문화연구

소나 NHK기술연구소가 이룩한 방송위성과 하이비전방송 개발만 보더라도 그에 대한 업무성과는 명백하다고 하겠다. 앞으로의 고도정보사회 속에서 이러한 업무는 가일층 추진할 필요가 있다고 본다.

제5항 국제방송을 포함한 국제관계 업무이지만 앞으로의 국제화 시대 속에서 세계적으로 국경을 초월한 텔레비전이 출현하고 일본국에서의 발신을 어떻게 시행하는가를 많이 논의해야할 시대가 되었다. 이러한 업무의 필요성은 특히 인접국에는 대단히 절실한 문제다. 특히 2004년 이후는 야스쿠니진자 참배문제나 교과서왜곡, 독도, 조어도 등 아시아제국과 역사의식이 대립하고 있는 시점에서 이를 해결할 수 있는 방송문화 교류의 활성화도 국제적으로 매우 중요한 과제다. 뿐만 아니라, NHK의 수신료는 NHK의 유지운영을 위한 부담금의 성격이므로 NHK의 국제적인 업무에 사용하는 것에는 문제가 없다. 그러나 실제로는 수신료는 국내방송의 시청자에 의해 부담되고 있으며 이 수입을 국제적인 업무에 지출하는 것은 자연히 한계가 있다고 생각한다. 따라서 이러한 업무의 재원에 대해서는 한층 다각적인 검토가 필요할 것이다.

NHK의 방송 사명에 대해서는 현행 방송법규를 통해서 이상 다섯 가지로 요약해 봤다. 그러나 앞으로 미래에 펼쳐질 디지털화 시대에 있어서 NHK의 사명에 대해서 좀 더 언급해 보고자 한다.

앞으로 방송기술의 디지털화와 IT산업의 급성장에 따라서 NHK의 기능도 점점 더 다양화 될 것으로 예상된다. 특히 방송품질의 고급화와 함께 채널의 다양화, 그리고 고 기능화 등 멀티미디어화의 진전에 따라서 각 종 서비스도 다양해질 것으로 생각 된다. 또한 재해 재난의 다발로 인한 국민의 안전문화의식이 강해질 것으로 보인다. 즉 기상이변과 지구환경의 급변, 노령화에 따른 인구문제, 그리고 식량문제나 각종 테러, 정쟁 등 일본국으로서는 이러한 여러 가지 위기에 대해서 신속한 상황대처가 필요하다.

따라서 이러한 상황에 적확하게 대처할 수 있도록 하기 위한 정보와 지식을 신속·확실하게 제공하는 사회적인 시스템을 구축해야할 것이다. 게다가 사회시스템은 언제 어디서든 또 누구에게라도 소액부담으로 이용할 수 있는 유니버셜·서비스로서의 기능을 수행 하는 것이 바람직하다. 이러한 사회적인 시스템을 수행하기 위해서는 무엇보다도 시청자들의 이해와 협조가 선행되어야 한다. 지금까지는 시청자의 이해와 협력 속에 수신료 제도로 운영되어 왔지만, 앞으로 디지털시대에서도 NHK는 시청자들이 요망에 부응해야 하는 사명을 안고 있다.

게다가 2004년 1월부터 시청자들의 수신료거부 사태는 급기야 2005년 한해만도 NHK로서는 530억 엔의 경영손실을 초래하게 되었다. 종군위안부에 관련된 프로그램 삭제사건으로 발발된 NHK의 수신료 거부사태는 NHK의 정치적 중립태도를 훼손한 제작태도로 많은 시청자들을 이에 크게 분노하고 있다, 이 또한 NHK가 넘어야할 긴급한 과제의 하나이다.[49]

2) NHK의 성격

여기에서는 NHK의 법적 성격에 대해서 언급해 보기로 하겠다.

방송법 제8조 법인격(法人格)에 관한 규정에는 "협회는 전조의 목적을 달성하기 위해 이 법률규정에 기초하여 설립되는 법인으로 한다."는 규정이 있다. 이것은 구(旧)일본전신전화공사법과 비교해보면 동법 제2조에는 "일본 전신전화 공사(이하 '공사'라 한다.)는 법인으로 한다."만 있다. 동 공사는 이 법률에 의해 직접 설립된 법인으로 되어 있다. 이에 비해서 NHK의 경우는 이 법률규정에 기초하여 설립된 법인으로 한다고 규정되어 있다. 방송법 부칙을 보면 설립 당시의 전기통신장관에 의해 설립위원이 임명되고 설립사무가 이루어진다. 또 내각총리로부터 경영위원회의 위원이 지명되고 경영위원회의 위원에 의해서 NHK회장이 지명된다. 지금까지는 NHK회장은 사단법인 일본방송협회의 임원중에서 지명되었다.

현재 NHK는 구 사단법인(해산된) NHK로부터 순 재산 약 1억 6,300만 엔을 승계 받지만 이것은 소위 지금까지의 시청자의 수신료의 축적이므로 국가나 특정인으로부터의 출자는 아니다. 국가출자로 설립되는 공단과 정부로부터 분리·독립하는 공사(公社)와는 전혀 성격이 다르다.

1964년 9월에 답신서를 낸 임시방송관계법제조사회에 의하면, "······NHK는 수신자인 국민이 법률에 따라 방송사업체로서 설립한 것이라 할 수 있으며 따라서 NHK당국자는 국민신탁을 받아 그 사업을 시행해 나가야 할 입장이라고 할 수 있다."고 했다.[50] 또 1982년 1월에 보고서를 작성한 NHK장기비전심의회는 "NHK에 대해서는 'NHK는 특수법인'이며 '퍼블릭·코퍼레이션(public cooperation)'이므로 일반적인 법 형식적 개념에 따라 이것을 정의하여 일정한 법적규제를 이끌어 내려고 하는 것은 합리적이지 않다.······NHK에 대해서는 지금까지 유례없는 독특한 법인인 것을 솔직하게 인식하고 그 사명에 입각해서 개편해 나가는 것이

---

49) 『産經新聞』, 2006年 1月 11付け.
50) NHK放送文化研究所 『放送研究と調査』(11月号), 日本放送出版協会, 2001年, P.107.

타당하다."고 했다.51)

지금까지 일반적으로는 총무성 설치법 제4조제 11호에서 "법률에 입각하여 직접 설립되는 법인 또는 특별 법률에 의해 특별설립행위로서 설립해야 되는 법인……"으로 동 호의 적용을 받는 것은 특수법인이라 하여 일괄 논의 되는 것이 많지만 설립경위, 사명 등이 다른 점에 유의해야 한다(2001년 1월 6일 시행의 총무성 설립에서는 제4조 제15호가 된다.).52)

1980년 5월 일부 법인 중에 발생한 불상사를 계기로 당시의 행정관리청 설립법이 개정되고 각 행정기관의 감찰에 관련해서 실시하는 조사대상을 기존의 48법인에서 전 특수법인(당시 110)으로 확대했지만 심의 때에도 참의원내각위원회는 특히 언론, 보도, 연구, 학문의 자유에 입각하여 조사하지 않도록 배려할 것을 부대의결로 정하고 있다.(새로운 총무성 설치법에서는 제4조 제19호에 각 부처(府省) 정책에 대해서의 평가와 각 행정기관의 업무 실시상황의 평가, 감시에 관련해서 각 조 제15호에 규정하는 법인의 업무실시상황에 관해 필요한 조사를 하는 것이 규정되어 있다.)

이상과 같이 NHK는 소위 특수법인에 속하는 것이라고 하지만 국가의 출자도 받지 않고 그 업무도 국가의 행정기능과의 관계에서 특정사업을 담당하는 것도 아니고 보도, 언론에 관계되는 매스매디어로서의 방송사업이다. 따라서 실질적으로는 전례 없는 독특한 법인이며 이러한 전제 하에 그 자주성이 존중되어야 한다. 이 점 이번 중앙청의 재편 후에도 충분히 유의해야 할 것이다.53)

2. NHK의 업무

1) 업무규정

방송법 제9조의 NHK업무규정은 1988년 방송법 개정에 의해서 많은 변화가 있었으나 그 후로도 여러 차례 개정이 있었다. 본래 법인 설립목적에 따라 존립하고 그 행위능력 범위는 법인이 담당하는 사회적 역량에 따라 여러 부문에 영향을 미치게 된다. 하지만 NHK의 경우는 그 성격상 업무범위가 엄밀하게 규정

51)「臨時放送関係法制調査会答申書」, 郵政省, 1964年, P.74.
52) 塩野宏所『行政法Ⅲ』(第二版), 有斐閣, 2001年, P.85.
53) 片岡俊夫『新・放送概論』, 日本放送出版協会, 2001年, p.76.

되어 있고 그 수입은 법률에 규정된 업무의 수행 이외의 목적에 지출해서는 안
된다고 되어 있다(제39조 1항). 방송법은 제정당시 입법은 연합국 점령 하에서
영국, 캐나다, 오스트레일리아의 입법례를 참고로 했기 때문에 업무에 대해서는
특히 상세하게 규정되었다. 이것을 정리·정비한 것이 1985년의 법 개정이다.

　방송법 제9조 제1항에는 제7조의 NHK목적규정에 따라 그 목적을 달성하기
위한 본래업무로서 ① 국내방송(중파방송, 초단파방송(FM방송), 텔레비전방송),
② 텔레비전방송에 의한 위탁방송업무(수탁국내방송을 하는 무선국 면허를 받은
자에게 위탁해서 방송프로그램을 방송하게 것에 한한다. 이하 '위탁국내방송업
무'라 한다.), ③ 방송 및 그 수신의 진보발달에 필요한 조사연구, ④ 국제방송
및 위탁협회국제방송업무를 시행하는 것이 규정되어 있다.

　이 각 방송 등의 정의에 대해서는 제2조의 설명에서 이미 언급했지만 초단파
방송과 텔레비전방송에 대해서 좀 더 언급하기로 한다.[54]

　우선 초단파방송은 원래 음성 그 외의 음향을 보내는 방송이지만 이미 1997년
에 이것은 따른 문자, 도형 그 외의 영상 또는 신호가 정의되어 있었다. 이 점에
대해서 1999년 법 개정에서는 "……(문자, 도형 그 외의 영상 또는 신호를 합쳐서
보내는 것을 포함.)"라고 하고 음성 그 외의 음향에 따르지 않는 문자, 도형 등
(프로그램가이드·일기예보·교통정보 등)도 방송할 수 있도록 했다. 또 텔레비
전방송에 대해서도 마찬가지로 원래 정지 또는 이동하는 사물의 순간적 영상 및
이것에 따른 음성 그 외의 음향을 보내는 방송이지만 이미 1997년에 이것이 문
자, 도형 그 외의 영상 또는 신호가 정의되어 있었다. 이 점에 대해서 1999년 법
개정에서는 "……(문자, 도형 그 외의 영상 또는 신호를 합쳐서 보내는 것을 포
함.)"이라 하여 정지 또는 이동하는 사물의 순간적 영상에 따르지 않는 문자, 도
형 등(프로그램가이드·일기예보·교통정보 등)도 방송할 수 있도록 했다.

　이러한 정의의 개정은 초단파방송, 텔레비전방송의 범위를 확대하는 것으로
제9조 제1항의 본래업무 규정과의 관련에서는 NHK는 FM방송과 텔레비전방송
의 일부로서 데이터를 보내는 방송도 가능하게 되었다.

　방송법 제9조 제2항에는 제7조의 목적을 달성하기 위해 시행할 수 있는 임의
업무로서 ① 중계국제 방송(NHK국제방송의 방송프로그램 외국 송신을 외국방송
사업자에 위탁할 경우 필요하다고 인정할 때에 해당외국방송사업자 간의 협정

54) 片岡俊夫『新·放送概論』, 日本放送出版協會, 2001年, P.77.

에 준하여 그 자에게 관계되는 중계국제 방송을 시행할 것. 협정체결, 변경에 대해서는 제9조 제7항에 따라 총무대신의 인가(전파감리심의회심문-제 53조의 10)가 필요.), ② 제1항의 본래 사업의 부대업무, ③ 방송프로그램 등의 외국방송 사업자·외국유선방송사업자에게 제공, ④ 다중방송을 시행하려고 하는 자에게 방송설비 임대(제47조에 따라 총무대신의 인가: 전파감리심의회심문이 필요), ⑤ 위탁에 따른 조사연구·기술원조·방송종사자 양성, ⑥ 앞의 각 호에 열거하는 것 외에 방송 및 그 수신의 진보발달에 특히 필요한 업무(제9조 제8항에 따라 총무대신의 인가: 전파감리심의회심문이 필요)가 규정되어 있다.

다음 제9조 제3항은 제7조의 목적을 달성하기 위한 업무가 아니라 제1항 및 제2항의 업무를 원활히 수행 하는데 지장이 없는 범위 내에서 시행할 수 있는 업무로서 목적 외의 법정업무라고 할 수 있다.

그것은 NHK가 보유하는 시설과 설비를 일반 이용자에게 제공하거나 임대하는 것, 위탁으로 방송프로그램 등을 제작하거나 보유하는 설비와 기술을 활용하는 업무이며 NHK가 시행하기에 적절하다고 인정되는 것을 실시하는 것이다. 이러한 업무를 시행하려고 할 때는 제9조 제8항에서 총무대신의 인가(전파감리심의회심문)가 필요하며 또 제39조 제2항에서 특별계정을 만들어 정리하도록 되어 있다. 또 방송설비임대의 경우는 제47조에 따라 총무대신의 인가 (전파감리심의회심문)가 필요하다. 이것은 1985년 방송법개정 시에 추가된 조문이다.

최근 실례로서는 1994년 11월부터 하이비전 실용화시험방송이 개시됨으로서 NHK, 일본위성방송 및 5개의 재경 민방텔레비전사에 대한 요일별 면허, 아사히 방송에 대한 기간한정면허가 시행되었지만 NHK는 이러한 NHK 이 외의 방송 사업자가 실시하는 실용화시험방송을 위해 NHK가 보유하는 하이비전 송출·송신설비를 임대하는 업무 및 위탁으로 운용하는 업무, 즉 제9조 제3항에 기초한 업무에 대해서 동조 제8항에 기초하여 총무대신의 인가를 받았다. 방송설비임대에 관련해서는 제47조의 총무대신의 인가도 받았다.[55]

2000년 1월에는 BS디지털방송실험과 시험방송을 위해 NHK의 보완위성 BS-3N 중계기(1계통)와 지상송신설비 등을 임대하는 제9조 제3항에 기초하는 업무에 대해서 동조 제8항이나 제47조의인가도 받았다. 중계기(1기)는 통신·방송기구에 지상송신설비 등은 사단법인 전파 산업회에 임대되어 수신기동작확인과 시험방송에 사용되었다.

---

55) 『電波タイムズ』(第3577号), 2000年 1月 26日付け.

또 같은 해 10월, 12월부터의 BS디지털방송에 사용 예정된 방송위성 BSAT-2a 발사가 연기됨으로 인해 예정대로 12월부터 BS디지털방송을 실시하기 위해 BSAT-2a의 운용개시 까지 NHK가 소유하는 BSAT-1b 중계기(2계통)을 BS디지털 방송의 위탁방송사업자인 (주)방송위성시스템에 임대하기 위한 수속이 시행되었다. 이 경우도 제9조 제3항에 기초하는 업무에 대해서의 동조 제8항과 제47조의 인가를 받았다.

또 여기서 제9조 제3항 제1호에 "NHK가 그 소유하는 토지에 대한 신탁종료 또는 해제에 따라 취득한 것이 포함"되어 있고 제14조의 경영위원회 의결사항 속에 "토지신탁"이 규정되어 있다.

NHK의 금후 동향에 주목하게 되겠지만 이 점에 관련해서 소개하고자 하는 동향에 앞서 언급한 체신청 방송정책연구회의 2000년 12월 "심의경과보고" 발표가 있다.

보고회에서는 "통신미디어(인터넷)의 활용"으로서 "NHK는 현재 홈페이지를 통해서 프로그램 안내, 수신료를 포함한 광보 등의 서비스를 제공하고 있다. 이러한 서비스는 현행방송법에서는 NHK가 시행하는 업무범위 내(방송법 제9조 제2항 제2호의 부대업무 등)로 명시되어 있다.", "또 최근 NHK가 방송을 보완하는 관점에서 뉴스 등 방송프로그램 일부를 인터넷에서 제공하는 것에 대해서 검토하고 있지만 총무성에서는 현행방송법에서 방송프로그램을 2차로 이용하여 인터넷으로 제공할 수 있는 것은 방송에 부대하는 업무(방송법 제9조 제2항 제2호) 범위 내라는 설명이 있었다.", "……NHK의 자세에 대한 검토가 명확하지 않는 현시점에서 인터넷을 활용한 컨텐츠 송신 등의 업무를 NHK의 새로운 업무로서 법률상 명시하는 것은 적절하지 않으며 NHK의 자세에 대한 전반적인 검토를 계속해서 논의해 나갈 필요가 있다. 인터넷을 활용한 컨텐츠 송신을 포함하여 NHK의 업무에 대해서는 이 결론을 얻을 때까지는 현행법대로 시행되어어한다." 등의 견해가 명시되었다.

따라서 NHK의 현 단계에서 인터넷의 활용은 현행법 내에서 부대업무로서 시행되지만 NHK는 "IT시대의 NHK비전"에서 "모두가 다 같이 디지털화의 성과를 향유할 수 있도록 사회의 '기반', '안전 망'으로서 기능하여 공공방송의 역할을 추구해 나가겠다."라고 하고 있다.

이상과 같은 동향에 관련해서 "2002년 12월, 2001년 1월, 9월에 일본신문협회 미디어개발위원회의 견해가 또 민방 연에서 2000년 12월에 코멘트, 2001년 3월에 'IT시대의 NHK비전'에 대한 민방 연 견해"가 발표되었는데 그 내용을 대략 소개하고자 한다.

우선 일본신문협회 미디어개발위원회의 견해는 인터넷으로의 본격적인 참여와 차세대휴대전화(IMT 2000)로의 참여의향을 표명한 NHK의 앞으로의 자세에 대해서는 강한 우려를 가지며 법 개정 없이 부대업무를 확대해석하고 조금씩 인정하는 것은 용인할 수 없고 부대업무범위에 대해서 업무범위의 전면적인 재고를 해야 함은 물론이고 범위의 적정화와 비대화를 억제하기 위한 개혁이 급선무라고 판단하고 있다. 또 민방연의 코멘트에서는 수신료 부담의 공평성 관점에서의 문제는 부대업무라 하더라도 찬성할 수 없으며 NHK비전에 대한 견해에서는 NHK는 방송(공중(公衆)에 의해 직접 수신되는 것을 목적으로 하는 무선통신의 송신)을 시행하기 위해 설치된 특수법인이며 그 업무는 제9조에 따라 제한되는 것을 명심해야한다. NHK가 서서히 업무확대를 도모하는 것에 강하게 반대하는 것은 물론 동 조에 민간사업활동을 저해하지 않는 점을 추가하고 NHK업무범위에 따라 제한적으로 명확히 해 나갈 것을 요구한다. 다른 자의 정보인프라를 이용하여 인터넷이나 휴대전화 등으로 정보서비스를 하는 것은 부대업무로 간주되지 않는다. NHK에 수신료 징수나 면제 등이 인정되는 것은 텔레비전방송·음성방송의 보급을 위해서이다. NHK는 이 방송 분야에서 힘을 발휘해야하고 민간사업활동에 위임 가능한 분야는 민간에 맡겨야 한다고 하고 있다.

2) 출자규정, 업무위탁

방송법 제9조 2에서 처음으로 출자규정을 넣은 것은 1969년이다. 그 이전까지는 출자규정이 없고, 1963년 11월 "일본방송협회의 방송법제에 관한 의견"에서 필요한 출자를 요구하고 있을 정도다. 그러나 1969년과 그 이 후도 출자대상으로 규정된 것은 우주개발사업단과 통신·방송기구, 혹은 유선텔레비전 방송시설자였다.[56]

1982년에 텔레비전 다중방송의 실용화 등을 위한 방송법 개정이 시행되면서 그 때 출자규정에 "그 외 협회업무에 밀접하게 관련되는 정령으로 정하는 사업을 시행하는 자"가 추가(현재는 '그 외 전조(前條) 제1항 또는 제2항의 업무에 밀접하게 관련하는 정령으로 정하는 사업을 시행하는 자) 되어 있다(제9조 제3항).

---

56)「臨時放送関係法制調査会答申書」, 郵政省, 1964年, p.273, P.275.

이것은 NHK방송 분야에서의 기술, 지식, 프로그램 소재 활용, 경영효율화 및 재원의 다양화에도 이바지하는 것을 목적으로 하고 출자에 있어서는 연도 수지 예산 등에 규정되는 점에 따라 총무대신의 인가(전파감리심의회심문)를 받게 되어 있다.

제9조의 2의 "정령에서 규정하는 사업"에 대해서는 방송법시행령에 규정되어 있지만 1986년 6월 임시행정개혁추진심의회에서 답신이 있었으며 그 중에서 NHK에 대해서 "관련기업에서의 수익환원방책을 검토하여 경영기반의 강화를 도모한다.", "관련시설의 유효활용, 방송생산물의 부차이용 등 공공방송의 목적에 반하지 않는 한도에서 업무범위를 확대하고 부차수입증대를 도모한다."라는 견해가 명시되었다.[57]

1987년 4월에는 관련된 시행령개정이 개정되었다. 이러한 심의회가 NHK를 대상으로 한 점에는 논의돼야 하겠지만 어쨌든 부차수입증대 등의 관점에서의 제언도 나오고 있다. 또 2001년 1월에 발표된 "IT시대의 NHK비전"에서는 관련 단체에 대해서 연결해서 결산하는 제도의 도입과 사업운영기준의 정비 등을 규정하고 있다.

출자조항에 대해서도 민방 연은 NHK의 비 영리성을 확보하기 위해 영리사업에 대한 출자는 원칙적으로 금지되어야 한다고 주장하고 있다. 이미 NHK출자를 얻어 존립하고 있는 자회사·관련회사에 관해서는 NHK와 인적, 자본적으로 완전분리의 방향을 지향해야 한다고 되어 있다. 최근 "IT시대의 NHK비전"에 대한 견해에서는 NHK자회사·관련회사 등의 업무범위도 자연히 NHK 본사와 같이 제한되어야 하며 NHK 본사와의 관련결산 도입, 외부감사법인에 따른 감사실시와 동시에 업무의 적정화를 도모해야 한다고 되어 있다. NHK의 업무운영은 일본국방송의 기본체제에 입각한 이념 하에 절도 있게 유지되어야 하지만 그 전제로 본래업무나 임의업무를 수행하기 위해 필요한 사업에 대한 출자는 용인되어야 한다고 생각한다.

다음은 제9조의 3의 업무신탁에 관해서 언급해 보기로 한다.

이 조항에 관한 견해는 이미 1985년 12월 중간보고를 제출한 우정성(총무성)의 "방송의 공공성에 관한 조사연구회"에 의해서 명시되어 있다. 중간보고서에서는 NHK업무의 외부 신탁에 대해서 어떠한 기준을 설정할 필요성을 언급하면

57) 금후에 있어서 행정개혁의 방향이 제시돼 있다. 「臨時行政改革推進審議會」, 1986年, pp.50~51.

서 외부 신탁은 장래의 업무추진에 마이너스로 작용하지 않는 범위일 것, 프로그램제작 등의 노하우 등은 국민적 재산이며 그 유지발전에 지장이 없는 범위일 것 등을 지적하고 있다. 이에 따라 1988년 개정 방송법에서는 제9조 제1항의 NHK 본래업무, 제33조 제1항의 총무대신의 명령에 따른 국제방송(현재는 위탁협회국제방송업무도 규정되어 있다.), 제34조 제1항의 총무대신의 명령에 의한 연구업무에 대해서는 NHK 스스로가 정한 기준에 따르는 한 그 일부를 외부에 위탁할 수 있다고 했다. 그리고 그 기준은 해당위탁업무가 효율적으로 시행되고 또한 이러한 업무의 원활한 수행에 지장이 발생하지 않도록 해야 한다고 했으며 이 규정을 규정하고 있다.

3) 위탁국내방송 · 위탁협회국제방송업무 등[58]

방송법 제9조 제1항의 본래업무에 관련하는 규정은 제9조 4항, 제9조 5항, 및 제9조 6항에 규정돼 있다. 위탁협회국제방송업무 관계는 1994년 개정법에 따른 것이며, 위탁국내방송업무 관계는 1998년 개정에 따른 것이다. 방송법 제9조의 4 제1항은 NHK는 전파법규정에 따른 수탁국내방송 또는 수탁협회국제방송을 하는 무선국면허를 받은 자에게 위탁해서 위탁국내방송업무, 또는 위탁협회국제방송업무를 시행하려는 경우에는 수탁방송임무제공을 받는 것이 가능할 것, 해당업무를 유지하기에 충분한 재정적인 기반이 있을 것 등의 제52조의 12 제1항 제1호 등에 열거된 요건에 적합한 것에 대해서 총무대신의 인정(전파감리심의회 심문)을 받아야 한다고 규정한다.

여기서 말하는 "인정"은 법정기준에 적합여부에 대한 것에 대한 확인이라고 설명하고 있다. 그리고 NHK의 목적과 본래 업무조항에 규정되는 업무를 시행하려는 경우나, 또는 인정을 필요로 하는 이유에 대해서는 NHK가 수탁방송사업자에게 위탁하고 이를 방송으로 시행하게 하는 경우에는 실질적으로 NHK가 일정의 방송용주파스를 점하고 있기 때문에, NHK가 방송을 할 때 방송국 면허를 받았던 것과 똑 같이 면허를 받아야 한다. 또 동조 제2항에는 인정 신청 등의 준용규정과 필요한 대체 규정이 있지만 5년마다의 인정갱신규정(제52조의 16)은 제외되고 갱신 제는 채택되지 않은 것으로 되어 있다.[59]

여기서 유의할 것은 제52조의 24 규정이 준용되어 있는 점이다. 이 조항에서

58) 片岡俊夫『新·放送槪論』, 日本放送出版協会, 2001年, P.85.
59) 村井正親「映像国際放送の実現に向けて」当時の法令」, 2002年 2月 15日, p.36, p.37.

는 방송법과 동법에 기초하는 명령 등에 위반했을 때에 총무대신은 3개월 이내의 기간을 정하여 위탁방송업무(위탁국내방송업무 또는 위탁협회국제방송업무와 대체)의 정지를 명할 수 있으며 그 명령에 따르지 않을 경우는 인정을 취소할 수 있다고 했다. 또 제9조 5는 NHK가 수탁협회국제방송을 하는 무선국을 운용하는 자에게 위탁하여 위탁협회국제방송업무를 개시한 경우의 규정이다. 이 경우는 위탁하여 방송을 하게 하는 구역 등을 총무대신에게 신고해야 한다는 규정한다. 갱신의 경우도 마찬가지다. 제9조의 6 제1항은 위탁국내방송업무나 위탁협회국제방송업무를 시행하는 경우에 NHK에 대해서 정정방송이나 재방송규정을 운용할 때의 대체규정이다. 동조 제2항은 위탁국내방송업무를 시행하는 경우 NHK에 대해서 국내방송의 프로그램준칙, 국내프로그램기준의 공표, 재해의 경우의 방송규정을 적용할 때의 대체규정 등이다.

이러한 규정에 입각해서 NHK의 업무는 위탁협회국제방송업무에 대해서는 우선 1995년 4월에 북미, 유럽에서 시작되었고 그 후 광범위하게 시행되어 전 세계로 확대 되어 나갔다. 최근에는 텔레비전 국제방송이라고도 불린다. 또 위탁국내방송업무에 대해서는 2000년 12월부터의 BS디지털방송으로 개시되었다.

다음 제10조는 사무소, 제11조는 정관, 제12조는 등기에 관한 규정이다. NHK 설립 시의 정관은 부칙에 입각해서 설립위원이 작성하고 당시의 전기통신대신의 인가를 받았지만 정관의 갱신에는 총무대신의 인가(전파감리심의회심문)가 필요하다.

3. NHK경영기관

1) 경영위원회의 역할

방송법 제13조 제1항은 "협회에 경영위원회를 둔다."로 정하고 제2항 "경영위원회는 협회의 경영방침 그 외의 업무운영에 관한 중요사항을 결정하는 권한과 책임을 가진다."라고 규정하고 있다. NHK경영위원회는 NHK의 최고 의사결정기관이다. 또 NHK에는 회장 이하의 집행기관과 감사기관인 감사(監事)를 두고 있다. NHK 경영위원회는 NHK의 정체성을 논할 때 극히 중요한 존재이고 국민과 시청자, NHK와의 연계라는 점에서는 중요한 역할을 하고 있다. 특히, 경영위원회는 국민적 입장에서 NHK의 운영에 관한 최고방침을 결정하고 또 최종적으로 책임을 지는 기관이며 NHK의 운영을 국민의 이익을 위해 감독하는 역할을 하는 기관이다.[60] 동시에 지역이나 직업 등 다원적인 인적 구성으로 NHK방송을 통하여 언론시장의 다양화에도 공헌할 수 있는 등 공공방송의 존재의식에 직결되는 중요한 기관이다.

경영위원회는 제15조의 규정에 따라 위원 12인으로 구성되고 위원장은 위원의 호선(互選)으로 정하고 위원회는 위원장에게 사고가 있을 경우에 위원장 직무를 대행하는 자를 미리 지정해 두어야 한다.

방송법 제16조에 의하면, 위원은 공공복지에 관해서 공정한 판단을 할 수 있고, 많은 경험과 지식이 있는 사람 중에서 양 의원의 동의를 얻어 총리대신이 임명한다. 이 경우 선임에 관해서는 교육, 문화, 과학, 산업 그 외의 각 분야가 공평하게 대표되도록 고려하여야 한다.

제16조 2항 위원의 임명에 음하여 12명의 위원 중 8명은 전국 8지구에 주소를 둔 사람으로 임명하고, 나머지 4명에 대해서는 전 지구를 통해서 임명된다. 또 임명에 있어서는 극히 엄격한 결격사항이 있다.[61] 또 제17조에서 위원의 임기는 3년으로 재임이 가능하다. 보결 위원의 경우는 전임자의 잔임 기간이 되며, 임기 만료 후에도 후임자가 결정 될 때 까지는 계속 재임한다. 결원의 보결이나 위원의 임명에 있어서 국회가 폐회 또는 중의원의 해산으로 의회 동의가 불가능 할 때는 총리가 먼저 임명하고 그 후 최초 의회개회 때에 동의를 얻어야 한다.

위원회의 구체적인 권한은 제14조 등에 규정되어 있으며 ① 수지예산, 사업계획 및 자금계획, ② 수지결산, ③ 방송국의 설치계획 및 방송국의 개설, 휴지(休止)및 폐지, ④ 위탁국내방송업무 및 위탁협회국제방송 업무개시·휴지·폐지, ⑤ 제3조의 3 제1항에 규정한, 프로그램기준 및 방송프로그램의 편집에 관한 기본계획, ⑥ 정관변경, ⑦ 제32조의 수신계약 조항 및 수신료 면제기준, ⑧ 방송채

---

60)「放送政策の展望」, 電気通信振興会, 1987年, P.80.
61) 제16조 4항에 의해서 다음의 자는 위원이 될 수 없다.
① 금고이상 형에 처한 자, ② 국가공무원으로서 징계면직 처분을 받고 해당일로부터 2년을 경과하지 않은 자, ③ 국가공무원(심의회, 협의회 등 위원, 그 외 여기에 준하는 지위에 있는 자로 비 상근위원은 제외), ④ 정당의 역원(임명일 이전 1년 이내에 정당의 역원이 아니었던 자), ⑤ 방송용 송신기 혹은 방송수신용 수신기 제조업, 또는 판매사업자, 혹은 이에 해당하는 자가 법인으로 있을 때는 역원(어떤 명칭에도 불문하고 여기에 동등한 직권, 또는 지배력을 가진 자를 포함. 혹은 그 외 법인의결권의 10분의 1을 소유한자 : 임명 전 1년 이내에 여기에 해당하는 자), ⑥ 방송사업자(수탁방송사업자 제외), 전기통신역무이용방송사업자, 혹은 신문사, 통신사, 그 외 뉴스 혹은 정보공포를 업으로 하는 사업자, 또는 그 사업자가 법인으로 있을 때는 그 역원, 혹은 직원, 또 법인의 의결권 10분의 1 이상을 보유한 자, ⑦ 전항 2호에 해당하는 사업자단체의 역원이다. 그 외에 제16조 5항에는 12인 위원의 임명에 관해서 5인 이상이 동일 정당에 속하는 자가 임명돼서는 안 된다고 엄격한 제한 규정을 두고 있다.

권의 발행 및 차입금 차입, ⑨ 토지의 신탁, ⑩ 제9조 3의 제1항에 규정한 기준 ⑪ 사업의 관리 및 업무집행에 관한 규정, ⑫ 역원의 보수, 퇴직금 및 교제비(어떠한 명목에이나 관계에도 불구하고 이와 관련이 있는 것 포함), ⑬ 그 외 경영위원회가 특히 필요하다고 인정되는 사항 등이다. 그 밖에 감사의 임명과 부회장, 이사의 임면동의 등이 있다.

위원의 보수규정은 제22조에 규정돼 있는데, 여비 및 그 외 업무수행에 수반되는 실비를 받는 외에 그 근무일수에 상당하는 보수를 받는다.

또 방송법 제23조에 규정된 의결방법은 제15조 제4항에의 규정에 따라, 위원장의 직무를 대행하는 자 및 6인 이상의 위원(7명이상)이 출석하지 않으면 회의를 열어 의결할 수 없다. 경영위원회의 의사는 별도의 규정 외에 출석위원의 과반수 이상 일 때 가결하고 가부동수일 때는 위원장이 결정한다. 또 회장 및 감사는 제1항의 회의에 출석하고 의견을 진술할 수도 있다. 방송법 제29조에 의하면, 경영위원회는 회장 혹은 감사가 업무집행에 한계가 있다고 인정될 때나 혹은 회장 또는 감사의 직무상 의무위반, 그 외 회장 또는 감사에 비행이 있다고 인정 될 때는 그를 파면할 수 있다.

2000년 2월부터는 경영위원회의사록(1월 개최분에서)을 공표하고 있는데 그해 10월부터 인터넷 홈페이지에도 게재하고 있다. 장래 디지털시대에 있어서도 NHK는 수신료 제도를 근간으로 운영될 것으로 보인다. 따라서 수신료제도가 일본 시청자들에게 계속적으로 인지되도록 하기 위해서는 NHK의 성격을 시청자의 NHK로서 보다 선명하고 풍부하며 질 좋은 방송프로그램을 제공하는 것이 무엇보다 선결과제다. 그러한 의미에서 경영위원회의 역할은 앞으로 한층 더 강화해야 할 것으로 본다.

2) NHK의 회장, 부회장, 이사의 임면[62]

NHK의 역원(경영진)에 대한 규정은 방송법 제24조에 규정돼 있는데, 방송협회의 역원으로는 회장 1인, 부회장 1인, 이사 7명 이상 10명 이내 및 감사 3인 이내를 둔다고 규정하고 있다. 회장, 부회장의 임기는 3년이고, 이사의 임기는 2년이며 재임이 가능하다. 또 정관에는 이사 중에 회장이 지명하는 몇 명을 전무이사로 한다고 규정하고 "기사장에 관한 규정"에 따라 기사장 1명이 배치되고 전무이사가 담당하게 하고 있다.

---

62) http://www.soumu.go.jp/ 일본 총무성(2006.1.20)

회장 직무에 관해서는 방송법 제26조 제 1항에 "회장은 협회를 대표하여 경영위원회가 정하는 권한에 따라 그 업무를 총괄한다."고 규정하고 있다. 부회장은 협회를 대표하고 회장을 보좌하며 회장이 유고나 결원 시에는 그 직무를 대행한다. 이사는 회장 부회장을 보좌하고 협회를 대표하며 회장이나 부회장이 유고시 그 직무를 대행토록 규정하고 있다. 회장의 임명은 경영위원회의 임면(임명은 위원 9인 이상 다수에 의한 의결), 부회장, 이사는 경영위원회의 동의를 얻어 회장이 임면한다. 방송기관으로서의 성격상 NHK에는 강한 자주성이 요구되며 특히 회장의 임면을 NHK의 최고의사결정기관인 경영위원회가 추천하게 된다. 또 방송법 제27조에는 회장, 부회장, 이사의 임면은 엄격하게 결격사유를 두고 있으며, 영리를 목적으로 하는 단체의 임원이 NHK에 취임하여 영리사업에 종사할 수 없도록 규정하고 있다.[63] 즉 방송법 제30조(회장 등의 겸직금지)에는 회장, 부회장, 및 이사는 영리를 목적으로 하는 단체에 역원이 된다든지, 도는 스스로의 영리사업에 종사해서는 안 된다는 규정이 있다. 또 동 제30조 2항에는 회장, 부회장 및 이사는 방송사업(위탁 방송 사업을 제외) 및 전기통신역무이용 방송사업에 투자해서는 안 된다고 제한하고 있다.

3) 감사(監査)기관

감사기관에 관한 사항도 방송법 제26조 4항에서 9항에 이르기 까지 규정하고 있는데, 우선 회장, 부회장, 이사가 담당하는 업무를 감사하는 것이 주된 임무다. 감사는 업무 수행을 위해 필요할 때에는 그 총 주주 또는 총 주주의결권의 과반수를 NHK가 보유하고 있는 주식회사, NHK 자회사, 혹은 자회사만으로도 과반수의 주식을 보유하는 회사들에게 자회사로 간주하여 영업보고를 요구할 수 있다. 또 이 경우에 자회사 등이 즉각 보고하지 않을 때나 보고 진부여부를 확인할 필요가 있을 때는 해당사항에 대하여 자회사의 업무나 재산상황을 조사할 수 있다. 이때 자회사는 정당한 사유가 있을 때는 보고 또는 조사를 거부할 수 있다. 감사(監事)는 경영위원회의 임면으로 임기는 2년이고 재임이 가능하며 3인 이내로 하고 있다. 결격사항에 대한 규정도 있다(제24조 이하).

---

63) 방송법 제27조 5항에는 NHK회장, 부회장, 임원의 결격사유에 대해서 다음과 같이 규정하고 있다. 회장, 부회장, 감사의 임명에 관해서도 제16조 4항의 규정을 준용한다. 이 경우에 있어서는 동 16조 제6항 중에 방송사업자(수탁방송사업자 제외), 전기통신역무이용방송사업자, 혹은 신문사라고 되어 있는 것은 신문사로, <10분의 1 이상 보유자>로 되어 있는 것은 <10분의 1이상 보유한 자>(임명일 이전 1년간 사이에 여기에 해당하는 자)로 바꿔 준용한다. 동 제16조 7항 중에 <역원>으로 되어 있는 것은 <역원>(임명일 이전 1년간 사이에 여기에 해당하는 자 포함) 으로 각각 바꿔 읽는다(준용한다).

감사(監事)의 감사기능강화는 1985년과 1988년 두 번의 법 개정에서 시행되었
다. 이에 따라 회장, 부회장 및 이사가 담당하는 업무를 감사하고 결과를 경영
위원회에 보고하는 것이 추가되어 경영위원회 회의에 출석하여 의견을 발표할
수 있도록 규정되어 있고, 또 매년도 업무보고서와 대차대조표 등에 감사(監事)
의 의견서를 첨가하기로 되어 있다.

4. NHK의 수신료제도와 경영재원

NHK의 수신계약 및 수신료에 관해서는 방송법 제32조 제1항에서 "협회의 방
송을 수신할 수 있는 수신 설비를 설치한 자는 협회와 그 방송의 수신에 관해
서 계약하지 않으면 안 된다.……"로 규정하고 있다. 소위 계약체결의 의무제도
가 이 수신료 제도다. 단 방송의 수신을 목적으로 하지 않는 수신설비 또는 라
디오방송(음성 그 외의 음향을 송신하는 방송으로 텔레비전방송 및 다중방송에
해당하지 않는다고 말 하는) 혹은 다중방송에 한해 수신할 수 있는 수신설비만
을 설치한 자에 대해서는 여기에 제한받지 않는다. 동 조 2항에 협회는 제1항의
계약 조항에 관해서는 미리 총무대신의 인가를 받지 않으면 안 된다. 전항 본문
의 규정에 의해서 계약을 체결한 자로부터 징수하는 수신료를 면제해서는 안
된다고 명시하고 있다. 전항의 계약 조항에 관해서 총무대신의 인가사항을 개정
하려고 할 때도 총무대신의 인가를 받아야 한다.

NHK의 경영수입의 대부분은 이 수신료에서 조달되고 있으며 2004년도 수지
예산에서 구체적인 수치를 보면 경상 사업수입이 총 6854억 9355만 6천원이고
이 주에서 수신료 수입이 6736억 6511만 5천원이다. 이는 총 사업 수입 중 수신
료 수입이 98.27%를 차지하고 있다. 2001년도의 수지예산 등에서 본다면 약
6,630억 엔의 사업수입 중 약 6,414억 엔이 수신료 수입으로 약 97%이다. 나머
지는 교부금수입, 부차수입, 재무수입 등으로 약 3%이다.[64] [65]

NHK는 디지털 방송시대에 있어서도 수신료 제도를 계속 유지 할 것으로 보
여서 앞으로는 시청자들의 이해와 협력을 바탕으로 하는 수신료제도의 제도개
혁이 이루어 져야 할 것으로 본다. 뿐만 아니라, 풍부하고 공영성이 강한 질 높

64)「日本放送協会平成16年度財産目録, 貸借対照表及び損益計算書並びにこれに関する説明書」2006年 1月 20日字
報告書.
65)「日本放送協会平成12年度収支豫算, 事業計劃及び資金計画」日本放送協会平成 12年度 事業報告書, 2001年,
P.37, P.116.

은 방송프로그램 편성 등으로 시청자들에게는 진정으로 서비스하는 국민의 방송기관으로 일신하는 모습을 보여 줄 필요가 있다. 그러한 의미에서 최근 NHK의 경영이념인 "개혁과 실행, 공개와 참가"를 철저하게 실천하는 것은 상당한 의미가 있다고 본다.

앞에서 설명한대로 1998년 방송법개정에서 방송법 제2조의 2 제2항 제2호의 "협회의 방송"에 "(협회의 위탁으로 시행되는 수탁국내방송을 포함한다. 제32조 제1항 본문과 같다.)"는 표현이 추가되고 2000년 말부터 실시된 수탁·위탁제도에 따른 BS디지털방송에 대비하는 조치가 채택되게 된다.

일본의 방송국 경영재원은 NHK와 민방이라고 하는 기본적인 방송체제에서 달리하고 있다. NHK에 대해서는 광고방송을 금지하고 수신료 제도로 운영하게 하고, 또 민방의 경우는 광고 수입에 의해 운영하도록 그 재원을 달리해 발전을 도모해 왔다. NHK의 수신료 성격에 대해서는 1964년의 임시방송 관계법제조사회 답신서에서는 "······국가가 일반적인 지출에 충당하기 위해 징수하는 조세가 아니고 국가가 징수하는 소위 목적세도 아니다. 국가기관이 아닌 독특한 법인으로서 만들어진 NHK에 징수권이 인정된 유지운영을 위한 <수신료>라는 명칭의 특수한 부담금으로 해석해야 한다."라는 견해를 명시하고 있는데, 현재는 이 견해가 일반적인 것으로 되어 있다.[66]

당시 우정성은 "방송관계법제에 관한 검토상의 문제점과 그 분석"이라는 자료를 이 조사회에 제출하고 그 중에서 수신료의 성격에 대해서 4개의 견해를 피력하고 있다. 즉 ① "방송서비스에 대한 대가라는 견해(계약설)", ② "수신기세와 같은 세라는 견해(세금설)", ③ "수신허가수수료, 소위 라이센스 피((licence fee)라는 견해(허가료설)", ④ "공공부담의 일종으로 수익자 부담이라는 성격의 견해(공공부담설)"이다. 그러나 이에 대한 답신을 그 어느 것도 아닌 독특한 법인에 징수권이 인정된 특수한 부담금으로 규정했다.[67]

만약 NHK의 방송 재원을 세금으로 운영하게 된다면, NHK는 매년 정부의 지출결정의 압력에 시달리게 될 것이다. 이미 세계 여러 나라의 공영방송 사업자가 경험해 왔듯이 교부금 삭감에 따른 방송프로그램의 품질 저하와 시청률 감소, 그리고 나아가 교부금 삭감이라는 악순환으로 이어질 개연성은 매우 큰 편이다. 또 광고제도의 도입은 광고주가 획득하려는 다수의 시청자나 혹은 소비능력이 큰

---

66) 「臨時放送關係法制調査会答申書」, 郵政省, 1964年, P.82.
67) 「臨時放送關係法制調査会答申書資料編」, 郵政省, 1964年, p.367~368.

수용자를 끌어와야 할 것이다. 때문에 소비능력이 적은 고령자나 노약자 및 사회적으로 소외 된 약자들이 좋아하는 프로그램은 줄이거나 인기 시간대(prime time)의 프로그램 편성은 제외하지 않을 수 없게 될 것이다. 또한 수입의 일부를 프로그램 후원자에게 기대한다면 스폰서는 매력 있는 프로그램을 보다 많이 만들도록 NHK에 압력을 넣게 될 것이고, 그 결과 프로그램의 균형도 깨질 것이다.

또한 세금이나 광고, 후원자 등에 의한 복수의 자금조달방법을 병용하게 된다면, 수신료, 혹은 교부금 부담은 줄어드는 반면에 보다 광고를 많이 해야 한다는 압력으로 프로그램 편성과 균형에 저해되는 결과로 이어질 것이다. 서브 스크립션(subscription : 유료계약방식)은 방송서비스 제공자와 이용자 간에 직접적인 결합이 가능하고 사람들은 무엇을 선택하여 보는가에 관계없이 동일요금을 지불할 필요가 없어진다. 그러나 NHK의 근간서비스를 서브 스크립션으로 조달하기 위해서는 아마도 서비스의 양질에 크게 변화를 주는 등 지불을 확실히 담보하기 위한 그 어떤 묘책이 필요할 것이다.

또 서비스 체제를 바꾸면 전 국민이 보편적으로 접근할 수 있는 공공적인 액세스권의 원칙은 없어져 NHK의 설립목적이나 성질이 근본적으로 변질되게 된다. 만약 NHK의 서비스가 현재처럼 만인이 이용할 수 있는 형태로 유지된다면 20세기 말까지 그리고 아마도 21세기에 들어서서도 수년간은 실제로 그 수신료를 대체될 수 있는 자금조달방법은 없을 것이다.

이상과 같이 일본 방송의 경우는 방송의 경영재원이 NHK·민방방송이라는 이원체제 하에서 세계적으로 자랑할 만한 발전을 거듭 해 왔으나, 앞으로는 디지털기술의 급속한 발전과 더불어 수신료제도의 근간을 유지하려면 시청자들에 대한 공적 서비스에 대한 노력을 가 일층 지속해야 할 것이다. 2006년 초부터 자민당 일부 의원들은 수신료 미지불에 따른 불공평을 해소하기 위해 유료방송 방식을 채택하거나 아니면 그 활동범위를 넓혀 디지털시대의 신 서비스를 기술력으로 커버해 지상파디지털 완료 시기에는 NHK의 민영화를 생각해야 한다는 지적도 나오고 있다.

앞에서 이미 언급한 대로 유료방송으로 재원을 확보하게 된다면 국민 전체가 보편적으로 수신할 수 있다는 특색은 없어지게 된다. 따라서 NHK는 "한정된 사람이 아니라, 모든 사람에게 개방된 '사회의 광장'으로서 역할을 다하는 것이 사명이기 때문에 사람들의 공통체험을 넓히고 상호이해가 깊어지는 사회조성 공헌에 기여."하는데 있기 때문에 유료화의 실현은 불가능하다는 것이다.

그러나 지상파방송의 디지털화나 민간위성방송, 통신위성, 케이블텔레비전 등 방송서비스의 다양화로 극히 많은 채널이 출현해서 수신료제도를 기반으로 NHK를 유지·발전시키는 데는 여러 가지 면에서 한계가 있을 것으로 본다.

다음은 일본 정부의 행정개혁위원회의 규제완화소위원회의 동향에 대해서 보기로 한다.

규제완화소위원회는 1997년 12월 주로 경제 분야 등 17분야에 대해서 규제완화를 요구하는 최종보고서를 발표했다. 이 중에서 1996년 12월에 동소위원회가 제기한 NHK·BS방송의 수신료 제도의 재고(지상파와 일괄된 수신료 제도를 재고하고 유료화를 도모할 것.)에 대해서 많은 검토를 요구했다. 또 1998년 3월 각의(閣議)결정의 "규제완화추진 3개년 계획"에서도 NHK, BS방송의 스크램블 화에 대해서는 디지털화, 다채널화가 급속히 진전하는 위성방송의 동향에 입각하여 NHK에 기대되는 역할과 데코더(decedor)설치의 부담 등 시청자에 미치는 영향을 감안해서 실시하는 것을 검토해야 한다고 밝히고 있다. 이 검토결과에서 2000년 시점에는 NHK의 BS아날로그방송 및 BS디지털방송을 스크램블 화하는 것은 적절치 않으며 또 BS디지털방송 보급상황, BS디지털방송 사업자의 동향 등에 입각하여 장래 재검토해야 한다고 부기되었다.

또 2000년 7월에는 행정개혁 추진본부의 규제개혁위원회에서 다음과 같이 논의 될 요점을 미리 공개하기도 했다. 그 논점 중에 하나로 정보통신을 둘러 싼 기술적 환경이 크게 변화하고 통신과 방송의 융합이 급속하게 진전되고 있다. 이러한 상황 속에서 양대 시장의 융합에 따라 서서히 등장하게 될 최대 과제 중의 하나가 어떻게 공정하고 유효한 경쟁을 확보해 갈 것인가 하는 것 이었다. 지금까지의 논의의 초점이었던 전기통신 분야뿐 만 아니라 융합의 또 다른 분야인 방송 분야에서도 최근 가까운 장래에 기술적 발전을 충분히 감지한 후에 어떻게 공정하고 유효한 경쟁을 도입해 나갈 것인가라는 구체적인 방책을 조속히 검토해야 한다는 견해를 명시하고 있다. 특히 그 해 12월에는 "규제개혁에 있어서의 견해"라는 발표 중에서 "NHK의 자세"라는 대목을 소개하면 다음과 같다.

① NHK의 보유미디어의 자세

NHK는 BS디지털 텔레비전방송으로서 HDTV1계통과 아날로그방송의 동시(simultaneous)통역방송으로서 SDTV2계통을 실시하고 있지만 다른 민간방송 사업자와의 공정경쟁의 확보차원에서도 그 보유 미디어 수를 검토해야 한다.

② NHK의 업무범위확대

NHK의 업무범위의 확대에 관해서는 해당업무가 공공방송을 추구한다는 NHK의 설립 목적에 비추어 적절한 것인가를 검토해야 한다. 이 검토는 수신료 부담자인 국민이 NHK에 기대하는 역할, 방송 분야의 공정경쟁의 확보 등에 입각하여 시행하는 것이 필요하다.

③ NHK의 수신료 제도에 대해서

BS디지털방송의 스크램블 화에 대해서는 이 전의 규제완화추진 3개년 계획(재개정)의 취지에 따라 동시통역 방송 기간을 고려해서 그 실시를 검토해야 한다.

이상과 같이 일본 방송의 기본체제는 공공방송인 NHK와 민방의 이원 체제, 이것은 수신료 제도와는 불가분의 관계로 동시에 고찰되어야 할 것이다. 그것이 BS디지털방송의 수신료라는 개별사항이더라도 일본 방송체제와 밀접하게 연관되어 있는 문제다. 또 BS디지털방송의 스크램블 화는 국민전체가 언제 어디서든지 방송을 접할 수 있다는 원칙이 무너지게 되며 국민의 방송기관을 지탱하는 경영재원의 문제로 고찰되어야 할 문제이다.[68]

또 동 위원회의 논점인 "공정하고 유효한 경쟁"에 대해서는 동위원회의 견해와 관계없이 일본의 방송영역은 NHK·민방의 투 톱(Two Top)기본 체제 하에서 각각 그 장단점을 발휘할 수 있을 것이다. 이와 동시에 양 체제는 상호 경쟁과 보완으로 방송문화의 창달과 여론의 형성 및 개인의 인격 형성에 중요한 역할을 할 것이다.[69] 앞에서 이미 설명한 "IT시대의 NHK비전"에서는 "영상·음성 등을 강제적으로 차단하고 요금을 지불한 일부 사람들만이 방송을 시청할 수 있는 스크램블 화는 공공방송의 역할과 수신료제도 등의 관점에서 볼 때 극히 중요한 문제가 있다고 하겠다."[70]

5. 국제방송

NHK의 국재방송은 NHK의 해방방송서비스를 말한다. 방송채널은 ① NHK월드TV, ② NHK 월드 프리미엄, ③ NHK 월드 라디오 닛폰, ④ 인터넷으로 전달하고 있다. NHK의 해외방송은 일본인에게는 여러 가지 정보를 제공함과 동시에

---

68) 「第151回衆議院総務委員会議録」, 2001年 3月 16日付け, pp.31~32.
69) 鈴木秀実『放送の自由』, 信山社, 2000年, p.245.
70) 「第151回参議院総務委員会議録」, 2001年 3月 29日付け, pp.10~11.

일본에 대해서는 국제이해를 촉진하기 위하여 일본의 입장을 주장이나 여론의 동향 등을 세계에 발신하고 있다.[71]

① NHK월드TV

　NHK월드TV의 경우는 3개의 통신위성을 사용해서 1일 24시간 방송하고 있다. 직경 2.5~6m파라보라 안테나와 위성 튜너를 설치하면 세계 어디서나 수신가능하다. 영상에 스크램블은 걸지 않고 있다. 영어 뉴스「NHK NEWSLINE」, 「NHK NEWSWATCH」나 일본의 매력을 소개하는 정보프로그램「Weekend Japanology」, 아시아 각국의 화제를 소개하는 「TODAY'S ASIAVISION」 등을 방송하고 있다. 영어와 일본어로 방송한다.

② NHK 월드 프리미엄

　NHK 월드TV와 같이 위성을 사용해서 1일 24시간 방송하고 있다. 방송프로그램은 NHK종합 TV, 교육방송, 위성 각 프로그램에서 발췌한 내용이다. 뉴스나 드라마, 스포츠, 문화, 예능 등의 프로그램으로 즐길 수 있다. 스크램블이 걸려 있다.

③ NNHK 월드 라디오 닛폰

　단파 라디오방송으로 일본어 영어를 필두로 22개 국어로 하루 65시간(전 지역, 지역방송) 방송되고 있다. 뉴스를 시작으로 정치, 경제, 문화, 과학, 예능, 음악 등 여러 가지 프로그램을 통해서 일본을 다각적으로 소개한다.

④ 인터넷 서비스

　라디오 닛폰의 뉴스나 프로그램은 인터넷으로도 전달한다. 라디오 음성은 물론, 뉴스원고나 영어 TV뉴스의 영상도 볼 수 있다.

　국제방송에 관해서는 방송법 제7조와 제9조 4항, 제33조, 제35조 등에서 규정하고 있다. 특히 1988년 방송법 개정으로 방송법 제7조에 NHK는 국제방송 및 위탁협회국제방송업무를 행한다고 개정 전보다는 더욱 명확히 하고 있다. 또 1994년 개정에서도 제7조와 제9조 제1항에 "위탁협회국제방송업무"가 추가되었다. 이에 따라 제7조는 "협회는……아울러 국제방송 및 위탁협회국제방송업무를 시행할 것을 목적으로 한다."이며 제9조 제1항 제3호(1998년 개정에서 제4호)가 "국제방송 및 위탁협회국제방송업무를 시행할 것"으로 되었다. 따라서 법률적으

71)「国際放送（NHK平成17年ことしの仕事」, 2006年 1月 29日付け, http://www.nhk.or.jp/nhkworld/

로는 NHK의 목적규정과 업무규정 속에 국제방송 및 위탁협회국제방송업무를 행한다고 확실하게 규정하고 있다. 그러나 이에 대한 재원은 NHK의 국내 수신자의 수신료에 의한 것이다.

NHK의 국제방송에는 방송법 제9조 제1항에 의한 자주방송과 방송법 제33조 제1항에 의해 총무대신은 NHK에 대해서 국제방송 실시를 명할 수 있다. 방송법 제9조 제1항의 규정에 의해 총무대신의 국제방송 실시 명령에 따라 지금까지는 매년 국제방송을 실시하기도 했다. 이와는 별도로 본래 업무로서 자주적으로 시행하고 있는 단파국제방송과 동시에 시행할 것을 명시하고 있다. 국제방송은 이전부터 단파를 사용하여 시행하고 있으며 NHK에서는 이를 라디오 국제방송이라 부르고 있다. 2001년도 수지예산 등에서는 하루 총65시간(일반방송으로 전지역 31시간, 지역방송 34시간) 방송을 실시하고 경비는 총 약 96억2,000만 엔 정도다. 그 중 명령방송의 기부금은 19억7,000만 엔으로 총액의 20.5%가 되고 있다.

위탁협회국제방송업무는 NHK에서는 최근 텔레비전 국제방송이라고 부르며 2001년도부터는 세계 전역에 걸쳐서 24시간 방송을 실시하고 있다. 또 지역위성을 사용하여 북미 유럽에서는 하루에 약 7시간을 방송하고 있다. 또 이러한 방송은 인터넷으로도 방송되고 있으며 텔레비전 국제방송에서는 프로그램 홍보 형태로 방송한 뉴스나 프로그램 홍보가 홈페이지에 게재되고 라디오국제방송에서는 조사연구의 일환으로 뉴스·정보프로그램의 송신이 시행되고 있다.[72]

1994년 방송법 개정으로 새롭게 개정된 "위탁협회국제방송"은 "일본방송협회의 위탁에 따라 그 방송프로그램을 외국에서 수신되는 것을 목적으로 하고 그대로 송신하는 방송이며 인공위성의 무선국에서 실시되는 것을 말한다."로 되어 있다. "위탁협회국제방송업무"는 "협회가 전파법 규정에 따라 위탁협회국제방송을 하는 무선국면허를 받은 자 또는 위탁협회국제방송을 하는 외국 무선국을 운용하는 자에게 위탁하여 그 방송프로그램을 방송하게 하는 업무를 말한다."(방송법 제2조). 이 조문에서 유의해야 할 것은 실태와 관계없이 조문에서는 단파방송에 따른다든가 텔레비전방송에 따른다든가 하는 명확한 규정은 없다. 또한 국내무선국 외에 외국 무선국의 이용도 가능하긴 하지만, 그러나 그러한 무선국은 인공위성무선국에 한정하고 있다는 것이다.

앞에서 언급한 방송법 제9조의 4 제1항 <위탁협회국제방송업무>에 관한 규

72) 「日本放送協会 平成 13年度 収支豫算, 事業計劃及び資金計画」, 日本放送協会 平成 13年度 事業報告書, 2002年, P.24, P.29.

정을 좀더 분석해 보기로 한다. NHK는 전파법 규정에 따라 위탁협회국제방송을 하는 무선국면허사업자에게 위탁하여 위탁협회국제방송업무를 실시하려고 하는 경우에는 총무대신의 인정(전파감리심의회심문)을 받아야 한다. 다만 앞에서 설명한대로 인정갱신은 필요 없다. 또 제9조의 4 제2항에는 필요한 각항의 준용과 대체적용을 위한 규정이 있으며 이에 따라 예를 들면 총무대신 앞으로 업무개시 신고, 위탁방송사항 갱신의 총무대신의 허가 혹은 총무대신의 위탁방송업무 정지나 인정 취소 등의 규정이 준용되는 것으로 된다.[73]

이상의 설명과 같이 국제방송 등의 국제 활동에 대해서는 법제도를 포함한 기반 정비가 앞으로는 비약적으로 활발해질 것이다. 특히 미국의 9.11 테러이후의 세계적인 위기상황에 신속하게 대처하기 위해서는 국제방송이 해야 할 역할이 너무나 크다고 하겠다.

6. NHK의 예산 · 결산

NHK는 방송법 제37조의 규정에 따라 매 사업 년도마다「수지예산, 사업계획 및 자금계획」을 우선 경영위원회 결의를 거쳐서 총무대신에게 제출한다. 이를 변경 할 때도 똑 같은 절차를 밟아야 한다. 총무대신은 전항의「수지예산, 계획」을 수리 했을 때는 이것을 검토하고 의견을 첨부하여(전파감리심의회심문), 내각을 거쳐 국회에 제출하고 그에 대해서 승인을 받지 않으면 안 된다. 이것을 구 일본전신전화공사의 예산처리와 비교해 보면 공사(公社)의 경우는 우정(현 총무대신)대신에게 제출한 후 우정대신은 오쿠라(大藏 : 현 재무대신)장관과 협의하여 필요한 사항은 조정하고 국가 예산과 함께 국회에 제출하여 국회의결을 받게 되어 있다(구 공사법 제41조, 제48조).

NHK의 경우는 총무대신에게 제출된 예산은 총무대신에게는 직접적인 조정권은 없고 단지 의견을 첨부하는 형식이며 국회도 의결하지 않고 승인하는 형식으로 되어 있다. 이 승인에는 수정은 없고 일괄 승인인가 아닌가로 하는 것이 통설로 되어 있다. 국회 소위원회에는 협회에 대해 의견을 청취할 수 있다. 또 수신료 액의 결정은 제37조 제4항과 제32조 제1항 본문 규정에 의해 계약 체결자로부터 징수하는 수신료 월액은 국회가 수지예산을 승인함에 따라 결정되는 독특한 방식을 채택하고 있다.

---

73) 片岡俊夫『新・放送槪論』, 日本放送出版協会, 2001年, P.103.

NHK는 기본적으로 예산편성이나 사업운영에 있어서는 누구의 간섭도 받지 않고 독립적이다. 먼저, 아래 표에서 보는 바와 같이 사업운영을 뒷받침하는 예산수립은 독자적이다. NHK는 독자적으로 수지・예산과 사업운영계획서를 작성하여 총무대신에게 제출하고, 총무대신은 거기에 의견을 첨부하여 내각을 경유해서 국회에 제출한다. 국회는 중・참의원 양원 위원회에서 심의를 거쳐 예산 승인의 가부를 결정하게 된다.

결산의 경우도 대차대조표 등과 그 설명서에 감사(監事)의 의견을 첨부해 총무대신에게 제출하면, 총무대신도 이것을 내각에 제출하고 내각은 회계검사원의 검사를 거쳐서 국회에 제출한다. 예산・결산의 자료는 관보 등으로 반드시 국민 앞에 공표 한다. 뿐만 아니라, 업무보고서도 감사의 의견을 첨부해서 총무대신에게 제출하면 총무대신도 여기에 의견을 개진하여 내각을 경유해 국회에 보고하는 절차를 밟는다. 이와 같이 NHK는 모든 재정상황이나 업무보고를 국민의 대표기관인 국회에 승인을 얻거나 보고하는 절차를 거쳐서 국민 앞에 투명하게 그 결과를 밝히고 있다.

NHK의 이러한 공개적인 행정절차는 NHK의 모든 사업 운영이 국민의 의사에 따라서 독자적으로 진행되고 있고 국민의 세금인 수신료로 투명하게 경영하고 있다는 것을 국민 앞에 밝히는 것을 의미한다.

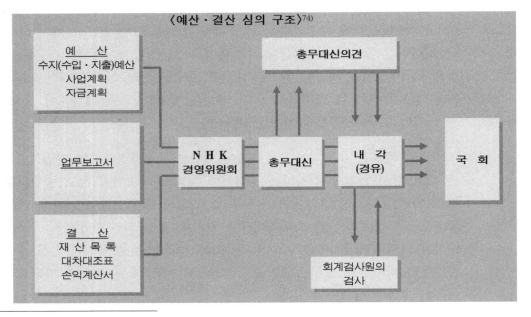

〈예산・결산 심의 구조〉74)

74) 「経営としくみ(NHK平成17年ことしの仕事)」, 2006年 1月 29日付け, http://www.nhk.or.jp/pr/keiei

수신료의 책정은 매년도 수지예산을 국회의 승인으로 정하기 때문에 매 년도마다 금액이 달라질 가능성도 있지만, 사실은 수년간 장기전망에 의해서 정해지기 때문에 수년간은 고정된 수신료가 산정되고 있다. 이 요금 산정은 물가변돈 등에 반영되는 슬라이드제의 채택 견해도 있지만 그 결정권자를 누구로 할 것인가, 또 물가변동률의 범위 내에서 사업운영이 가능한가 하는 등등의 문제가 있다. BBC에서는 1986년 7월에 발표한 소위 피콕위원회 보고에서 장래는 유료방송으로 이행하는 것을 전제로 하는 것이지만 그 이행 기간까지는 물가 슬라이드제를 제창하는 것이었기 때문에 1988년 4월부터 이 견해를 감안하여 수신허가요금에 대해서 슬라이드제가 도입되었다.

NHK 수지 예산의 국회승인까지의 순서에 대해서는 극히 그에 대한 특색이 있으며 또 NHK의 독자성이 존중되는 형식이다. 이 점에 대해서 소히로(莊宏)씨의 "전파법, 방송법, 전파감리위원회설치법상해(詳解)"에서는 다음과 같은 경위를 밝히고 있다.[75]

1949년 방송법 정부원안에 대해서 연합군총사령부민정국에서 "전파감리위원회는 협회가 제출한 수지예산, 사업계획 및 자금계획을 검토하고 필요한 조정을 시행할 것을 규정했지만 이것을 전파감리위원회가 검토하여 의견을 첨부하도록 수정할 것", "협회가 수신계약자로부터 징수하는 수신료 금액은 월액 35엔이라고 규정하고 있지만 이것은 국회가 협회의 수지예산, 사업계획 및 자금계획을 심의할 때에 정하도록 수정할 것."이라는 희망의견이 명시되었다. 전반은 정부원안 중에서, 후반은 중의원 심의단계에서, 총사령부의 희망의견과 같이 수정되었다고 한다.[76]

다음은 수지예산과의 관련에서 예산총칙을 살펴보기로 한다.

NHK의 수지예산은 방송법 시행규칙에 따라 예산총칙과 예산서를 제출하게 되어 있다. 예산총칙에는 수신료 월액, 예산의 상호유용(流用), 경비의 익년도 조월(繰越)사용에 관한 것 등이 기재된다고 규정되어 있다. 각 연도 수지예산의 예산총칙을 보면 구체적으로 계약 종별 및 지불구분에 따른 수신료 액이나 경영위원회 의결에 의한 예산의 각항 간의 유용기준, 또는 자본지출의 예산잔액의 익년도조월사용이나 경영위원회의 의결에 따른 예비비 사용 등이 규정되어 있다.

---

75) 莊宏, 松田英一, 村井修一『電波法, 放送法, 電波監理委員会設置法詳解』日信出版, 1950年, pp.47~56.
76) 放送法制立法過程研究会編「吉国一朗にきく」『資料・占領下の放送立法』, 東京大学出版会, 1980年, p.435.

방송법 제37조 2항에는 소위 NHK의 잠정예산에 관한 규정이 있다. NHK수지예산 등에 관해서 국회개회 그 외의 불가피한 이유로 해당사업년도의 개시 일까지 국회승인을 받을 수 없는 경우는 3개월 이내에 한하여 사업의 경상적 운영 및 시설의 건설 또는 개수(국회승인을 받은 전 사업 년도의 사업계획에 준하여 실시된 공사(工事)의 계속에 관계되는 것에 한한다.)에 필요한 범위의 수지예산 등을 작성하여 총무대신의 허가(전파감리심의회심문)를 받아 이것을 실시할 수 있다. 이 경우의 수신료 월액은 전년도 종료일이 속하는 달의 수신료 월액으로 되어 있다. 실제 이 규정이 적용 된 사례는 요금액 개정이 있었던 1976년도 와 1980년도이다. "3개월 이내에 한하여"라는 해석은 논의가 되었지만 현실에 누계하여 3개월을 넘기는 사태가 발생하는 경우에는 탄력적으로 운영할 수가 있다.

방송법 제38조에서 NHK는 매 사업 연도의 업무보고서를 작성하고 감사의 의견서를 첨부하여 해당사업년도 경과 후 2개월 이내에 총무대신에게 제출해야 한다고 규정하고 있다. 그리고 총무대신이 이를 수리했을 때는 의견을 써서 감사의견서를 첨부하여 내각을 거쳐 국회에 보고해야 한다. 또 NHK는 총무대신에게 제출했을 때는 이러한 서류를 각 사무소에 비치하여 총무성 령으로 정하는 기간(5년)에 일반 열람을 할 수 있게 해야 한다.

방송법 제40조에서 NHK는 매 사업 년도의 재산목록, 대차대조표 및 손익계산서 등에 이와 관련 된 설명서를 작성하고 이것에 따른 감사의 의견서를 첨부하여 해당 사업 년도 경과 후 2개월 이내에 총무대신에게 제출해야 한다고 규정하고 있다. 총무대신은 내각에 제출하고 내각은 회계감사원 조사를 거쳐 국회에 제출한다. 또 NHK는 총무대신에게 제출했을 때는 대차대조표 및 손익계산서를 관보에 공고하고 총무대신에게 제출한 서류를 각 사무소에 비치하여 총무성 령으로 정하는 기간(5년)에 일반열람이 가능하게 해야 한다.

또 방송법 제38조와 제40조 규정의 감사의견서를 첨부, 각 사무소에 비치, 또는 대차대조표 등의 공고, 일반열람에 제공하는 것은 1988년과 1997년의 방송법 개정(97년분은 "특수법인의 재무제표 등의 작성 및 공개추진에 관한 법률" 규정에 따른다)에 따른 것이다.

이 외에 NHK의 재무·회계에 관계되는 규정은 방송법 제39조(지출제한 등), 제41조(회계검사원의 검사), 제42조(방송채권)가 있다.

이어서 방송법 제43조 방송 등의 휴지(休止) 및 폐지에 대한 규정을 알아보기로 한다.

동 조에서 NHK는 총무대신의 인가(전파감리심의회심문)를 받지 않고 방송국을 폐지하거나 불가항력에 의한 경우 이 외는 방송을 12시간 이상 휴지해서는 안 된다고 규정하고 있다. 그리고 방송을 중단 했을 때는 인가를 받은 경우를 제외하고는 신고해야 한다. 또 앞에서도 언급했지만 이러한 규정은 위탁국내방송업무와 위탁협회국제방송업무 폐지·휴지에 전용되고 12시간 이상 이라는 것은 위탁국내방송업무에서는 같지만 위탁협회국제방송업무에 대해서는 24시간 이상이 된다. 일반적으로 방송국을 포함한 무선국에서는 1개월 이상의 운용휴지는 전파법 제16조 제2항(위탁방송사업자는 방송법 제52조 15 제2항)에서, 폐지는 동법 제22조(위탁방송사업자는 방송법 제52조의 20)에서 모두 신고 되지만 NHK의 경우는 방송법 제7조의 목적규정, 제9조 제1항의 업무규정과의 관련 등에서 이상과 같이 규정되어 있다.

7. NHK 방송프로그램의 편집

방송법 제1조 2항에 「방송의 불편부당, 진실 및 자율을 보존함으로서 방송에 의한 표현의 자유를 확보 할 것」을 명시하고 있다. 또 「방송프로그램은 법률에 정한 권한에 의하지 않고는 누구로부터도 간섭이나 규제를 받지 않는다.」고 방송편집의 자유를 명확히 하고 있다.

또한 방송법 제3조 2의 제1항에는 <방송프로그램의 편집준칙>이 있는데 "① 공안 및 선량한 풍속을 해치지 않을 것, ② 정치적으로 공평할 것, ③ 보도는 진실보도를 유지 할 것, ④ 의견 대립이 있는 문제에 대해서는 될 수 있는 대로 여러 각도에서 논점을 명확히 할 것"을 규정하고 있다. 여기에서 보더라도 일본의 방송법은 방송의 중립성, 객관성, 진실성을 강조하고 있다.[77]

방송법 제44조, 제45조, 제46조에는 NHK방송프로그램의 편집 등 방송프로그램의 관계규정이 있다. 제 44조 제1항은 "NHK는 국내방송의 방송프로그램편집 및 방송 또는 수탁국내방송의 방송프로그램편집 및 방송위탁에 대해서는 제3조의 2 제1항에 규정되어 있는 이 외에, 다음 각 호에 정해진 규정에 따르지 않으면 안 된다. ① 풍부하고 유익한 방송프로그램을 방송하고 또 위탁하여 방송하게 함으로서 공중(公衆)의 요망을 충족시킴과 동시에 문화수준의 향상에 기여하도록 최대의 노력을 기울일 것, ② 전국적인 방송프로그램 외에 지역적인 방송

77) 小野善邦 『放送を学ぶ人のために』, 世界思想社, 2005年, pp.47~48.

프로그램도 방송하도록 할 것, ③ 일본의 과거 훌륭한 문화의 보존과 새로운 문화육성 및 보급에 도움이 되도록 할 것"을 기술하고 있다.

동 조 제2항에서 "NHK는 공중의 요망을 알기 때문에 정기적으로 과학적인 여론조사를 하고, 또 그 결과를 공표해야 한다고 한다." 뿐만 아니라, 동 조 제3항은 앞서 언급한 대로 제3조의 2 제2항의 "텔레비전방송사업자는 텔레비전방송에 의해 국내방송의 방송프로그램편집에 있어서 특별한 사업계획은 제외하고, 방송프로그램의 상호간 조화를 이루도록 해야 한다. 제4항 방송사업자는 텔레비전방송의 국내방송 방송프로그램편집에 있어서 정지, 또는 이동하는 사물의 순간적 영상을 시각장애자에 대해 설명하기 위하여 음성, 그 외의 음향을 들을 수 있는 방송프로그램 및 음성 그 외의 음향을 시각장애자에 대해 설명하기 위해서 문자 또는 도형을 볼 수 있는 방송프로그램을 될 수 있는 한 많이 편성해야 한다.

방송법 제44조 2의 조항(방송프로그램 심의회)도 NHK는 방송법 제3조 4 제1항의 "심의기관으로서 국내방송 및 수탁국내방송에 관계되는 중앙방송프로그램심의회와 지방방송프로그램심의회(정령(政令)에서 정한 각 지방(8개 지역)), 국제방송과 수탁협회국제방송에 관계되는 국제방송프로그램심의회를 두도록 하고 있다." 중앙방송프로그램심의회와 국제방송프로그램심의회에는 각각 국내방송과 국제방송 등의 프로그램기준이나 방송프로그램편집에 관한 기본계획을 규정·변경하려고 할 때에 심문을 받고 지방방송프로그램심의회에는 지방방송프로그램 및 방송에 관한 계획을 규정·변경하려고 할 때에 심문을 받는다.

또 방송법 제45조는 후보자 방송규정이다. "NHK가 그 설비 또는 수탁방송사업자의 설비에 의해 공선(公選)에 의한 공직 후보자에게 정견방송 그 외에 선거운동에 관한 방송을 하게 한 경우에는 그 선거에서 다른 후보자의 청구가 있었을 때는 동등한 조건에서 방송하게 해야 한다" 또 제52조(후보자방송)에는 일반방송사업자를 대상으로 한 규정도 있다. 미국의 1934년 통신법 제315조에 같은 취지의 조항이 있다. 즉 일반방송사업자가 그 설비 또는 타의 방송사업자의 설비를 통해 공선(公選)에 의한 공직 후보자에게 정견방송 그 외에 선거운동에 관한 방송을 하게 한 경우에는 그 선거에서 다른 후보자의 청구가 있었을 때는 요금을 징수하지는 않더라도 동등한 조건에서 방송하게 해야 한다.

이와 같이 방송법 제45조 규정은 공선(公選)에 의한 공직 후보자를 공평하게 대우하기 위한 규정이다. 그러나 공직선거법 제151조 5에 "누구라도 이 법률에 규정된 경우를 제외한 방송설비(광고방송설비, 공동청취용 방송설비 외에 유선

전기통신설비를 포함)를 사용하여 선거운동을 위해 방송을 하고 또는 방송을 하게 해서는 안 된다."라고 규정되어 있다. 동법 제2조에 "이 법률은 중의원의원, 참의원의원 및 지방공공단체의회 의원, 의장 선거에 적용한다."고 되어 있다. 따라서 현재로서는 방송법 제 45조의 대상으로서는 그 이외의 공선에 의한 공직후보자가 된다. 그 외의 공선 공직자라는 것은 농업위원회의 선거에 따른 위원, 해구(海區)어업조정위원회 위원(선거에 의하지 않고 선임되는 위원을 제외한다.)이 여기에 해당하지만 NHK가 이러한 후보자에게 정견방송 등의 선거운동에 관한 방송을 하게하고 해당조항이 적용된다는 것은 통상적으로 생각할 수 없다.

1983년 6월의 참의원 선거에서 입후보한 원고의 정견방송 일부를 NHK가 임의로 삭제하여 방송한 사건이 있다. 이것이 공직선거법 위반으로 당사자에 의해서 NHK와 국가가 손해배상을 청구 소송을 당한 재판이 있었다. 본건에 대해서 최고재판소는 2000년 4월 삭제부분은 공직선거법 제150조의 2(정견방송의 품위유지)규정에 위반하는 것이며 그 언동이 그대로 방송되지 않았다고 하더라도 불법행위법 상 법적 이익이 침해되었다고 보기는 어렵다고 하여 상고를 기각했다. 공직 선거법에 기초하는 정견방송은 민주정치에 있어서 극히 중요한 방송이며 그 삭제에는 공직선거법에 비추어 신중한 대응이 필요하다. 그러나 이런 문제는 앞으로 더 깊이 논의해야 할 것이다.

방송법 제46조는 NHK방송에 대한 광고방송의 금지 조항이다. 앞서 언급한 대로 일본의 방송은 NHK와 민방이라는 기본적인 이원체제이다. 그러나 경영재원 즉 NHK는 광고방송을 금하고 계약체결 의무제에 따른 수신료 수입으로 운영하고, 민방의 경우는 광고수입을 경영재원으로 하고 있다. 이러한 관점에서 제46조는 일본방송의 기본체제에 관련되는 조항이다.

제46조 1항에서 NHK는 타인의 영업에 관한 광고 방송을 해서는 안 되며, 제2항에서는 전항의 규정은 방송프로그램편집상 필요하며 또 타인의 영업에 관한 광고를 위한 것이 아니라고 인정되는 경우에도 저작자 또는 영업자의 성명과 명칭 등을 방송하는 것을 방해해서는 안 된다. 또 제 3항에서는 위탁국내방송업무와 위탁협회국제방송업무를 시행하는 경우에 준용한다는 규정이 있다.

8. 방송설비의 양도와 제한, 예산

일본 방송법 제47조에는 <방송설비의 양도 등의 제한> 규정이 있다. 즉 "NHK는 총무대신의 인가(전파감리심의회심문)를 받지 않으면 방송설비의 전부 또는 일부를 양도. 임대, 담보로 해서 그 운용을 위탁하거나 그 외의 어떠한 방법을 불문하고 이것을 타인이 지배에 귀속시킬 수 없다."고 규정하고 있다. 그리고 "총무대신이 이를 인가를 하고자 할 때는 양 의원의 동의를 얻어야 한다. 다만, NHK가 방송법 제9조 제2항의 4에 의거 다중방송을 실시하려는 자에게 방송설비를 임대할 것. 또는 제3항 제1호 본래업무나 임의업무 수행에 지장이 없는 범위 내에서의 시설·설비 임대 등의 업무를 시행할 경우에는 제외한다." 고 규정하고 있다.

NHK는 공영방송이고 그 사명을 원활하게 수행하기 위해서는 특히 방송설비는 중요한 역할을 차지하게 되어 이 점을 고려해서 제47조와 같이 엄격한 사용 제한규정이 있다. 실제로 1973년 도쿄·시부야의 NHK홀이 처음 개관되었을 때 외부 이용에 대해서 논의된 적이 있는데, 그 때는 제47조 규정에 따라 NHK방송설비를 타인지배에 속하게 함으로서 방송에 지장을 주어서는 안 된다는 의견이 많았다. 이 때 NHK가 정한 "NHK홀의 이용규정"에서는 NHK가 방송실시상 홀을 사용할 필요가 있을 때는 사용 날짜를 변경하거나 취소할 수 있을 것, 이용자는 NHK의 관리 하에 그 지시에 따라 이용해야 한다는 것 등이 정해져 있다. NHK가 이 규정에 따라 홀을 타인에게 이용하게 하더라도 방송시설을 "타인의 지배에 속하게 하는 것"에는 해당하지 않는다고 규정하고 있다.

9. NHK의 정치적 중립 웨손사건과 특별 사과방송

1) NHK의 정치적 중립 훼손사건

(1) 사건의 발단

앞에서도 언급했지만 NHK는 제2차 세계대전과 미군정을 통해서 정치적으로는 중립성을 지키기 위해 역사상 많은 노력을 기울여 왔다. 그러나 2001년 1월 30일 NHK 교육TV에 방송된 시리즈 기획물로「전쟁을 어떻게 재판할까」두 번째 프로그램에서「문제되는 전시성폭력」이라는 프로그램을 방영되게 되었다.[78] 결국 이 사건으로 에비사와 카츠지(海老沢勝二) NHK회장은 물러나고, 다시 고문으로 취임했다가 여론의 집중포화를 맞고는 퇴직금 1억여 엔마저도 수령을 거부하고 사퇴하게 된다. 이 사건의 발단은 한・중・일이 중심이 된 일본 종군 위안부의 성 노예제를 비판하는 국제적인 모의재판으로 "여성 국제 전범재판(여성 국제 전범법정)"[79]이 2000년 12월8일에서 12일까지 도쿄에서 열렸다. 이를 NHK 계열 프로덕션인 "엔터프라이즈 21"이 바우네트(VAWW-NET)에 제안하여 집중적으로 취재해 제작한 프로그램이다.

이 프로그램은 2001년 1월19일에 NHK 관련 부장이 참석한 가운데 1차적으로 내부 시사회를 가지면서 프로그램이 수정되게 된다. 결국 44분으로 편집된 프로그램이 40분으로 4분간 단축되면서 종군위안부들의 만행에 대한 비판 인터뷰를 축소 내지는 변조 등으로 원래 프로그램에 상당한 수정작업을 가하게 된다. 그 당시 일본의 우익집단들은 이 프로그램의 방영 소식에 접해서 반대하면서 NHK 앞에서 데모를 하게 된다. 그 후 NHK 총국장 등 간부 3명이 일본 국회에서 아베신조(安部晋三) 자민당 간사장 대리, 나가가와 아키라(中川昭) 경제대신 등 현역 의원들이 참가한 가운데 방송 직전인 1월29일에 프로그램 시사회를 개최하게 된다.[80] 그 후 익일인 1월30일에 전격 방송이 된다. 방송 후 이 재판을 실제적으로 주도했던 바우네트 재팬[81]이 법정 의의를 왜곡 했다고 NHK를 법원에 제소하게 된다.[82]

(2) 특별 사과 생방송과 사건의 전개

그 후 2001년부터는 NHK의 변조된 프로그램에서 제기된 종군 위안부 문제의 천황책임론에 대해서 시민단체들은 끊임없이 문제를 제기했다. 그런 와중에 2004년 7월20일 NHK 프로듀서가 프로그램 제작과 관련해서 제작예산을 부풀려서 부정으로 지출한 사건(1900만 엔)이 터졌고, 7월24일에는 프로그램 "우주시대"의 프로듀서의 가짜 출장경비 지출사건, 또 8월4일에는 전 NHK 서울지국장

---

78) 坂本衛 徹底検証, NHKの真相, イースト・プレス, 2005年, pp.65~68.
79) 여성국제 전범법정 : (VAWW-NET JAPAN)의 국제실행위원회, 원래는 종군위안부여성들이 중심이 된 재판이었다.
80) 『朝日新聞』 2005年 1月 2日付け.
81) 전쟁과 여성폭력 일본 네트워크 대표인 고 마츠이 야요리(松井やより)는 프로그램은 자구를 고쳐 법정의 의의를 왜곡했다고 하면서 NHK를 제소했다. 바우네트 측은 일본군에 의해 강간이나 종국위안부제도의 책임은 천황에 있다는 등의 법정 판결부분을 NHK가 컷트 한다든지, 역으로 법정에 비판적인 학자(秦郁彦日本大學教授)의 인터뷰를 대폭으로 증가시켰다고 주장하고 있다.
82) 『讀賣新聞』 2005年 1月 14日付け.

의 경리 부정사건 등이 연달아 터지면서 NHK의 신뢰도는 극도로 추락하게 되었다. 여기서 시민단체나 네티즌 들은 에비사와 회장의 책임을 거론하면서 퇴진을 요구하게 된다. 이와 동시에 시청자들 사이에서 NHK의 경영전반에 대한 불신으로 비화되면서 시민들 사이에는 시청료납부 거부운동으로 확산되게 되었다. 급기야는 NHK가 2004년 12월 19일에 특별 생방송으로「NHK에 말하고 싶다」라는 특별 생방송을 긴급 편성하여 에비사와 회장이 직접 출연하여 시청자나 시민 패널들에게 사과를 하며 이해를 구하기도 했다. 이와 같이 NHK는 역대 어느 시대에도 없었던 내부 프로그램 문제로 사과방송을 하면서도 에비사와 사장 자신은 진퇴 문제에 대해서 언급을 회피했다.[83] 이를 본 시민들은 격분한 나머지 NHK에 항의하는 등 에비사와 회장퇴진을 강력하게 요구하게 되었다.

아사히신문(朝日新聞)은 2005년 1월 12일자로 조간 1면 톱으로 혼다 마사카즈(本田雅和)와 다카타 마코토(高田誠) 기자의 취재기사를 톱으로 싣고, 2001년 1월 30일에 방영된 NHK방송프로그램은 정치가의 개입에 의해서 변조되었다고 보도했다. 즉 모의 법정재판에는 피고가 한 사람도 없고(전원사망) 변호인도 한 사람 없었다. 뜻하지 않게도 이런 법정재판을 공영방송인 NHK가 그것도 교육 프로그램으로 취급했다는 것에 놀랄 일이며 이런 것들은 사전에 꼭 취소시켜야 했었다고 비판하고 있다.[84]

한편, 이 문제에 대해서는 NHK의 내부 고발 자가 있었다. 내부 고발 자는 NHK프로그램 제작국의 나가이(長井曉 : 당시 프로그램 담당 데스크) CP로 현장 제작책임자였다. 문제의 1월 12일자 아사히신문기사에 따르면, 당시 제작 책임자였던 나가이가 2004년 말에 NHK의 내부 고발 창구인 "법령준수추진위원회(compliance)"[85]에 정치개입을 허용했다고 고발해 조사를 요구했고 보도하고 있다. 나가이는 기사가 나간 직후 13일 도쿄 도내 호텔에서 기자회견을 하고 정치적인 압력으로 프로그램의 기획의도가 크게 손상했다고 주장했다. 이와 같은 행위는 방송법 제3조 "방송프로그램은 법률에 정한 권한에 의하지 않고는 누구로부터도 간섭 또는 규제받지 않는다."에 위반한 것으로 회사 상층부에 대해서 규탄 고발한다고 했다. 회견장에서 눈물을 보인 나가이에 대해서는 동정론과 함께 당초 압력이 있었다는 아사히신문 기사에 대해 한층 더 신빙성을 더해주고 있었다.

---

83) 『朝日新聞』 2004年 12月 20日付け.
84) 坂本衛 『徹底検証, NHKの真相』, イースト・プレス, 2005年, pp.50~51.
85) 2004년 9월 7일 NHK경영위원회에서는 각종 NHK 부정 지출 사건 등에 관한 조사보고서에서 건의한 대로 NHK는 이사회 밑에 자체적으로「법령준수(compliance)위원회」를 설치하고 조사활동에 들어가게 된다.

그런데 그 후 아사히신문의 취재방법이나 보도 자세를 둘러싸고 이 기사의 신뢰성이 크게 흔들리고 있었다. 기사를 자세히 분석해 보면, 기사의 발단이었던 나가이시의 고발은 4년 전에 프로그램의 변조 뒤에 숨은 정치가의 부당개입이 있었다는 상사로부터 전문(傳聞)으로 어디까지나 전문의 수준을 벗어나지 못하고 있다. 여기에 아사히신문에 대해 NHK는 전면 부정하면서 아사히신문에 항의한 이 사건은[86] 양사의 진실게임으로 첨예하게 대립되게 된다. 쟁점은 양사 간의 정치적인 압력 유무의 공방으로 논전이 확전으로 전개 된다.[87]

아무튼 마이니치신문(每日新聞)에 의하면 이 프로그램은 NHK 간부가 아베신조 간사장을 만난 이후에 내용상으로는 6개 부분에 대해서 수정된 것으로 나타났다.[88] 여기에 대해 NHK 세키네 아끼요시(關根昭義) 방송총국장은 정치적 압력에 의해서 변경된 사실은 없다고 일축하기도 했다.[89] 아베신조나 나가가와 아키라 양씨도 그런 사실을 강력하게 부정하며 아사히신문에 대해서 법정 소송도 불사하겠다고 했다. 이렇게 양사가 사활을 건 진실공방 속에서 에비사와 NHK회장은 2005년 1월 25일자로 사임하게 된다.[90] NHK경영위원회는 즉시 후임인선에 들어가 당시 전무이사이던 하시모토 겐이치(橋本元一)를 회장으로 지명하게 된다.[91] 하시모토회장은 취임과 동시에 에비사와 전회장, 세키네 전 방송총국장등 3명을 고문에 추대하게 된다. 그러자 시민들이나 시청자들이 강력하게 반발하여 결국 3인은 모두 자진 사퇴하게 된다. 특히 에비사와 회장은 1억 엔에 이르는 자신의 퇴직금 수령도 스스로 포기하게 이르다.[92]

(3) 향후 NHK의 과제

하시모토 회장은 취임과 동시에 대 국민 사과 특별방송에 출연하여 무너진 NHK의 신뢰회복에 주력할 것을 선포하기도 했다. 하지만 한번 신뢰를 잃은 NHK는 시청자들은 설득하는 데는 상당한 어려움을 겪고 있는 것으로 보인다. 뿐만 아니라, 시청자들은 NHK에 대해서 보다 엄격하게 비판하는가 하면 수신료납부 거부 운동도 점점 더 확대되어 가게 되었다. 그 결과 2005년 한 해 동안에 수신료 거부 운동으로 NHK가 입은 경제적인 손실은 무려 530억 엔에 이르

---

86) 『每日新聞』 2005年 1月 15日付け.
87) 『朝日新聞』 2005年 1月 14日付け.
88) 『每日新聞』 2005年 1月 14日付け.
89) 『每日新聞』 2005年 1月 14日付け.
90) 『朝日新聞』 2005年 1月 22日付け.
91) 『讀賣新聞』 2005年 1月 26日付け.
92) 『朝日新聞』 2005年 1月 29日付け.

는 것으로 나타났다.[93]

　하시모토 회장은 우선 시청자들에 대한 신뢰회복 조치로 NHK 직원들의 보수를 년간 10% 삭감하는 등 과감한 긴축예산 등으로 NHK에는 강도 높은 개혁작업을 취하고 있다. 그러나 향후 늘어나는 수신료 거부운동을 어떻게 설득하고 최소화 할 수 있을까가 최대의 관건이라 아니할 수 없다.[94] 그럼에도 불구하고 점점 높아만 가는 인건비와 예산 상승률, 그리고 민방들의 거센 도전 등에도 어떻게 대처할지가 최대의 관심사다. 뿐만 아니라, 2011년 지역방송사들까지 디지털방송시설물을 완료하려면 3000억 엔 이상 비용이 드는데 이에 대한 재원도 어떻게 마련할 것인지 등에 대한 수많은 난제들이 남아 있다. 그래서 자민당 일부에서는 NHK의 민영화론도 고개를 들고 있는 실정이다.[95]

　NHK는 창사 이래 80년 역사 속에서도 대체로 공영방송으로서 세계적인 모범 방송국으로 발전해 왔다. 그러나 2001년 종군위안부 관련 프로그램 사건으로 천황의 전쟁책임 공방에 휘말려 정치적인 중립성 훼손으로 창사 이래 가장 심각한 어려움을 당하고 있다. 이와 같이 NHK는 정치적인 중립성 훼손 문제가 얼마나 심각한 문제가 되는지를 뼈저리게 느끼고 있다. 앞으로 오직 NHK가 신뢰를 회복하는 길은 뼈를 깎는 자기반성과 함께 질 높은 프로그램으로 시청자들을 설득할 수밖에는 없을 것이다.

---

93) 『産經新聞』 2006年 1月 21日付け.
94) 『朝日新聞』 2005年 2月 6日付け.
95) 『每日新聞』 2005年 2月 5日付け.

제 3 장
일반방송사업자(민간방송사업자)

1. 민간방송과 방송법제

　일본에서 민간방송이 처음 시작된 것은 라디오방송으로 1951년 9월 1일 오전 6시 30분, 나고야(名古屋) 주부 닛폰방송(中部日本放送 : CBC)이 민방으로 제1성을 발사하게 된다. 또한 같은 날 정오에는 오사카(大阪) 신 닛폰방송(新日本放送 : NJB, 현 RKB 毎日放送)이 개국하게 되는데 이를 시발로 1954년에는 전국에 38개 민간방송국이 개설하게 된다. 민방설립 당시에는 크게 3가지 부류의 타입이 있었다. ①신문사 중에서 전파기능에 주목하고 2차 대전 후에 신문사업의 탈피를 목적으로 라디오에 관심을 같게 된 사람, ②전시 중 NHK와 관련해 군과 관료에 대한 중압감과 이에 대해서 반성하는 사람들, ③기업으로서 "상업방송"에 주목한 사람들 이었다. 그 밖에 신문의 민주화운동이나 전시 중 용지부족 등으로 신문발행이 위기에 처해 있었기 때문에 방송 사업에 관심을 갖게 된 사람들이다. 아무튼 민방은 개국 초기부터 NHK에 대항하여 뉴스에는 뉴스로, 드라마에는 드라마로 대항해 상당한 성과를 거두기도 했다.[96]
　텔레비전방송의 경우는 1953년 2월 1일 오후2시에 NHK도쿄텔레비전이 처음

---

96) 日高一朗 『日本の放送のあゆみ』, 人間の科学社, 1991年, P.162.

으로 개국한 이래, 6개월 후인 그 해 8월 28일 오전 11시 20분에 니혼텔레비전 (日本TV : NTV)이 민방 처음으로 텔레비전 방송국을 개국하게 되었다. 당시 텔레비전 수신자는 약 866명 정도였다고 한다.[97]

일본에서 방송법 제정 당시 방송사업의 형태를 크게 두 가지로 나누어서 생각하게 되었다. 우선 전국 어디에서나 방송을 수신할 수 있는 설비로 전 국민의 여망에 부응할 수 있는 "국민적인 공공방송(公共放送) 형태"와 "개인의 창의와 사고에 따라서 자유롭고 활달하게 방송문화를 건설 고양하는 일반방송사업자", 즉 민간방송형태를 채택하게 된다.[98] 이와 같이 공·민영 병존체제의 출범은 1926년 사단법인 일본방송협회가 설립된 이래 협회의 독점적인 체제운영에 대한 반성과 여러 가지 요인이 복합돼 있다고 하겠다.

또 방송법과 전파법의 대상이 되는 방송은 전파에 의한 무선통신이고 불특정다수를 대상으로 한다. 그러나 같은 공중(公衆)이라도 특정다수가 유선으로 수신하는 케이블TV(CATV)에 관해서는1972년 유선텔레비전방송법이 제정되게 된다. 유선방송텔레비전이나 유선라디오의 프로그램편집에 관한 규정은 방송법을 준용하고 있다.

일본 방송법 제2조 3의 3항을 보면, "「일반방송사업자」란, NHK 및 방송대학 학원(學園)법(2002년 법률 제156호) 제3조의 규정 된 방송대학 학원 이 외의 방송사업자를 말한다."고 규정하고 있다. 따라서 종래에 우리가 흔히 말하던 이 일반방송사업자가 소위 "민간방송"[99]이라는 것을 여기에서 충분히 설명해 주고 있다.

현재 일본민간방송연맹(NBA : The National Association of Commercial Broadcasters in Japan)에 가맹한 회원사는 2006년 1월 현재 202개 방송사이다. 민간방송연맹의 출범은 1952년 4월21일에 출범하게 되었는데, 당시 라디오방송 16개사 대표들이 이날자로 사단법인의 창립을 허가를 받았기 때문이다.[100] 아래는 2006년 현재 조직구성과 운영내용이다.

---

97) 日高一朗『日本の放送のあゆみ』, 人間の科学社, 1991年, pp.138~139.
98) 小野善邦『放送を学ぶ人のために』, 世界思想社, 2005年, P.44.
99) 민간방송연맹(日本民間放送連盟, 약칭 : 민방연<영문명 "The Nationa l Association of Commercial Broadcasters in Japan", 약칭 : NAB>)은, 일반방송(민방)사업자를 회원으로 하는 사단법인이다.
100)「民放連とは」日本民間放送連盟(組織), P.1. (2006.1.20), http://nab.or.jp/index.

1) 사단법인 일본민간방송연맹의 조직과 운영[101]

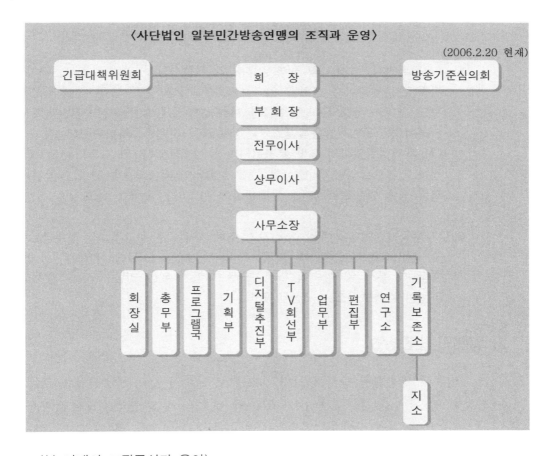

〈사단법인 일본민간방송연맹의 조직과 운영〉

(2006.2.20 현재)

긴급대책위원회 — 회 장 — 방송기준심의회

부 회 장

전무이사

상무이사

사무소장

회장실 · 총무부 · 프로그램국 · 기획부 · 디지털추진부 · TV회선부 · 업무부 · 편집부 · 연구소 · 기록보존소

지소

〈본 연맹의 조직구성과 운영〉

(1) 본 연맹은 회장 1인, 부회장 8인, 전무이사 1인, 상무이사 3명 이내를 포함해 이사 36명 이상 42명 이내로 구성한다. 감사는 4명 이내로 두고 원칙적으로 매월 이사회를 개최하여 법인을 운영한다.

(2) 〈총회〉는 회원사로부터 등록된 대표자로 구성하고 ① 정관의 변경, ② 예산 및 결산, ③ 역원의 선임 등 중요사항을 결의 한다. 정기총회는 매년 3월과 5월에 개최하지만, 임시총회는 필요에 따라 수시로 개최한다.

(3) 〈회원협의회〉는 총회 외에 법인의 운영에 관한 기본사항을 토의하기 위하여 각사 대표자에 의해 회원협의회를 구성하고 매년 4회 이상 개최한다.

---

101) 「民放連とは」日本民間放送連盟(組織), P.1. (2006.1.20).

(4) 〈긴급대책위원회〉는 방송윤리, 민방운영, 연맹의 운영에 관해서 연맹으로서 긴급히 대응하지 않으면 안 될 중요문제가 발생했을 때 대책을 협의하고 신속히 구체적인 대응책을 강구하기 위하여 긴급대책위원회가 설치되어 있다.

(5) 〈전문위원회〉는 이사회 밑에 이사회의 자문사항에 관해서 조사연구하기 위해 각종 전문위원회가 설치돼 있다. 2005년 2월 현재 총무·방송계획·기술·보도·영업·라디오·지적소유권대책·경영·텔레비전회선·민방대회의 10개 위원회 및 올림픽방송특별위원회, 지상파디지털방송특별위원회, 방송과 청소년문제특별위원회의 3개 특별위원회가 설치돼있다. 또 1971년도 이래 회장 직속 기관으로 〈방송기준심의회〉가 설치되어 방송기준에 관해 회장 자문에 응하는 외에 방송프로그램의 윤리향상에 관여하는 활동을 하고 있다.

(6) 〈사무국〉은 법인 사무를 처리하기 위해 사무국을 두고 있다. 사무국은 ① 실장 및 총무, ② 프로그램, ③ 기획, ④ 디지털추진, ⑤ 텔레비전회선, ⑥ 업무, ⑦ 편집 각 부서 및 방송에 관한연구를 행하기 위한 방송연구소, ⑧ 저작권법에 관련된 기록보존소로 구성돼 있다.

2) 일본의 민간방송

일본의 방송산업 규모를 보면, 2003년도 일본의 전체 방송산업 규모는 약 3조 8,500억 엔 이다. 그 중 NHK가 6,803억 엔, 지상파 민방(TV, 라디오 포함)이 2조 5,063억 엔, BS민방이 779억 엔, CS방송이 2,199억 엔, 케이블TV가 3,330억 엔, 문자방송 등 그 외 방송이326억 엔이다.[102] 2000년도는 위성 계를 제외한 지상 민방 192사(중파·텔레비전 겸영 36, 라디오 단영 65<중파 11, 단파 1, FM53>, 텔레비전 단영 91)로 총 2조 6,317억 3,300만 엔 이었다. 이 수입의 주된 재원은 광고비로 2000년 일본 전국 총액이 6조 1,102억 엔 이가. 그 중에서 라디오, 텔레비전의 광고비 합계가 2조 2,864억 엔이다. 또 종업원 수는 2000년 7월 말 현재 198사 합계 2만 8,433명 정도다.

이와 같이 민간방송은 1950년에 제정된 방송법에 의해서 다음 해인 1951년 발족한 이래 성장을 거듭하며 현재는 대략 NHK에 비해 수입규모에서 약 4배, 종업원 규모에서는 2배가 되었다.

이미 앞에서도 언급한 것처럼 1950년 방송법 제정당시 민방에 대해서는 "······ 개인의 창의와 연구로 자유롭고 활달하게 방송문화를 건설 앙양하는 자유로운

---

102) 小野善邦 『放送を学ぶ人のために』, 世界思想, 2005年, P.56.

사업으로서의 방송기업체⋯⋯"라고 설명하고 있다. 여기에 일본 민방의 설립정신이 있다. 따라서 가능한 한 자유롭고 활달하게 민간방송 사업이 추진되도록 현재도 법제도상 자유롭게 배려되고 있으며 앞으로도 이와 같은 견해가 견지되어야 할 것이다.

3) 민방의 존립기반과 복수지배의 금지원칙

민간방송에 대해서 현재 법제도상 어떠한 것이 요구될 것인가를 방송법, 전파법 혹은 방송보급기본계획, 방송용주파수사용계획, 방송국 개설의 기본적 기준 등에서 고찰해 보기로 한다.

먼저 지상계의 통상의 민방, 즉 기존 민방의 경우는

① 민방은 단일 사업체에 의해 전국적인 규모의 방송을 실시하지 않을 것(NHK는 예외).
② 민방은 존립기반으로 하는 지역에 밀착할 것(자본력)
③ 민방의 존립기반은 원칙으로서 현(縣)단위로 할 것(1현 1방송국 이상 개국정책)
④ 매스미디어의 집중배제를 위해
　가. 원칙으로서 (신국 : 新局 인)방송국을 2개국 이상 소유(지배)하지 않을 것
　나. 원칙으로서 라디오, 텔레비전, 신문의 3사업을 지배하지 않을 것

등을 들 수 있다.[103]

여기서 이 4가지 사항에 대해서 언급해 보기로 한다. 또한 ④에서는 위성 계의 민방에 대해서 간략하게 설명하기로 한다.[104]

①항에서 민방은 개인의 창의연구를 주체로 만들어지는 것이 기본인 이상 각 지역사회를 구성하는 개인을 중심으로 그 지역에 기초를 둔 조직이 되는 것이 바람직하고 이것이 전국적인 사업체인 NHK와 경쟁하여 방송문화 발전에 이바지하도록 하는 것이 일본국 방송의 기본체제의 목표다. 방송보급기본계획에서도 일본국 방송은 전국적 보급을 의무로 하고 있는 일본방송협회, 대학교육을 위한 방송을 시행하는 방송대학 학원 및 원칙으로서 지역사회를 기반으로서 방송을 시행하는 일반방송사업자에 의해 실시하는 것으로 되어 있다고 설명하고 있다.

②항에서 민방의 존립 기반은 지역에 밀착한 것이란 점에 대해서는 ①과 같

103) 日本民間放送連盟編『放送ハンドブック』, 東洋経済新報社, 1998年, P.45.
104) 片岡俊夫『新・放送概論』, 日本放送出版協会, 2001年, P.139.

은 생각으로 당연한 것이며 방송보급기본계획에서도 지상계 민방은 방송사업자의 구성 및 운영에서 지역사회를 기반으로 하고 있다. 동시에 그 방송을 통해서 지역 주민의 요망에 부응함에 따라 방송에 관한 해당 지역사회의 요망 충족을 요구하고 있다. 그리고 방송국 개설의 근본적 기준에서도 개설하고자 하는 방송국의 주된 출자자, 임원 및 심의기관의 위원은 가능한 한 그 방송에 관계되는 방송대상지역에 주소를 가지고 있는 자여야 한다고 한다.

③항에서 민방의 존립기반은 원칙으로서 현단위로 하는 것에 대해서는 방송보급기본계획에서 지상계의 중파방송, 초단파방송, 텔레비전방송 모두가 방송대상지역으로서 현을 중심으로 하는 구역으로 규정되었고 지역사정에 따라 중파방송, 텔레비전방송에서는 관동(關東), 주쿄(中京), 긴키(近畿)지역에 대해서는 광역권을 고려하는 조치가 강구되고 있다. 이 점에 대해서는 방송보급기본계획을 구체화하도록 전파법 규정에 기초하여 제정되는 방송용주파수사용계획에서도 같은 견해가 채택되고 있다. 지역주민의 생활기반이 현재로서는 현 지역을 중심으로 형성되고 있는 점에서 보더라도 지역에 밀착해야 하는 민방의 존립기반은 원칙적으로 현단위로 하는 것이 적절할 것이다.

④항 매스미디어의 집중배제원칙은 방송법 제2조 2 제2항 제1호에 의하면, 방송을 국민에게 최대한 보급시키기 위한 지침, 방송을 할 수 있는 기회를 가능한 한 많은 사람들에게 대해 확보하는 것이 방송에 의한 표현의 자유가 되도록이면 많은 자에 의해 향유 되도록 하기 위한 지침이다. 그 외 방송의 계획적인 보급 및 건전한 발달을 도모하기 위한 기본적 사항 등이다.

이 점에 대해서 <방송보급기본계획>에서는 다음과 같이 명확히 밝히고 있다.

(1) 일반방송사업자(수탁방송사업자를 제외)에 의한 방송은 원칙적으로 한 사람에게 소유 또는 지배되는 방송계의 수를 제한하고 가능한 한 많은 자에게 방송을 실시하는 기회를 개방한다.

(2) 위탁방송업무는 원칙적으로 한 사람에 의해 시행되고, 또 지배되는 위탁방송업무에 관계되는 방송프로그램의 수 또는 전송용량을 제한하고 가능한 한 많은 자에게 위탁하여 방송하게 하는 기회를 개방한다.

디지털방송을 위탁해서 시행하게 하는 위탁방송업무는 디지털기술의 활용에 따른 고화질화 및 동일주파수대에서 방송 가능한 프로그램 수의 확대와 그에 따라 가능하게 되는 새로운 서비스의 가능성을 충분히 배려한다. 특히 방송위성업무용 주파수 이외의 주파수를 사용하는 동경 110도 인공위성디지털방송을 위탁하여 시행케 하는 위탁방송업무에 대해서는 디지털방송의 특성을 활용한 서비스의 고기능화의 실현과 그 추진에 충분히 배려한다.

(3) 각 지역사회의 각종 대중정보제공수단의 소유 및 지배가 원칙적으로 방송국의 치국(置局)에 의해 특정 자에게 집중되는 것은 피한다.

전파법에 방송국 면허에 관한 부분은 <방송국 개설의 근본적 기준> 제9조와 동 부칙, 그리고 방송법에 근거 한 위탁방송업무의 인정에 관한 부분은 방송법 시행규칙 제17조 8과 동 부칙에 상세하게 규정하고 있다. 이러한 규정은 각종 방송미디어 출현에 따라 다양한 시책의 구현 화를 목표로 추가되고 복잡하게 표현되어 있지만, 그 전모를 파악하기 위해 다음과 같이 개략적으로 설명해 보기로 한다.[105] [106]

<복수 국(局) 지배의 금지원칙>
한 사람이 소유·지배[注] 할 수 있는 방송국·위탁방송업무는 1에 한정

◇ 방송국 개설의 근본적 기준 제9조 관계
　(수신 장해대책 중계방송, 수탁국내방송, 수탁협회국제방송, 수탁내외방송, 다중방송·입시목적방송만을 실시하는 자를 제외한다.)

(注)지배란 다음의 어딘가에 해당하는 경우를 말한다.
① ·10분의 1을 넘는 의결권 보유(방송대상지역이 중복하는 경우)
　·5분의 1이상의 의결권 보유(방송대상지역이 중복하지 않는 경우)
　(전파법관계심사기준에 따라 10분의 1을 넘고 5분의 1이상의 의결권을 가지고 있는지 어떤지의 판정은 한 사람의 명의에 관계되는 의결권 외에 명의가 다르더라도 자기 계산에 따라 의결권을 가지는 경우는 합산된다. 또 한 사람이 2분의 1을 넘는 의결권을 가지는 법인 등이 방송국을 개설하고자 하는 자의 의결권을 가지 경우 그 의결권은 해당하는 한 사람이 가지는 의결권으로 인정된다. 이 규정은 방송국을 개설하고자 하는 자의 의결권을 가지는 법인 등과 한 사람과의 사이에 이러한 자와 의결권의 보유를 통한 관계에 있는 1 또는 2 이상의 관련법인 등이 개재하고 있는 경우 관련법인 등과 해당 법인 등의 각각의 의결권의 2분의 1을 넘는 의결권이 해당하는 한 사람에 의해 보유되고 있는 경우 등에 준용된다.)
② 5분의 1을 넘는 임원의 겸무(제외하는 감사역 등)
③ 대표임원, 상근임원의 겸무(제외하는 감사역 등)

---

105) 日本民間放送連盟編 『放送ハンドブック』, 東洋経済新報社, 1998年, pp.42~46.
106) 片岡俊夫 『新・放送概論』, 日本放送出版協会, 2001年, pp.140~144.

(위탁방송사업자를 지배하는 자인 경우는 지배는 3분의 1이상의 의결권 보유)

[예외]
(1) 그 국(局)이 개설되는 것으로 동일 방송대상지역의 중파방송 및 텔레비전방송의 방송국을 소유·지배하는 자가 되는 경우
    다만 동일 방송국대상지역의 중파방송, 텔레비전방송의 방송국의 소유·지배와 신문사의 경영·지배를 하는 자가 되는 경우를 제외한다(뉴스·정보의 독점적 반포를 하게 되는 우려가 없을 때는 제외한다.).
(2) 동일 방송대상지역에 중계국을 설치하는 경우
(3) 커뮤니티방송국을 개설하는 경우로서 방송대상지역이 동일 시(市), 정(町), 촌(村) 외의 커뮤니티 방송국을 소유·지배하는 경우
(4) 그 외의 방송국 보급 등을 위해 특히 필요하다고 인정할 경우

◇ 방송법시행규칙 제17조 8관계
    (단지 수탁국내방송, 수탁협회국제방송, 수탁내외방송을 실시하는 것, 단지 다중방송·입시목적방송(위탁해서 실시하게 하는 것을 제외한다.)을 실시하는 것 단지 3.6~4.2기가 헤르츠GHz)의 수탁내외 방송을 위탁해서 시행하게 하는 위탁방송사업자를 제외한다.)

(注) 지배란 다음의 어딘가에 해단하는 경우를 말한다.
① 10분의1을 넘는 의결권 보유
    (위탁방송사업자인 경우는 3분의 1이상의 의결권 보유)
    (방송법관계심사기준에 앞에서 말한 전파법관계심사기준과 같은 의결권의 계산 규정이 있다.)
② 5분의 1을 넘는 임원의 겸무(제외하는 감사역 등)
③ 대표임원, 상근임원의 겸무(제외하는 감사역 등)

<예외>
(1) 인정을 받는 것에 따라 한 사람(방송국을 소유하는 자<단지 인공위성의 무선국으로 국내방송을 실시하는 방송사업자를 제외한다.>를 제외한다.)이 다음에 열거하는 방송위성용주파수를 사용하는 디지털방송을 위탁하여 시행하게 하는 위탁방송업무에 관계되는 소유·지배하는 자가 되는 경우(신청자가 방송국<인공위성에 개설되고 있는 것을 제외한다.>을 소유·지배하는 자인 경우 또는 방송국·디지털방송에 관계되는 지배하는 자가 되는 경우를 제외한다.)
    단지 해당하는 한 사람에 관계되는 디지털방송에 관하여 각 방송(방송법 부칙 제 20항의 규정에 기초하여 당분간 인공위성의 무선국으로 국내방송을 실시하는 방송사업자가 해당 방송 프로그램과 동일한 프로그램을 수탁국내방송을 하는 신 위성방송국의 면허를 받은 자에게 위탁하여 동시에 방송하게 하는 업무를 실시하고자 하는 경우에 그 취지를 체신장관 앞으로 신고했을 때는 해당업무에 대해서 인정을 받은 것으로 간주되고 있지만 이 신고한 위탁방송업무에 관계되는 방송을 제외한다.) 에 관계되는 1초에 심벌 수의 합계치가 1,443만 개(1/2 중계기 상당 분)를 초과하지 않는 경우이며 해당하는 한 사람이 고정세도(高精細度)텔레비전방송과 표준텔레비전방송을 동시에 위탁하여 시행하게 하는 경우에 한한다.

- 표준텔레비전방송
- 고정세도(高精細度)텔레비전방송
- 초단파방송

  (각 방송에 관계되는 1초에 심벌 수의 합계치가 120만 2,500개를 넘지 않는 경우에 한한다.)

- 데이터방송

  (각 방송에 관계되는 1초에 심벌 수의 합계치가 180만 3,750개를 초과하지 않는 경우에 한한다.)

(2) 인정을 받는 것에 의해 한사람이 2이상 6이내의 초단파방송(디지털방송을 제외한다.)을 위탁하여 시행하게 하는 위탁방송업무에 관계되는 소유·지배하는 자가 되는 경우
   (A모드로서 2배까지 가능)

(3) 인정을 받는 것에 의해 한 사람(방송국을 소유하는 자 또는 방송위성업무용주파수를 사용하는 디지털방송의 위탁방송사업자를 제외한다.)이 다음에 열거하는 방송위성업무용 이외의 주파수를 사용하는 디지털방송의 위탁방송업무의 소유·지배하는 자가 되는 경우
   (신청자가 방송국 혹은 방송위성업무용주파수를 사용하는 디지털방송의 위탁방송업무의 소유·지배하는 자인 경우 또는 방송국 혹은 방송위성업무용주파수를 사용하는 디지털방송의 위탁방송업무 및 디지털방송에 관계되는 지배하는 자가 되는 경우를 제외)
   단지 해당하는 한 사람에게 관계되는 디지털방송에 관해서 사용하는 전송용량의 <트랜스폰더(transponder)환산 수>[107]가 4를 넘지 않는 경우에 한 한다.

- 텔레비전방송
- 초단파방송

  (사용하는 전송용량의 트랜스폰더(transponder)환산 수가 2를 넘지 않는 경우에 한 한다.)

- 데이터방송

  (사용하는 전송용량의 트랜스폰더(transponder)환산 수가 1를 넘지 않는 경우에 한 한다.)

(4) 인정을 받는 것에 의해 인공위성에 개설되고 있는 방송국을 소유하는 자 또는 방송위성업무용 주파수를 사용하는 디지털방송의 위탁방송사업자가 다음에 열거하는 방송위성업무용 이외의 주파수를 사용하는 디지털방송의 위탁방송업무의 소유·지배하는 자가 되는 경우
   다만 해당하는 한 사람에게 관계되는 디지털방송에 관해서 사용하는 전송용량의 트랜스폰더(transponder)환산 수가 3을 넘지 않는 경우에 한 한다.

- 텔레비전방송
- 초단파방송

  (사용하는 전송용량의 트랜스폰더(transponder)환산 수가 2를 넘지 않는 경우에 한 한다.)

- 데이터방송

  (사용하는 전송용량의 트랜스폰더(transponder)환산 수가 1를 넘지 않는 경우에 한 한다.)

(5) 해당 위탁방송사업자가 다중방송 또는 임시목적방송만을 위탁하여 시행하게 하는 경우

(6) 그 외의 방송의 보급 등을 위하여 특히 필요하다고 인정하는 경우

---

107) <트랜스폰더(transponder)환산 수>라고 하는 것은 방송위성업무용주파수 이 외의 주파수를 사용하는 디지털방송(동경 110도 인공위성 디지털방송 제외)을 위탁해서 방송케 하는 위탁방송업무에 관해서는 각 방송국에 있어서 1초에 대한 전송용량, 또는 기준전송용량을 해당 방송국에 관계되는 주파수 하나마다 전송할 수 있는 1초에 대한 전송용량(42.192 메가비트)으로 제한 수의 합계이다. 동경 110도 인공위성디지털방송을 위탁해서 방송하는 위탁방송업무에 관해서는 각 방송에 관련해서 1초에 대한 심벌 수, 또는 기준 심벌 수를 해당 방송에 관련된 주파수 하나마다 전달할 수 있는 1초에 대한 심벌 수(2886만개)로 제한 수의 합이다. 또 <기준전송용량>, <기준 심벌 수>라고 하는 것은 사용하는 전송량이나 심벌 수가 순간마다 변동하는 경우에는 기준이 되는 전송량이나 심 벌 수를 말 한다. 그래서 전송용량은(transmission capacity)이라는 것은 하나의 전송시스템에서 1초간에 전달할 수 있는 정보량을 bit/s로 표시 한 것이다. 비트(bit)라는 것은 부호를 구성하는 최소단위. 심벌(symbol)이라는 것은 임의의 변조방식 하에서 동시에 정보를 전송하는 능력의 최소단위이다. 메가 10의 6승을 표시한 단위다.

3.6~4.2기가 헤르츠(GHz)의 수탁내외방송에 관계되는 위탁방송업무에 대해서 주파수대 폭은 한 사람에 대해서 36메가헤르츠(MHz)를 넘어서는 안 된다.

(방송법시행규칙부칙에 따른 예외)
(1) 2003년 3월 31일까지 (12.2~12.75헤르츠GHz까지이므로 디지털방송을 위탁해서 실시하게 하는 이 외의 것) 12프로그램 이내의 초단파방송을 위탁하여 시행케 하는 위탁방송업무에 관계되는 소유·지배하는 자가 되는 경우(방송국을 소유·지배하는 자를 제외한다.) 또는 한 사람이 6 이내의 초단파방송을 위탁하여 시행하게 하는 위탁방송업무에 관계되는 소유·지배하는 자와 방송국의 소유·지배하는 자가 되는 경우 일반방송사업자·지배하는 자 이외의 자 인 것을 요하지 않는다.
(2) 당분간 인정 등을 받는 것에 의해 한 사람이 다음에 열거하는 방송위성업무용 이외의 주파수를 사용하는 디지털방송을 위탁하여 시행하게 하는 위탁방송업무에 관계되는 소유·지배하는 자가 되는 경우 해당하는 한 사람은 방송국을 소유하는 자(단지 인공위성의 무선국으로 국내방송을 실시하는 방송사업자를 제외한다.) 이외인 것을 요하지 않는다.
  • 텔레비전방송
  • 초단파방송
  • 데이터방송
  (사용하는 전송용량의 트랜스폰더(transponder)환산 수가 1을 넘지 않는 경우에 한 한다.)
(3) 당분간 다음에 열거하는 방송위성업무용 이외의 주파수로 디지털방송을 위탁하여 시행하게 하는 위탁방송업무에 관하여 신청자가 방송국(인공위성에 개설돼 있는 것을 제외한다.)을 소유·지배하고 있는 자, 또는 인정 등을 받음으로서 한 사람이 방송국 및 디지털방송에 관계되는 지배하는 자로 되는 경우를 제외한다.
  다만 해당 위탁방송업무에 관계되는 디지털방송에 관해서 사용하는 전송용량의 트랜스폰더(transponder)환산 수가 2를 넘지 않는 경우에 한 한다.
  • 텔레비전방송
  • 초단파방송
  • 데이터방송
  (사용하는 전송용량의 트랜스폰더(transponder)환산 수가 1를 넘지 않는 경우에 한 한다.)

("지배"관계에 관해서 간단히 설명하면 사업자, 이것을 지배하는 자, 이러한 양자에 지배되는 자가 되기 때문에 회사에서 말하는 소위, 회사, 모회사, 회사의 자회사, 모회사의 자회사가 여기에 해당한다. 片岡俊夫, 2001年, 참조.)

이상과 같이 매스미디어의 집중배제원칙에 대해서 설명했다. 이러한 원칙에 대해서 현재 매스미디어 집중배제원칙이 적용되고 있는 미디어에 대해서는 미디어특성, 지역 정보제공 주체의 다원성 등에 입각해 동 원칙을 완화해야 한다는 의견이 있다. 특히 출발단계에 있는 방송 뉴 미디어에 대해서는 그 진흥관점에서 볼 때 집중배제를 완화하고 그 후의 보급상황을 감안하여 별도로 관리해야 한다는 것이다. 또 미디어의 집중배제완화와 정책과 병행해서 주식소유관계의 공개 등 집중배제의 실효를 담보하는 조치도 강구해야 한다는 의견이 대두되고 있다.

이 문제는 일본의 방송체제와도 관련이 있는 것으로 지역에 존립기반을 둔 민방은 지역주민의 생활양태에 밀착하여 여기에 가장 잘 어울리는 형태로서 방송대상지역을 설정해야 한다. 단순히 규제완화라는 차원에서의 논의만으로 결론지어서는 안 될 것으로 본다.

2001년 3월에 민방연이 "매스미디어집중배제원칙 완화에 대해서" 다음과 같이 성명을 발표한 바 있는데 그 줄거리는 다음과 같다.[108]

"……매스미디어집중배제원칙은 '방송을 할 수 있는 기회를 가능한 한 많은 사람에 대해서 확보함에 따라 방송에 의한 표현의 자유가 가능하면 많은 사람들이 향유할 수 있도록 한다.'는 방침에 따라 지금까지 기존 방송사업자와 신규참가자와의 사이에서는 전자를 소홀히 해 왔다. 그러나 CS디지털방송에 전기통신역무이용방송법이 도입되고 있는 상황 속에서는 누구라도 사업에 참여할 수 있게 되어 있기 때문에 이제는 적어도 양자를 대등하게 취급해야 할 것이다. 기존 방송사업자가 쌓아온 경영 노하우 등을 새로운 미디어에 활용하는 것이야말로 IT시대에 필요한 콘텐츠산업의 융성 열쇠이며 임원의 겸무제한의 재고 등과 함께 기존방송사업자가 다른 미디어에 참가할 때에도 매스미디어집중배제원칙을 대폭적으로 완화해야 한다."[109]는 주장 이었다.

다음은 민방의 네트워크에 구성에 대해서 살펴보기로 한다. 일본에는 공공방송인 NHK를 제외하고는 전국 네트워크 조직을 금지하고 있다. 예를 들면, 우리나라의 KBS를 제외한 MBC의 경우 전국을 MBC 계열 네트워크로 조직하고 있는데 일본의 민방은 이를 금지하고 있다. 단, 방송프로그램의 상호 교류 내지는 공급하는 차원에서 전국 뉴스·네트워크를 조직하는 것은 문제가 되지 않는다. 방송법 제52조 3에는 <방송프로그램의 공급에 관한 협정의 제한> 규정이 있다. 즉, "일반방송사업자는 특정한 자로부터만 방송프로그램의 공급을 받도록 하는 조항을 포함하는 방송프로그램 공급에 관한 협정을 체결해서는 안 된다."고 규정하고 있다.

일본의 민방들은 이 규정에 의하여 전국적으로 뉴스·네트워크를 조직하여 프로그램을 공급하고 있다. 예를 들면 일본민간방송연맹편의 <방송 핸드북>에 의하면 도쿄방송 JNN네트워크기본협정과 니혼텔레비전 방송망의 업무협정을 분석해 보면 잘 알 수 있다. 즉 본 협정은 여기에 가입하고 상호 신뢰하는 각 민간방송사회가 각각의 자주편성 권과 면허조건을 서로 존중하는 것을 전제로

108) 『民間放送』, 2001年 4月 3日付け.
109) 片岡俊夫 『新・放送槪論』, 日本放送出版協会, 2001年, P.146.

하고 있다. 또 니혼텔레비전 계열의 근간이 되는 사(社)로서의 인식이 서고 상호 협력하여 그 매체의 힘을 강화한다. 뿐만 아니라, 방송법 제3조에 정해진 방송프로그램편집의 자유를 존중하고 법령 및 면허조건이 허용하는 범위 안에서 협력한다고 하고 있다. 또 "네트워크" 에 대한 용어의 정의는 1987년에 <방송정책간담회>가 공식적인 용어로 정의한 것은 아니지만, 여기서는 우선 '동일 프로그램을 2국 또는 그 이상의 방송국에서 방송하는 경우에 방송국 상호 간의 관계'라고 규정하고 있다.[110]

텔레비전방송의 경우는 도쿄를 중심으로 5개 민방 키 스테이션(Key Station)이 뉴스·네트워크를 구성하고 있는데, ① 니혼텔레비전방송망 계(NNN), ② 도쿄방송계(JNN), ③ 후지텔레비전 계(FNN), ④ 텔레비전 아사히방송 계(ANN), ⑤ 텔레비전 도쿄 계(TXN)가 그 것이다. 또 중파라디오 관계는 대표적인 것으로서 도쿄방송이 중심국이 되는 JRN과, 문화방송과 닛폰방송이 중심국이 되는 NRN이 있다. FM방송계에서는 FM도쿄가 중심 국으로 되어 스폰서가 있는 프로그램을 분배하는 전국 FM방송협회와 프로그램만 배급하는 주식회사 재팬 에프엠(Japan FM)네트워크가 있으며 대도시 제2국으로 형성되어 있는 재팬 에프엠(Japan FM) 리그도 있다.[111]

이와 같이 네트워크가 성립하게 된 이유는 앞의 방송정책간담회 보고서 다음과 같이 몇 가지 점에 대해서 지적하고 있다.

① 전국적인 뉴스취재를 위해서는 각지의 민방이 제휴할 필요가 있다.
② 복수의 민방이 동일 프로그램을 방송함에 있어서 제작경비는 1개 사만 부담하면 된다.
③ 탤런트나 제작 소재는 도쿄, 오사카 등에 집중하고 있으며 지방 국에서는 제작 조건이 나빠서 비교적 비싸진다.
④ 전국적으로 광고를 희망하는 광고주의 요청에 부응할 필요가 있다.

또 동 보고서는 네트워크의 총체적인 평가로서 일반적으로 일본의 방송문화·방송산업을 오늘 날까지 발전시켜온 또 하나의 큰 요인이 되고 있다고 분석하고 있다. 일본의 민방은 지역사회에 상당히 밀착된 역할이 기대되고 있지만 실제로는 네트워크가 상당히 뿌리 깊게 정착되어 있는 편이다. 따라서 앞으로는 네트워크를 인정하면서도 로컬 방송국의 주체성 확보와 함께 로컬 국의 자주제작 프로그램도 일정량 확보하는 제도적인 장치가 필요하다.

---

110) 片岡俊夫『新·放送槪論』, 日本放送出版協会, 2001年, pp.146~147.
111) 稲田直『最新放送メディア』, 社会評論社, 1998年, pp.14~17.

방송법 제52조 8에는 <외국인 등이 취득한 주식의 취급>에 대한 규정이 있다. 동 조에서 "증권거래소에 상장되어 있는 주식, 또는 여기에 준하는 것으로서 총무성 령으로 정한 주식을 발행하는 회사로 일반방송사업자는 그 주식을 취득한 전파법 제5조 제1항에서 제3호까지 거명된 자(이하 외국인 등)[112]로 그 이름과 주소를 주주명단에 게재해야 한다. 또 기록 요청을 받았을 경우에 그 요청에 응함에 있어서 전파법 제5조 4항 2호[113]에 해당될 때에는 그 이름과 주소를 주주명부에 기재하고 또는 기록하는 것을 거부할 수 있다."

여기에는 우선 전파법 제5조 4항의 결격사유에 의해서, 외국인 즉 일본국적을 가지지 않은 자 또는 외국정부와 그 대표자, 외국법인 및 단체, 혹은 일본국의 법인 또는 단체라 하더라도 이러한 단체가 업무집행임원이거나 의결권의 5분의 1 이상을 차지하고 있으면 방송할 수 있는 무선국의 면허는 얻을 수 없다. 또 동 조에 의해 이미 면허를 취득했다 하더라도 전파법 제75조[114] <무선국의 면허 취소 등>의 규정 제5조 제4항에 해당되면 면허가 취소된다.

방송법 제52조 8의 제2항에서, "전항의 일반방송사업자는 총무성 령에 정해진 대로 외국인 등에 대해서는 그 의결권에 정해진 비율을 공고하지 않으면 안 된다. 단 그 비율이 총무성 령에 정해진 비율에 달하지 않았을 때는 이에 제한받지 않는다."는 규정이 있다.

이와 같이 방송법 제52조 8의 규정에 의해 증권거래소에 상장되어 있는 주식, 또는 여기에 준하는 것으로서 총무성 령으로 정하는 주식을 발행하고 있는 민방이 외국인 등으로부터 성명과 주소를 주주명부에 기재할 것을 요구받은 경우에는 이에 응해야 한다. 또 외국인 등의 결의권이 5분의 1 이상이 될 때는 성명 등의 주주명부에의 기재를 거절할 수 있다(위탁방송사업자는 제52조 28의 제1항 대체적용규정에 따라 같은 조치를 할 수 있다.). 또 수탁방송사업자는 결격사유가 일반무선국 수준의 3분의 1 이상으로 되어 있다. 그리고 제52조 8 제2항은 공고 규정이며 성령으로 정하는 비율(15%)에 달했을 때는 공고해야 한다고 규정되어 있다.

---

112) 전파법 제5조(결격사유) 다음 각 호에 해당하는 자는 무선국의 면허를 허가하지 않는다. ① 일본국적을 가지지 않은 자, ② 외국정부 또는 그 대표자, ③ 외국의 법인 또는 단체, ④ 법인 또는 단체로 전항 3개 항에서 거명된 자가 그 대표로 있는 것, 또는 이들이 역원의 3분의 1이상 혹은 의결권의 3분의 1 이상 점령하는 자
113) 전파법 제5조 4의 2항에서 법인 또는 단체로서 제1항 제1호에서 제3호까지 거명된 자가 업무를 집행하는 역원으로 있는 것 또는 이들이 그의 의결권을 5분의 1 이상 소유한 자
114) 전파법 제75조 <무선국 면허의 취소 등>, 총무대신은 면허인이 전파법 제5조 제1항, 제2항 및 제4항의 규정에 의해 면허를 취득할 수 없는 자가 되었을 때는 그 면허를 취소하지 않으면 안 된다.

최근 일본 방송사의 주식상장 동향 등을 살펴보면 상장되어 있는 방송국은 민방제도가 생긴 초기에 설립 된 방송사인 니혼텔레비전방송망(주), 도쿄방송(주), 주부닛폰방송(주), 텔레비전아사히방송(주), RKB매일방송(주)의 5개사 정도이다. 이것은 1966년 이후 우정성이 방송국의 예비면허에 있어서 주식양도에는 이사회의 승인을 요하는 취지를 정관에 정하는 것을 조건으로 했기 때문이다. 그러나 이 점은 1994년 2월에 "새로운 시대의 방송 산업에 관한 간담회"가 중간발표를 하면서 "주식상장은 방송사업자에 있어서 재무체질 강화와 적극적인 사업전개를 위한 유력한 수단이 됨과 동시에 경영공개에 따라 제3자의 체크 기능을 높이는 것 등 유익하고 방송사업자가 자유롭게 주식상장을 할 수 있도록 할 필요가 있다. 앞으로 정관상의 주식양도제한에 관해서는 방송사업자의 판단에 따르게 한다."고 제안 했다. 이로서 주식양도에 임원회의 승인을 요하는 취지를 정관에 기재하도록 하는 예비면허의 조건은 삭제되게 되었다. 이 때문에 주식상장의 동향도 생기고 닛폰방송(주), (주)후지텔레비전(주), 텔레비전 아사히방송(주)이 상장하고 또 WOWOW가 도쿄증권거래소 머더스에 상장했다.115)

방송법 제52조 8의 규정에 의해 외국인 등이 취득한 주식에 관한 사례로서는 닛폰방송의 외국인 지주비율이 1999년 3월1일 현재 19.994%가 되었다. 그러나 동 회사는 외국인의 주식취득에 대해서 명의변경에 응하는 조치를 취하지 않았다고 보도되었다. 또 일본텔레비전도 1999년 9월 말에 외국인 주식 보유비율이 19.99%가 되었다고 발표하고 외국인의 주식취득에 따르는 제한으로서 대응하고 있다고 보도 했다. 또한 도쿄증권 머더스에 상장된 CS디지털방송인 스카이 퍼펙트 커뮤니케이션도 2001년 9월 20일 현재 외국인 주주비율이 15.1%가 되었다고 발표하기 도 했다.)116) 일본에도 최근에는 언론사의 주식공개 내지는 외자진입에 대한 제 외국의 비판의 목소리가 높은 가운데 2005년 초반만 하더라도 아사히, 요미우리, 산케이 등 거대 미디어 그룹들은 대부분이 외국인들의 주식취득 상황이 20%를 상회하가나 근접한 수치에 달했을 정도다. 그렇지만 언론보도에는 지적하는 목소리가 무성하지만 실제로 정부가 불법성을 제제하거나 규제하지 않았다. 이는 일본정부가 각 미디어 사에 자율적인 재량을 준 것으로 보인다.

2005년 2월8일에 IT벤처회사(실제는 금융회사)인 라이브도어(live door)가 일본의 후지 산케이 그룹의 닛폰방송(중파라디오 방송) 주식을 35% 매수하게 되었

115) 片岡俊夫 『新·放送概論』, 日本放送出版協会, 2001年, pp.148~149.
116) 『東京新聞』1999年 4月 9日付け, NHK放送文化研究所 『放送研究と調査』(11月号), 日本放送出版協会, 2001年, P.111.

다.[117] 게다가 닛폰방송은 후지텔레비전의 주식을 22만주나 보유하고 있는 대주주였다. 따라서 라이브 도어는 닛폰방송을 통해서 후지텔레비전을 간접적으로 자본지배를 할 수 있는 주주가 되었다. 급기야 후지텔레비전에는 경영권방어에 비상이 걸리게 되었다. 따라서 후지텔레비전은 라이브 도어에 대한 적대적 주식 매수에 나서 닛폰방송의 공개주식을 75% 이상을 매수하여 경영권 방어에 성공하게 되었다. 이와 같이 최근 일본에는 방송과 통신의 융합 현상이 방송계에도 활발하게 일어나 통신회사가 방송에 진출하려고 하는 사례가 발생한 것이다. 라이브도어 사장 호리에 다카후미(堀江貴文)는 젊은 벤처 기업가로 젊은이들이나 일본 정계에서도 그의 인기는 우상이 될 정도다. 그 결과 2005년 중의원 해산과 함께 총선이 실시되자 고이즈미 (小泉純一郎) 총리의 추천으로 자민당 공천을 받아 주의원에까지 출마까지 낙선하고 말았다. 그가 방송계에 진출을 꽤해 비록 실패로 끝나긴 했지만 이러한 통신업자들이 방송계에 진출하고자 하는 사례는 얼마든지 재연될 개연성이 있을 것으로 본다.[118]

2. 유료방송

방송법 제52조 4부터 제52조 7에 이르기까지 <유료방송>에 관한 규정이 있다. 제52조 4의 1항에서 "유료방송(계약에 의해 그 방송을 수신할 수 있게 수신 설비를 설치하고, 당해 수신 설비에 의해 수신에 관한 요금을 지불하는 자에게 수신되는 것을 목적으로, 당해 수신 설비에 의하지 않으면 수신할 수 없는 것을 행하는 방송)을 행하는 일반방송사업자(유료방송사업자)는 그 유료방송이 다중 방송 이외의 방송(인공위성의 무선국에 의해 행해지는 방송 제외)일 때는 국내 수용자(유료방송사업자와의 사이에 국내에 설치한 수신 설비에 의해 유료방송역무의 제공을 받는 계약을 체결하는 자)에게 제공하는 해당 유선방송 역무요금을 정해, 총무대신의 허가를 받지 않으면 안 된다. 당해 요금을 변경하려고 할 때도 이와 똑 같다." 이러한 유료방송에 관한 규정은 1987년4월 <방송정책간담회의 보고서>가 기초가 되어 1988년에 법률이 개정됨에 따라서 동 법이 규정된

---

117) 라이브도어는 원래 IT벤처회사(실제는 금융회사)로 영어로는 라이브도어(live door)라 부른다. 원래는 IT벤처 기업으로 출발했으나가 나중에는 금융회사나 증권사에 주력한 기업이다. 라이브도어 사장인 호리에 다카후미 (堀江貴文) 사장은 2006년 초부터는 일본 증권시장에서 주가 조작과 분식회계에 대한 혐의를 받고 있다. http://corp.livedoor.com
118) 鈴木祐司「フジテレビVSライブドア株攻防戦から学ぶもの」『放送分化』(夏号), 日本放送出版協会, 2005年, P.12.

것이다.119)

1987년 유료방송법 입법 당시의 일본 경제 상황은 성장 안정화에 따른 총 광고비의 수입증가도 일시적으로 둔화하고 있었다. 이러한 시점에서 민방은 기존 광고료 수입 등에 추가해서 새로운 경영재원방식을 도입하는 것이 필요하게 되었는데 그것이 유료방송제의 도입 이었다. 그러나 유료방식에 의한 방송은 기존의 공공방송과 달리 공중에 의해 불특정 다수에게 직접 수신되는 것이 아니라, 요금을 지불하는 특정 자에게 만 수신이 가능하다. 아무튼 이용자 측의 주도권이 확보되는 것을 전제로 동 방식에 의한 방송은 공중을 제한되지 않는 불특정 다수라고 이해하는 현행 방송개념에 포함된다고 보게 되었다. 이러한 생각을 전제로 법 개정이 이루어져 유료방송은 계약에 따라 그 방송을 수신할 수 있게 되었다.

1) 방송보급기본계획과 민간방송사업자

현재 <방송보급기본계획> 상에서 유료방송을 할 수 있도록 조치되어 있는 일반방송사업자는 다음과 같다.

① 지상파계 방송

초단파문자다중방송, 표준텔레비전・데이터다중방송

② 위성 계 방송

표준텔레비전방송, 표준텔레비전음성다중방송, 표준텔레비전 문자다중방송, 표준텔레비전・데이터다중방송

③ 수탁국내방송-방송위성업무용주파수 사용

<위성 계의 국내방송과 동일 방송>
초단파방송, 데이터방송
<위성 계의 국내방송과 동일 방송 이외의 방송>
초단파방송, 표준텔레비전방송, 고정세도텔레비전방송, 데이터방송

④ 수탁국내방송-방송위성업무용주파수 이외의 주파수 사용

<디지털방송 이외의 방송>

---

119) 『放送政策の展望』, 電気通信協会, 1987年, pp.65~66.

초단파방송, 초단파데이터다중방송

<디지털방송 (동경(東經) 110도 인공위성디지털방송을 제외한다.)>

<동경(東經) 110도 인공위성디지털방송>

초단파방송, 표준텔레비전방송, 고정세도텔레비전방송, 데이터방송

방송법 제52조 5는 부정시청에 대한 방지규정이며 "누구라도 인가계약약관 등에 기초하여 유료방송사업자와 그 유료방송역무제공을 받는 계약을 하지 않으면 국내의 있더라도 해당 유료방송을 수신할 수 있는 수신 설비에 의해 해당 유료방송을 수신해서는 안 된다."라고 규정되어 있다. 이 규정에 따라 부정시청이 이루어졌을 때는 사업자 측이 손해배상 등의 민사구제 요구가 쉬워진다는 것이다. 방송법 제 52조 6에서 "유료방송사업자는 정당한 사유가 없으면 국내에 설치한 수신 설비에 의해 그 유료방송을 수신하려고 하는 자에 대해서 유료방송의 역무제공을 거부해서는 안 된다."고 하고 있다. 또 방송법 제52조 7은 총무대신에 의한 요금과 계약약관에 대한 개선명령에 관한 조항이다.

3. 위탁방송사업자(소프트)와 수탁방송사업자(하드)

1) 위탁방송사업자

위탁방송사업자 또는 수탁방송사업자에 대한 개념에 대해서는 일본 독자들도 상당하게 혼선을 빚고 있다. 뿐만 아니라, 외국인들이 일본의 방송제도에 대해서는 이해하기란 더더욱 힘들고 어려운 대목이 많을 것이다. 앞에서도 언급했지만 간단히 개념을 정리해보면, 수탁사업자란 <인공위성 무선국으로 프로그램을 송출하는 송출사업자>를 말하고, 위탁사업자란 정부로부터 위탁받은 방송사업자가 이를 다시 수탁사업자에게 위탁하는 것을 말한다.

방송법 제2조 3의 제4항에 의해 "<수탁방송사업자>란 전파법규정에 따라 ① 수탁국내방송, ② 수탁협회국제방송 또는 ③ 수탁내외방송(이하 '수탁방송'이라 총칭한다.)을 하는 무선국의 면허를 받은 자를 말한다." 즉 <인공위성으로 프로그램을 송출하는 송출사업자>를 말한다.

또 위탁방송사업자는 방송법 제2조 3의 제5항에 "<위탁방송사업자>란 위탁방송업무(전파법규정에 의해 ① <수탁국내방송>, ② <또는 수탁내외방송을 하는 무선국 면허를 받은 자>에게 위탁하여 방송프로그램을 방송하게 하는 업무를 말한다.)에 관해서 제52조 13 제1항의 인정을 받은 자를 말한다."

그리고 제52조 13 제1항에서는 위탁방송업무를 실시하고자 하는 자(위탁국내방송업무를 실시하는 경우의 NHK를 제외한다. NHK의 경우는 제9조 4의 규정에 의한다.)는 소정의 요건에 적합한 것에 대해서 총무대신의 인정을 받아야 한다고 한다. 여기에 "인정"이란 것은 법정기준에 적합한 것에 대해서의 확인이라고 설명되어 있으며 그 인정 요건은 동 조에 규정되어 있는 것이다.[120] 그 인정 내용을 요약해 보면, ① 수탁방송업무의 제공을 받을 수 있을 것, ② 재정적기초가 있을 것, ③ 외국인 등이 업무집행임원이거나 의결권의 5분의 1 이상을 차지하는 외국인에 해당되지 않는 자 등이 기재되어 있을 것, ④ 또 한편으로는 위탁하여 방송을 하게 함에 따라 표현의 자유가 가능한 한 많은 자에게 향유될 수 있도록 하기 위한 것으로 총무성 령에서 정하는 기준에 일치할 것이 규정되어 있다.

이는 전파법에 따라 엄격한 심사에 의해서 방송국의 면허를 받지 않는 위탁방송사업자에 대해서는 이러한 인정제도가 적용된다는 점에 유의할 필요가 있다.

2) 수탁방송사업자

수탁방송사업자는 방송법 제3장 2의 제52조 9항부터 제52조 12항까지 4개 조문에 걸쳐서 기록하고 있다. 우선, 방송법 제52조 9의 <역무제공의무 등>에서는 "수탁방송사업자는 위탁방송사업자나 위탁국내방송업무, 혹은 위탁협회국제방송업무를 시행하는 경우 NHK(이하 위탁방송사업자 등 이라 한다.)로부터 그 방송프로그램에 관해서 당해 위탁방송사업자 등에 관련된 제52조 14의 제2항[121](제9조 4의 제2항에 있어서 준용하는 경우 포함)의 인정 증에 기재된 사항에 따라 방송의 위탁신청을 받은 때는 정당한 이유가 없이 이것을 거부해서는 안 된다"는 규정이 있다. 또 "수탁방송사업자는 위탁방송사업자 및 위탁국내방송사업자 혹은 방송협회국제방송업무를 행할 경우에 NHK 이 외의 자로부터 방송프로그램의 방송위탁 신청을 받을 때나 위탁방송사업자 등으로부터 그 방송프로그램에 관해서 <인정 증의 기재사항>에 따르지 않는 방송 신청을 받았을 때는 이를 승낙해서는 안 된다"고 하고 있다.

방송법 제52조 10의 <역무의 제공조건>에서 "수탁방송사업자는 위탁방송사업자 등에 의해 그 방송프로그램을 방송하는 역무(수탁방송역무)의 요금 그 외

---

120) 「第114回国会衆議院逓信委員会議録」, 1988年 5月 25日付け, p.6, p.10.
121) 방송법 제52조 14, 전조 제1항의 인정은 다음 사항을 지정해서 행한다. ① 위탁의 상대방, ② 위탁 상대방의 인공위성 방송국에 관한 인공위성의 괘도 또는 위치, ③ 위탁해서 행하는 방송에 관련된 주파수. 제2항 총무대신은 전조 제1항을 인정했을 때 인정 증을 교부한다.

의 총무성 령으로 정해진 제공 조건을 정하여 그 실시 이전에 총무대신 앞으로 신고해야 한다. 이를 변경할 때도 똑 같다. 또 수탁방송사업자는 전항의 규정에 의해 신고한 제공조건 이 외의 제공조건에 따라 수탁방송역무를 제공해서는 안 된다"고 하고 있다.

방송법 제52조 11의 <변경명령>에서는 "총무대신은 수탁방송사업자가 전항의 제1조의 규정에 의해 신고한 제공조건이 다음 각 호 어디라도 해당되기 때문에 해당 제공조건에 따른 수탁방송역무의 제공이 위탁방송업무 또는 제9조 4의 제1항 인정을 받은 위탁협회국제방송업무의 운영을 저해한다고 인정할 당해 위탁방송사업자에 대해서 해당 전제 조건을 변경해야 한다는 것을 명할 수 있다"122)고 했다.

방송법 제52조 12는 <방송프로그램의 평집 등>은 적용제외에 대한 규정이며, 수탁방송사업자에게는 그 성격상 방송프로그램의 편집 등에 관한 통칙의 장(제1장 2) 및 일반방송사업자의 장(제3장) 중 앞에서의 외국인 등이 취득한 주식의 조항(제 52조 8) 이 외는 적용하지 않는다고 한다.

일본은 1985년 4월 전전공사의 민영화와 함께 전기통신분야에도 경쟁원리 도입을 목적으로 한 전기통신사업법이 시행되었다. 지상파계와 위성계로 새로운 민간 전기통신사업자가 탄생하게 되었다. 같은 해 위성 계에서는 일본통신위성(주)(JCSAT) (이토츄(伊藤忠, 미츠이(三井)물산 등 출자 ~ 동 사(社)는 후에 세테라이트 재팬(닛쇼이와이(日商岩井), 스미토모(住友)상사 등 출자) 을 합병하여 (주)일본세터라이트시스템즈(JSAT)가 되며 현재는 제이샷토(주)로 개칭하고 우주통신(주)(SCC)(미츠코시(三越)상사, 미츠코시(三越)전기 등 출자) 이 전기통신사업법에 기초한 제1종 전기통신사업자로서의 사업허가를 얻었다. 양 사는 미국에서 통신위성을 조달해서 사업을 개시하기로 했지만 이러한 위성은 기존의 CS-2, 3에 비해서 출력이 크고(CS-2, 3의 4~10W에 비해서 20W~35W였다.), 또 당시 수신기술도 차츰 향상되어 1.2M정도의 수신안테나로 수신가능하다고 생각하게 되었다. 이러한 점에서 위성소유(수탁사업자)를 이용해서 공중을 대상으로 하는 방송서비스에도 이용하는 구상을 하게 되었다.123)

---

122) 방송법 제52조의 11 제1항, 위탁방송역무의 요금이 특정 위탁방송사업자 등에 대해서 부당한 차별적 취급을 하고 있는 것. 제2항 위탁방송역무제공에 관한 계약체결 및 해제, 수탁방송역무제공의 정지 및 수탁방송사업자, 위탁방송사업자 등의 책임에 관한 사항이 적정 또는 명확히 정해져 있지 않은 것. 제3항 위탁방송사업자 등에 부당한 의무를 과하는 것이 있는 것.
123) 片岡俊夫 『新・放送槪論』, 日本放送出版協會, 2001年, pp.153~154.

총무성은 방송법 개정을 위해 1988년 8월부터 "통신과 방송의 경계영역적인 서비스에 관한 연구회"를 설립하여 검토를 추진하고 1988년 2월 중간보고를 기초로 하여 통신위성으로 서비스를 할 수 있다는 것 등을 내용으로 하는 방송법 개정안을 발표하고 국회에 제출하여 같은 해 6월에 이 법을 성립시켰다. 여기에 해당하는 부분이 방송법 제 52조 9 이하에 있다. 이 중에서 통신위성의 일반적인 이용형태가 소유·관리하는 자와 사용하는 자를 구분해서, 수탁방송사업자(하드)와 위탁방송사업자(소프트)로 분리하여 명시하고 있다.

이러한 하드와 소프트의 분리 견해는 방송 정책적 차원에서 이전부터 검토과제 중에 하나였으며 그 때까지는 하드와 소프트의 일치가 기본원칙 이었다. 비록 인공위성의 무선국으로 방송되긴 하지만 이 경우도 예외 없이 방송국면허를 취득한 자가 방송프로그램 편집에 대해서도 책임지고 소위 하드와 소프트의 일치를 기본으로 해 왔다. 그러나 미래의 디지털방송 시대의 있어서는 급격한 방송과 통신의 융합으로 양자가 점점 더 융합과 분화를 반복하면서 해 갈 것으로 본다. 1998년 5월에는 방송위성 BS-4 후 발기단계부터를 목표로 하는 수탁·위탁제도에 대해서의 법 개정이 통과되고, 또 2001년에는 전기통신사업을 경영하는 자가 제공하는 전기통신역무를 이용하고 시행하는 전기통신역무이용방송법이 제정되게 되었다.

다음은 1994년에 개정 된 방송법 제52조 27에 규정된 수탁내외방송의 방송프로그램편집에 관한 내용이다. 수탁내외방송은 제2조의 정의에서 설명한 것처럼 "타인의 위탁에 의해 그 방송프로그램을 국내 및 외국에서 수신되는 것을 목적으로 그대로 송신하는 방송이며 인공위성 무선국으로 시행되는 것을 말한다."라고 기술하고 있다. 그리고 수탁내외방송의 방송프로그램편집에 있어서는 국제친선이나 외국과의 교류가 손상되는 일이 없도록 해당수탁내외방송의 방송대상지역인 외국 지역의 자연적, 경제적, 사회적, 문화적 제 사정을 가능한 한 고려해야 한다. 또 제52조 28의 제2항에 "수탁내외방송을 위탁하여 시행케 하는 위탁방송사업자에 관해서는 해당수탁내외방송을 수탁국내방송으로 간주하여 제3조 2, 제3조 3의 제2의 규정을 적용한다." 등이 규정되어 있다. 뿐만 아니라, 정치적으로 공평할 것 등의 국내방송의 방송프로그램편집준칙 등이 적용되고 있다.

지금까지 국제방송은 NHK에만 인정되었지만 이것은 사용하는 단파에 대해서 할당 가능한 주파수가 한정되어 있는 점과 국제방송은 국제친선 증진, 경제교류의 발전에 이바지한다는 공공성이 높은 사명을 가지고 있어서 NHK가 일관된 사고를 가지고 시행하는 것이 바람직하다는 생각에서 제 외국에 있어서도 같은 형식에 따라 실시되었던 것이 이유였다. 그러나 최근 인공위성에 의한 방송이 개시되고 국제 방송에 이용가능한 주파수 확보 가능성도 증대 되었다는 점과 제 외국에서도 다양한 사업주체에 따라 정보발신이 이루어지고 있다는 점에서 일본국에서는 일반방송사업자에게도 수탁국내방송제도가 창설되었다. 또 이와 같이 국내와 외국 쌍방을 동시 대상으로 하는 제도로 한 점에 있어서는 외국만을 대상으로 한 경우의 채산성 문제와 실시희망자의 유무의 문제에서 현재로서는 국제화가 상정되는 수탁내외방송만의 실시를 가능하게 하고 단지 외국만을 대상으로 하는 제도에 대해서는 장래 과제로 했다.124)

또 수탁내외방송의 방송프로그램편집에서는 앞에서와 같이 국제친선 및 외국과의 교류가 손상되는 점이 없도록 제52조 27에 규정되어 있지만 해당위탁방송업무의 인정을 위한 "방송법관련심사기준"에서는 그 중에서 "인정을 하는 것이 방송의 보급 및 건전한 발달을 위해서 적절한 것. 별지의 기준에 일치하는 것." 으로 하고 "별지" 중에서는 "수탁내외방송을 위탁해서 시행케 하는 경우에는 방송을 통한 국제적인 문화교류 및 상호이해 증진이 도모되는 것"으로 되어 있다. 이 법률과 심사기준의 표현의 차이에 대해서는 검토를 요하는 점이기도 하다.125)

제53조 9의 2에는 2001년의 전기통신역무이용방송법의 부칙에서 방송법의 일부가 개정됨에 따라 "이 법률규정은 전기통신역무이용방송에 해당하는 방송에 대해서는 적용하지 않는다."라는 규정이 들어 있다. 앞에서도 언급했듯이 방송법의 준용이 특히 필요한 조항에 대해서는 별도로 규정되어 있다.

---

124)「第129回国会衆議院逓信委員会議録」,1988年 6月 7日付け, P.2.
125) 片岡俊夫『新・放送概論』, 日本放送出版協会, 2001年, pp.159~160.

제 4 장
일본 방송사의 면허제도

1. 일본 방송사의 어가제도(일본은 免許·再免許)와 관련법규

일본 방송사의 신규허가나 재인가 제도는 '일제 면허 방식주의'를 채택하고 있기 때문에 특정한 당해연도에는 일제히(일본 국내 방송사는 모두) 재 면허를 받지 않으면 안 된다. 신규면허의 경우도 재 면허와 똑 같은 절차와 수순을 밟아야 한다. 공영 방송인 NHK(日本放送協会)의 경우도 물론 일반방송사업자인 민간 방송사들과 똑 같이 재 면허를 받아야 한다. 이들은 면허기간 만료 3개월 전(90일)에 재 면허 신청서를 총무성에 제출해야 한다. 일본 방송사의 면허 유효기간은 5년이다. 전파법 제13조(면허의 유효기간)에는 "면허의 유효기간은 면허일보부터 계산해서 5년을 넘지 않는 범위 내에서 총무성 령으로 정한다. 단 재면허도 무방하다."는 규정이 있다. 또, 전파법 시행규칙(제7조 제2, 3항)에는 총무성에서 정한 포괄면허의 기간이나 등록된 유효기간은 5년으로 한다고 명확하게 밝히고 있다.[126]

2003년 10월 31일과 1998년 10월 31일이 각각 일본 방송사들의 면허기간 일제 만료일이었다. 따라서 2003년 11월 1일과 1998년 11월 1일부터는 면허가 정지(무

---

126) 「総務省所管法令資料」, 2006年 1月 25日付け, 電波法及び電波法施行規則参照. http://www.soumu.go.jp

면허)되기 때문에 60일전인 7월 31일까지는 모든 방송사들이 재 면허 심사 신청서를 총무성에 제출하게 되었다. 제출된 자료는 우선 총무성의 <서류심사>를 통과하여 <전파감리심의회의>에 자문을 거쳐서 허가하게 되는데, 지난 1998년에는 11월 1일자로 200여 개 방송사가 일제히 재 면허를 받게 되었다. 200여 개 방송사 중에는 지상파 TV방송국이 127개 방송사(NHK 포함), FM방송이 50개사(NHK 포함), 중파 방송국이 36개사 등이다. 지금까지 일본에서 재 면허 심사에서 탈락된 방송사는 없었다. 다만 재 면허 심사 시에 각 방송사들이 그 동안 방송한 방송프로그램에 대해서 문제가 있었던 몇 개의 방송사에 대해서는 재 면허 교부 시에 조건부의 형식으로 시정조치를 취하면서 모두가 재허가 되었다.

2. 방송사의 면허에 관련된 법규

1) 방송법과 그 특징

일본에 있어서 방송허가에 관련되는 기본적인 모법은 방송법과 전파법이다. 이미 앞에서도 언급한 바 있지만 일본의 방송법에는 방송의 정의를 「공중이 직접 수신할 수 있는 무선통신에 의한 송신」(방송법 제1조)이라고 정의하고 있다. 따라서 엄격히 말하면 길거리나 스튜디오 등 확성기에 의한 방송이나 유선 방송은 여기에 해당되지 않는다고 명확하게 규정하고 있다. 또, 택시 안에서 무선으로 특정인을 대상으로 하는 무선 통신은 방송이 아니다. 이것은 불특정 다수의 개념과는 그의 의미가 다르기 때문이다. 그러나 현재 일본에서는 CATV 등 유선방송은 유선텔레비전 방송법에 의해서 일정한 규율이 정해져 있다. 그러나 일반적으로 이와 같은 CATV 등의 유선방송을 포함해서 광의의 의미에서 방송으로 사용되고 있다.

전파법이 무선국이라고 하는 물리적인 측면에서 방송을 규정하고 있는데 비해서, 방송법은 방송의 보급·방송프로그램·방송국 운영 등의 측면에서 방송을 규정하고 있다. 방송 사업자로서의 특히 중요한 부분은 방송프로그램 편집의 자유가 명확히 규정되어 있을 것과 방송프로그램 편집에 있어서 자주적으로 편집할 수 있는 프로그램 기준을 설정하는 일이다(제4장). 그러나 지금은 급속한 디지털기술의 발달에 의해 방송과 통신의 구분을 명확하게 하기는 상당히 어려운 실정이기 때문에 일본에서도 부분적으로는 계속해서 법 개정이 이루어지고 있는 실정이다.

일본의 방송법에는 크게 2가지의 특징이 있다. 첫째, '공영방송'과 '민영방송'이라고 하는 이원적인 병존체제를 이루고 있다는 점이다. 먼저, NHK의 경우는 공영방송을 표방하면서 풍부하고 질 좋은 방송을 전국적으로 보급한다는 사명으로 방송법에 입각해서 설립된 방송국이고, 또 다른 하나는 전파법에 입각해서 누구라도 자유로이 방송 면허를 받을 수 있다고 하는 규정에 따라 설립된 일반 방송사업자(민간방송)로 병존 체제를 이루고 있다.

둘째, 표현의 자유를 보장하는 헌법 제21조 하에서의 방송법은 방송의 프로그램 편집에 대한 자유를 최대한 존중하고, 방송프로그램 내용에 대해서도 어디까지나 방송 사업자들의 자율에 맡기고 있다는 점이다. 또, 이와 같은 전제 아래서 소프트(프로그램 편집권)와 하드(방송국)의 일치가 방송국 면허의 기본 원칙이라는 것이다. 최근에는 일부 방송법이 개정되어 위성의 경우는 반드시 소프트와 하드가 일치하지 않아도 되게 되었다. 즉 양자를 소유하지 않아도 상호 임대에 의해서 방송이 가능하기 때문에 규정을 완화한 것이다.

2) 전파법

전파법은 무선통신(Radio communication)분야의 기본법으로 1950년 6월1일에 제정되었다. 전파법 제1조에서 이 법의 제정 목적은 "전파의 공평, 또한 능률적인 이용을 확보함으로써 공공의 복지를 증진하는 것을 목적으로 한다."라고 규정하고, 무선국의 면허·무선설비·무선종사자·운용·감독 등에 관해서 소상하게 규정하고 있다. 전파법 제2조 1항에는 "주파수를 300만 헤르츠 이하의 전자파를 말한다."라고 전파의 정의를 내리고 있다. 이 법은 총 9장으로 되어 있는데 제5조에서는 외국인이나 외국정부 또는 그 대표자, 외국법인 및 단체는 무선국의 허가를 금지하는 조항을 두고 있다. 또, 무선국 개설의 면허제(제4조, 제27조), 무선설비의 조건(제28조, 제37조) 등이 규정되어 있다.

한편, 현행 전파법은 방송을 무선통신의 일종으로 규정하고 있기 때문에, 방송 전파를 발사하는 방송국은 전파법에 규제를 받게 된다. 따라서 방송국은 무선국의 일종으로서 면허를 받았지만, 실제로 다른 수많은 무선국과는 확실히 다른 그룹에 속한다. 방송국은 전파법에 따라서 무선국으로서의 방송국 면허를 받았지만, 실제로 방송국이 만들어진 이후에는 방송의 사회적 영향력이라고 하는 측면에서 방송프로그램이나 운영 면에 있어서는 방송법에 규제를 받게 된다.

3) 전파법 시행규칙

이 규칙은 전파법의 규정을 시행하기 위하여 필요하다고 하는 사항 및 위임에 근거하여 정해진 규칙인데, 방송국의 면허기간 등을 구체적으로 규정하고 있다. 이 외에도 관련 법규로는 '무선국 면허 수속규칙' '방송국의 개설 근본적 기준' '무선설비규칙' 등이 있다.

4) 방송법 시행령과 방송법 시행규칙

방송법 시행령과 방송법 시행규칙은 방송법을 집행하는 세부규칙을 마련하여 법의 집행을 뒷받침하고 있다. 방송법 시행규칙에는 NHK의 경영위원회의 활동이나 방송국의 폐업과 휴업에 관해서도 소상하게 기록하고 있다. 특히 이 규칙의 부칙에는 지방의 영역별 방송행정 구역도 자세하게 구분하고 있다.

5) 방송국 개설의 근본적 기준

<방송국 개설의 근본적 기준>은 총11조와 부칙으로 규정되어 있는데, 방송국의 개설 목적과 용어의 정의 및 발사 전파의 강도나 전파구역을 상세하게 규정하고 있다. 또, 국내방송과 국제방송 사업자의 자격기준과 방송내용 지침, 그리고 수탁 국내방송, 중계 국제방송, 방송국의 설치장소 조건 등에 관해서도 소상히 밝히고 있다.

6) 「방송보급 기본계획」과 「방송용주파수 사용계획」

「방송보급 기본계획」과 「방송용주파수 사용계획」은 NHK방송의 전국보급을 위해서 구체적인 계획을 수립하고 있다.

3. 일본의 방송제도와 규제

1) 방송의 자유와 방송제도

일본 방송제도에서 가장 중요한 원리는 '방송의 자유'이다. 일본 헌법에는 독일의 기본법에서와 같이 <방송의 자유>에 대해서 명확히 규정하고 있지는 않지만, 표현의 자유를 규정한 헌법 제21조에 <방송의 자유>도 포함되어 있다고 해석하고 있다. 일본에 있어서 방송의 자유에는 '방송을 하는 자의 자유(방송사의 자유)'와 '방송을 수신하는 자가 다양한 정보를 받을 수 있는 자유(수신의 자유)'를 갖고 있다고 하는 두 가지의 견해가 지배적이다. 특히 방송은 한정된 자원인 주파수를 독점적으로 사용한다는 점과 높은 비용이 든다는 점, 또 공중(public)에 대하여 영향력이 매우 크다는 점 때문에 다양한 정보를 받을 수 있도록 방송의 자유를 확보한다는 것은 매우 중요한 일이다. 따라서 일본은 방송이 국가로부터 자유를 보장받으려면 적극적으로 입법화하지 않으면 안 된다는 생각이 지배적이다.

그러나 방송 사업자 측에서 보는 방송의 자유 확보와 수신자 측에서 보는 방송의 자유 확보는 양자 모두가 다 모순된 논리는 아니지만, 그렇다고 그것이 양자 모두가 만족하리만큼 간단히 실현될 수 있는 성질의 것도 아니다. 현재 일본에서는 오직 이 두개의 자유 사이에 상호 갈등과 충돌이 발생하고 있을 따름이다. 방송 사업자의 자유 확보와 수신자의 자유 확보 어느 쪽에 중점을 둘 것인가, 또는 어느 쪽에 더 우선적인 지위를 줄 것인가에 관한 문제인데 이는 나라마다 공통적인 보편 원리가 있는 것이 아니다.

일본에 있어서의 방송의 자유는 방송사업자 측의 자유 확보에 더 많이 중점을 두고 있다고 하겠다. 그것은 일본에서는 일찍이 NHK 뿐만 아니라, 민영 기업에 의해서도 방송 사업이 실시되었다는 사실에서도 알 수 있다. 실제로 민간 방송 사업자의 내부 조직에는 '프로그램 심의 기구'를 둔 것 그 이외에는 아무런 규제 조항도 없다는 점을 들 수 있다. 따라서 일본에 있어서의 지역 민방의 설립은 비교적 다른 나라에 비해 상대적으로 쉬운 편인지 모른다. 그 결과 1현(縣: 한국의 도에 해당) 1국의 방송정책으로 거의 모든 현에 걸쳐서 한 개 이상 복수의 방송국이 설치돼 있을 정도다.

그런데 이와 같이 일본은 방송사업자 측의 자유 확보에 중점을 두고 있으면서도, 또 다른 한편으로는 공영인 NHK와 다수 채널의 민방(도쿄에는 5개 키-채널) 이라는 양자를 대립적인 구도로 만들어 놓고 있다. 앞에서도 언급했지만 이런 일본 방송의 이원적 구조는 무엇보다도 언론의 다양성의 확보라는 측면과 NHK와 민간 방송사간에 상호 경쟁과 보완을 통한 프로그램의 질적 향상이나 방송문화의 창달에 주안점을 두고 있다는 점이다.[127]

---

127) 日本民間放送連盟編 『放送ハンドブック』, 東洋経済新報社, 1998年, pp.39~40.

NHK의 경우는 방송의 다양성을 확보하기 위해 방송법에 여러 가지 규정을 두고 있다. 우선 NHK에는 최고 의사 결정 기구인 「경영 위원회」를 두고 있는데 여기에서 국민 각계각층의 의견을 수렴하고 방송국 운영에 반영하도록 하고 있다(방송법 제16조). 또한 민간 방송의 경우는 방송프로그램 심의기구 설치를 방송법으로 의무화하고 있을 뿐만 아니라, 그 밖에 내부 조직에 관한 어떠한 규제조항도 없다. 따라서 민간방송의 경우는 방송의 자유를 지나치게 강조한 나머지 마치 고삐 풀린 말과도 같이 법적으로는 강제 규제가 불가능한 상태다. 단지, 방송사의 재 면허 규정에 의해서 총무성이 그 동안 쌓아온 방송평가 등에 의해서 간접적으로 규제하고 있다는 점이 특징이다.

2) 매스미디어의 집중 배제 원칙

유한하고 희소한 전파를 특정인이 독점하게 되면, 말할 것도 없이 여론의 장이 독점되기 때문에 민주주의 사회의 근간인 자유로운 언론활동이 저해를 받게된다. 따라서 일본 정부는 유한한 전파를 합리적으로 공평하게 운영하도록 규제 내지는 제한해야 한다고 하는 원칙이 일본의 매스 미디어의 집중 배제 이론이다.

⊙ 〈방송국 개설의 근본적 기준 제9조〉에는 「방송국은 방송을 할 기회를 될 수 있는 대로 많은 사람들에게 부여함으로써 방송에 의한 표현의 자유가 가능한 한 많은 사람들에 의해서 향유될 수 있게 하고자 한다. 따라서 다음 각 호에 해당되는 자 이외의 사람이 개설해야 한다(각 호 해당자는 제외)」고 규정하면서 원칙적으로 복수 방송국의 지배를 금지하고 있다. 이것이 매스 미디어 집중 배제 원칙의 기본 골격이다.

⊙ 「경영 지배」의 정의는 다음과 같이 원칙적으로 1사람이 1개 이상의 방송국을 지배하는 것을 제한하고 있다(복수 소유 금지의 원칙).128)

첫째, 방송사업이 동일 지역인 경우 「1사람이 법인, 또는 단체의 결의권을 10분의 1(10%) 이상 초과 소유하는 것」

둘째, 방송 대상 지역이 다를 경우, 하나의 법인이나 단체의 역원이 타의 법인, 또는 단체의 역원(監事, 監査役 또는 여기에 준 하는 자는 제외)을 겸직하여 그 총수가 결의권의 5분의 1(20%)을 넘을 경우. 주식의 경우도, 어떤 특정지역 방송국 A는 당해(동일)지역 방송국 B의 주식을 10% 이상은 소유할 수 없으며,

---

128) 日本民間放送連盟編『放送ハンドブック』, 東洋経済新報社, 1998年, P.40.

타 지역 방송국 C의 경우도 20%(19.9%까지) 이상은 주식을 소유할 수 없게 제한하고 있다.

또, 자회사를 통해서 다른 방송국 D의 주식을 소유하는 "간접 소유"에 대해서는 모국이 자회사의 주식을 과반수 이상 소유하고 있으면, 그 자회사가 소유하고 있는 방송국 D의 주식은 모국이 소유하고 있는 방송국 D의 주식과 합산해서 계산한다. 그러나 이것이 지배에 해당되는지 어떤지를 판단하는 것은 전파법관계 심사기준에 의해서 결정한다고 규정하고 있다.

셋째, 하나의 법인, 또는 단체의 대표권을 가진 역원이나 상근 역원이, 또 다른 법인 또는 단체의 대표권을 가진 역원이나 상근역원(監事, 監査役 또는 여기에 준하는 자는 제외)을 겸임 할 경우도 이 원칙에 의해서 제한을 받는다(교차 소유 금지).

매스 미디어 집중 배제 원칙 적용에 제외되는 것은, 중파 방송·TV방송의 겸업, 중계국의 소유 등이 있다. 또 ① 라디오 방송(중파), ② TV방송, ③ 신문, 이 3사업을 한꺼번에 지배하는 것은 금지되지만, 당해 지역에 뉴스·정보를 전달하는 타 사업자가 있고, 독점할 위험성이 없는 경우는 적용이 제외된다고 하는 예외 규정을 두고 있다. 이 부분은 어느 특정 정치인이 자기의 지역구를 의식하여 우정성에 로비를 한 결과라는 것이 알려지면서 지금까지 항상 문제가 되는 독소 조항이 되고 있다.[129] 그러나 여론독점의 위험성이 적은 도쿄 같은 대도시는 예외로 한다.

민간방송은 방송의 다양성 확보라는 측면에서 <매스 미디어의 집중 배제 원칙>을 엄격하게 적용하고 있다. 즉, 동일한 방송 구역(통상의 경우는 현이 그 단위) 내에서는 3사업(신문, 라디오, 텔레비전)의 복수 지배 금지규정을 두어 동일한 사업자가 이 3개의 사업을 한꺼번에 겸업할 수 없도록 금지하고 있다(2개 소유는 가능 : 이 경우 도쿄나 대도시의 경우는 예외로 3가지 겸업사업을 인정함).

뿐만 아니라, 하나의 경영 주체가 동일 지역의 방송구역 내에서 복수의 방송사업을 겸영 할 수 없도록 복수 국 지배 금지규정을 두고 있다(3사업 복수 내지는 교차 소유 금지의 원칙).

---

129) 도쿄의 경우는 후지TV·산케이 그룹이 예외이고 가고시마 현(鹿児島縣)이 문제가 되고 있다. 가고시마의 경우는 과거 자민당 간사장이었고 부총리까지 지낸 금권정치의 대부로 알려진 가네마루 신(金丸信)의 권력형 로비에 의해서 예외 규정을 두게 되었다고 하는 설은 이미 잘 알려진 사실이다. 특히 가네마루는 전직 우정대신(총무성 장관)출신이다.

그러나 NHK의 경우는 공영방송이라는 특수 법인이기 때문에 예외 규정을 두어 전국 네트-워크를 인정하여 언제 어디든지 교차 내지는 복수 소유가 가능하게 하였다.

3) 외자 진입 규제

◉ 전파법 제5조, 방송법 시행규칙 제17조 제3항 「결격 사유」

국제적으로 배분받은 전파는 원천적으로 자국의 고유 자원이기 때문에 자국을 위해서 활용하는 것은 당연한 것이다. 따라서 무선국의 면허 부여에 있어서 외국 자본에 대한 개방 압력은 부당하다고 보는 것이 일본 정부의 기본적인 입장이다. 따라서 외국인 또는 외국 법인에 대해서는 외자 진입에 규제를 하고 있다.

◉ 「결격사유」 (전파법 제5조)

① 일본 국적을 가지지 않은 자
② 외국정부 또는 그 대표자
③ 외국의 법인, 또는 단체의 3자에 포함된 자
④ "법인 또는 단체로서, ①~③의 해당자가 업무를 집행하는 역원일 경우, 또, ①~③의 해당자가 그 의결권의 5분의 1 이상을 점유한 자"에게는 방송국 면허를 부여하지 않는다고 규정하고 있다.

◉ 「결격사유」 (방송법 시행규칙 제17조 제3항)

주식을 상장한 방송국의 경우는 외국인에 의해서 대량으로 주식이 취득되면 「결격사유」에 해당할 위험성이 있기 때문에 <방송법 제52조 제8항>에, ①~③에 해당하는 자가 방송국의 주식을 취득하고, ④의 조건에 해당되게 되면 주식명부에 주소 성명의 기재를 거부할 수 있게 규정하고 있다.

뿐만 아니라, 방송국은 외국인의 주식소유가 15%에 달하게 되면, 그 비율을 공고하도록 의무화하고 있다. 단, 상장기업의 경우는 25% 이내로 한다.

4. 일본 방송사의 재 면어 기준과 관련 법규

1) 신규 방송국의 면허 기준과 그 조건

〈일본의 동향〉

◉ 최근 일본에서는 방송법 개정과 맞물려 방송과 통신의 개념을 새로 정립해서 입법화해야 한다는 주장이 강하게 대두되고 있다. 즉, 멀티미디어가 등장함에 따라서 멀티미디어에 대한 개념 정립을 어떻게 할 것인가 하는 문제다. 멀티미디어를 방송으로 볼 것이냐 통신으로 볼 것이냐 아니면 제3의 미디어로 볼 것이냐 하는 문제다. 게다가 방송과 통신의 융합 시대에 있어서 멀티미디어를 어떻게 규정하느냐에 따라서 방송법이 개정되어야 한다고 하는 견해다.

방송과 통신은 사용하는 상품이 같은 정보이기 때문에 같은 카테고리의 사업(혹은 같은 종류의 사업으로 분류한 산업)인양 오해를 받고 있다. 특히, 미국과 일본에는 통신사업이나 방송 사업도 동일 행정청이 관할하고 있기 때문에 산업으로서 같은 카테고리에 속하고 있는데도 불구하고 양국 국민들은 그 점에 대해 그다지 의문을 갖고 있지 않는 것 같다.

그런데 유럽에는 통신사업과 방송 사업은 완전히 분리되어 있다. 즉 영국에는 「문화부」가 담당하고, 독일에는 주 정부가 각각 담당하고 있다. 전기 통신의 주관 청은 주파수의 감리 등의 기술적인 행정 분야를 제외하고는 방송 정책에는 관여하지 않는다. 이와 같이 담당 행정관서의 차이는 한 마디로 말해서 미국과 일본은 방송을 산업 정책적인 관점에서 보고 있고, 영국이나 불란서, 독일은 문화 정책적인 측면에서 보고 있는 것이 아닌가 하는 생각이 든다. 다시 말하면 통신이나 방송 사업의 내용들도 이제는 다양화되어 행정의 양태도 그만큼 크게 변화고 있다는 것을 보여주고 있다.

통신사업은 통신 내용 그 자체에 관해서는 아무런 제재도 가하지 않을 뿐만 아니라, 내용은 비밀로서 보호의 대상이 되고 있다. 아무리 저속하고 풍속을 문란하게 했던 내용이라도 일단 다이얼 서비스로서 행해지면 법적으로는 보호 대상이 된다. 그러나 방송 사업에서는 이와는 정반대로 방송 내용이 사회 풍속에 반하거나 실정법에 저촉될 때는 가차 없이 처벌이나 책임 문제가 뒤따르게 된다. 이와 같은 사업 양태의 차이를 엄격하게 구분한다면 통신사업은 내용에 관계없이 정보를 한 장소에서 다른 장소로 운반해서 정보 운송에 대한 운임을 받는 <정보 운수업>이라고도 말할 수 있다.

한편, 방송 사업자는 일부 정보의 운임(스튜디오에서 제작한 정보를 가정의 수신기까지 공급하는 비용)을 포함하지만, 대부분은 내용의 대가인 정보제공 대가를 소비자(유선TV)나 제3자(CM방송)로부터 회수하는 <정보 판매업>이라고 하는 것이 그 본질일 것이다.[130]

자유주의 경제 체제하에서 누구나 자유로이 방송이나 통신사업에 참여하는 것은 기본적으로 보장되어 있다. 그러나 방송의 경우는 다른 사업과는 달라서 전파의 유한성과 공익성, 방송의 사회적 역할 등의 이유로 국가(總務省)가 직·간접적으로 통제하지 않으면 안 된다고 생각하고 있다. 따라서 일본에서 방송국을 개설하려고 하는 자는 총무대신(문광부장관)으로부터 면허를 받아야 한다. 방송국의 면허는 사업의 면허가 아니고, 전파법 제4조에 따라서 「무선국으로서의 방송국」의 면허를 총무 대신으로부터 받기 때문이다.

전파법에 따르면 방송국의 면허를 받은 자는 전파법상 「무선국으로서의 방송국의 면허인」이라고 하는 입장에서 전파법의 규제를 받게 되고, 또 하나는「방송법상 방송 사업자」라고 하는 지위가 주어지기 때문에(방송법 제4조 제1항), 방송국 개설 후 업무 운영에 관해서는 방송법의 규제를 받도록 되어 있다. 그런데 실제로 방송에 필요한 방송용 주파수의 할당과 무선국의 개설 허가는 총무 대신의 전결 사항으로 되어 있다.[131]

즉, 총무 대신은 「국제 전기 통신 조약」이나 「부속 무선 통신 규칙」에 따라 일본에 할당된 주파수를 국내에 업무별로 배분할 때 「주파수 할당 원칙」을 사전에 공표해야 한다. 이 원칙에 의해서 방송용으로 배분된 주파수는 우정 대신의 「방송용 주파수 할당 계획」에 따라 구체화되고 있다. 주파수 할당 원칙은, 또 「표준 방송용 주파수 할당 계획」「초단파 방송용 주파수 할당 계획」「텔레비전 방송용 주파수 할당 계획」으로 3종류로 구분된다.

이들의 계획은 각각 할당 계획의 「기본 방침」과 「계획표」에 의해서 이루어지고 있다. 총무성 기본 방침에 의하면 NHK에 관해서는 「널리 일본 전국에 걸쳐서 2개의 서로 다른 프로그램을 동시에 시청할 수 있도록」하고 있고, 민간 방송(일반 방송 사업자)에 관해서는 「민방의 건전한 발달과 전국 주요 지역에서 그 시청이 가능할 수 있도록」하게 한다고 규정하고 있다. 그런데 이 할당 계획표에

130) 富田徹郎「神さま, 500チャンネルをお望みですか」『民放』(7月号), 日本民間放送連盟, 1996年, P.4.
131) 美ノ谷和成『放送論』, 学陽書房, 1992年. pp.4-5.

는 물리적으로 할당이 가능한 방송용 주파수가 포함되어 있을 뿐만 아니라, 국제 배분 표와 국내 배분 표도 포함되어 있다. 그러나 이것이 반드시 일치한다고는 할 수 없다. 즉 방송국의 면허는 할당 계획에 입각한 총무 대신의 재량권에 속하는 사항이기 때문에 일본의 방송국 면허는 총무 대신에 의해서 좌우될 가능성이 충분히 있다. 즉 일본의 방송사업 면허권은 전파법과 방송법에 의해서 총무 대신에게 주어진 전권 사항이기 때문에 총무 대신에 의해서 좌지 될 수 있게 되어 있다.

(1) 방송국 면허신청과 심사기준(신규)

현행법상, 방송국의 면허 기준은 전파법 제7조 제1항에 따라 다음과 같이 되어 있다.[132]

〈면허의 신청〉

◉ 전파법 제6조에 「면허의 신청」, 제7조 「신청 심사」에 관한 규정이 있지만, 방송국 면허와 무선국 면허는 달리 취급하고 있다.

방송국의 면허를 신청하고자 하는 사람은 전파법 제6조의 규정에 따라, 우선 신청서에 다음과 같은 사항을 기재한 서류(전파법 6조)[133]를 첨부하여 총무 대신에게 제출해야 한다. 또한, 그 이외에도 전파법 제6조 2항에 따라 신청서에 다음과 같은 사항을 기재한 서류를 첨부하여 총무 대신에게 제출하여야 한다.[134]

① 무선 설비공사 및 무선국 운영비의 지불 방법
② 사업계획 및 사업수지 예산서
③ 방송사항
④ 방송구역

이 4가지 사항이 추가되어 방송국으로서의 사업성에 관한 무게에 중점을 두고 있다.

---

132) 郵政省放送行政企劃課 『放送六法』, 1998年, P.5.
133) 방송법 제6조 : 무선국의 면허를 받고자 하는 사람은 신청서에 다음 사항을 기재한 서류를 첨부해서 총무대신에게 제출하여야 한다. ① 목적, ② 개설을 필요로 하는 이유, ③ 무선설비의 설치장소, ④ 전파의 형식 및 희망하는 주파수의 범위와 공중선 전력, ⑤ 희망하는 운용허용 시간, ⑥ 무선설비 공사설계 및 공사 낙성 예정일, ⑦ 운용 개시 예정일
134) 방송을 하는 무선국의 면허를 받고자 하는 사람은 전항의 규정(전파법 제6조 제1항)에 관계없이 신청서에 다음과 같은 사항을 기재한 서류를 첨부해서 총무대신에게 첨부해야 한다. 전파법 제6조 제2항②~⑤까지 기재하여 제출

〈면허 신청 수속〉135)

-지상파방송국의 면허 수속 수순-

① 〈방송보급 기본계획〉 및 〈방송용 주파수 사용계획〉의 변경(전파감리심의회136)
에 자문, 의견 청취, 회답)
↓
② 보도발표(면허신청 마감일 유의)
↓
③ 면허의 신청(전파법 제6조) - 면허신청 수리 기간
↓
④ 신청서의 심사(단일화 조정, 또는 경합 : 전파법 제7조)
↓
⑤ 전파감리심의회에 자문, 회답
↓
⑥ 예비 면허(전파법 제8조)
↓
⑦ 회사 설립 수속
↓
⑧ 예비면허(가 면허) 조건달성 확인(전파법 8조)
↓
⑨ 공사 낙성서의 제출, 공사 낙성후의 시설검사(전파법 제10조)
↓
⑩ 면허 부여(전파법 제12조)
↓
⑪ 운영 개시신고(전파법 제15조)

◉ 총무성은 통상 방송사업자들의 방송국 개설 움직임이 있으면, 우선 그것이 방송
정책이나 방송보급 관점에서 합당하고, 또 방송용 주파수 확보가 가능하다면,
총무성은 전파감리심의회에 방송보급 기본계획 및 방송용 주파수 사용계획의 변
경을 자문하게 된다.

135) 日本民間放送連盟編 『放送ハンドブック』, 東洋経済新報社, 1998年, P.38.
136) 동 심의회는 중의원·참의원 양 의원의 동의를 얻어서 총무대신이 임명하는 5인의 위원으로 구성되어 있다.
성령(省令)의 제정이나 개폐, 무선국(방송국 포함)의 면허 및 취소 등 전파 및 방송의 규율에 관한 사항을 조
사 심의하고 총무대신에 대해서는 필요한 권고를 하는 등 전파법, 방송법, 유선텔레비전 방송법 등에 입각해
서 총무대신 처분에 대한 불복 신청에 관해서도 심사 및 의결을 한다. 또, 총무대신은 심의회의 권고가 있을
경우는 이를 존중하여 조치를 취해야 한다. 행정처분에 대하여 의의신청이 있을 경우 총무대신은 그 의의신청
에 대한 심의회의 의결에 따르지 않으면 안 된다.

◉ 전파감리심의회는 이해 관계자로부터 의견을 청취하고, 변경이 가능하다고 인정되면 그 취지를 총무성에 통보하게 된다. 전파감리심의회의 답신에 따라 새로운 방송용 주파수가 확보되고 면허 신청을 하게 되는 단계에 돌입하게 된다.

◉ 새로운 기술을 사용하는 방송사의 경우는, 이에 앞서 우선 전기통신기술회의에 기술 기준에 관한 자문을 먼저 거쳐야 한다. 그 다음 실험 등을 거쳐서 결과 답신과 함께 「송신의 표준방식」이 책정되고 이것이 다시 전파감리심의회에 신고하는 절차를 거쳐서 총무성 령으로 정하게 된다.

◎ 면허신청 단계에서 신청자가 한 사람 뿐일 때는 심사기준에 만족하면, 전파감리심의회에 자문을 거쳐서 회답하고 당해 신청자에 「예비 면허」(가 면허)를 부여하게 된다. 예비 면허를 부여받은 자는 사업을 본격화하고 방송국 건설에 착수하게 된다. 공사가 완성되면 총무 대신에게 낙성 신고를 하고, 낙성 후 시설 검사를 받게 된다. 이때 별다른 문제가 없으면 본 면허가 부여되며 곧 방송국을 운용 개시하게 되는 것이 일반적인 면허심사의 절차이다.

◉ 그런데 면허신청 단계에서 신청자가 복수인 경우가 많다. 〈방송국의 개설 기본적 기준〉 제11조에는 「할당할 수 있는 주파수가 부족할 때는 각 항의 적합 여부를 봐서 가장 공공의 복지에 기여할 자가 우선 한다」고 정해져 있기 때문에 한 사람에게만 부여하게 된다. 실제로 신청자가 복수일 경우에는 당사자간 협의에 의해서 「일원화 작업」을 행하는 경우가 많다. 이때는 유력자가 개입하여 조정하는 것이 효율적이지만, 외부에서 봐서는 조정 과정이 불투명하다고 하는 지적도 있다.

〈신청의 심사〉[137]

총무 대신은 전파법 제7조 제2항(전파법 제6조 제2항)의 신청서를 수리한 이후에는 지체 없이 그 신청이 다음의 각 호에 적합한지 어떤지를 심사해야 한다.

〈전파법 제7조 제2항〉

① 공사 설계가 전파법 제3장에 정해진 기술 기준에 적합할 것
② 총무대신이 정한 방송용 주파수 활용계획에 의거하여 주파수 할당이 가능 할 것
③ 해당 업무를 유지할 수 있는 재정적 기초가 있을 것
④ 앞의 ③항에 언급한 것 이외에 총무성 령에 규정되어 있는 방송용 「무선국의 개설 근본적 기준」에 합치 할 것

---

137) 日本民間放送連盟編 『放送ハンドブック』, 東洋経済新報社, 1998年, pp.38-39.

위의 기준 중에서 네 번째 항목이 너무 포괄적이어서 종종 문제를 야기 시키고 있다. 아무튼 신청한 면허 기준이 여기에 적합하다고 인정할 때에는 「**예비 면허**」(전파법 8조)를 부여하고, 공사 낙성 후에 시설검사를 거쳐서 「본 면허」를 주게 된다(전파법, 10조, 12조). 또한, 이 면허는 영구적이 아니라 5년마다 재 면허를 받도록 되어 있다. 이것은 면허 갱신이 아니라, 실제로 신규 면허를 받는 형식에 가까워 최고 재판소(대법원)의 판례에서도 논란의 대상이 되고 있는 부분이기도 하다.[138]

일본의 지역 민방의 허가 기준 중에서 한 가지 주목할 만한 것은 「예비 면허의 부대조건」이다. 이것은 총무 대신이 예비 면허를 허가하기에 앞서 부대조건으로 방송 사업이 인적 물적(자본적)으로, 그 지역사회에 밀착하여 공정히 결합할 수 있을 것인가 어떤가를 심사하고자 한다. 그 구체적인 심사 기준은 다음과 같다.[139]

(2) 방송 구역이 동일할 경우

〈방송 구역이 동일할 경우〉

◉ 매스 미디어 집중 배제 원칙 참조

① 하나의(동일) 텔레비전 방송 사업자가 같은 방송 구역, 또는 대부분을 공유하는 텔레비전 방송국은 2개 이상 개설하지 않을 것
② 하나의 텔레비전 방송 사업자가 같은 방송 구역, 또는 대부분을 공유하는 다른 텔레비전 방송 사업의 자본을 10%이상(의결권이 있는 것) 소유하지 않을 것
③ 하나의 텔레비전 방송 사업자의 대표권을 가진 역원(監事, 監査, 여기에 준 하는 사람 외)이 같은 방송 구역 또는 대부분을 공유하는 타 방송국의 대표권을 행사하는 역원은 겸직하지 못한다

(3) 방송 구역이 다를 경우

〈방송 구역이 다를 경우〉[140]

◉ 매스 미디어 집중 배제 원칙 참조

138) 長谷部恭男(多メディア多チャンネル時代の放送法制)『テレビノ憲法理論』, 弘文堂, 1992年, pp.120-122.
139) 郵政省放送政策局 国会提出資料(1999.7.15.), 美ノ谷和成『放送論』, 前掲書, pp.7-8.
140) 郵政省放送政策局 国会提出資料(1999.7.15.)

① 하나의(동일) 텔레비전 방송 사업자가 방송 구역을 달리하는 텔레비전 방송국을 2개 이상 개설하지 않을 것
② 하나의 텔레비전 방송 사업자가 방송 구역이 다른 텔레비전 사업자 자본의 20분의 1 이상(의결권이 있는 것, 19.9%까지)을 소유하지 않을 것
③ 하나의 텔레비전 방송 사업자가 대표권을 가진 역원(간부)이 다른 방송 구역의 대표권을 행사하는 역원은 겸직하지 않는다

앞에서도 이미 지적했지만 일본 총무성은 매스컴의 집중화를 제도적으로 규제하기 위하여 한 계열의 사업자(동일 계열)가 라디오, 텔레비전, 신문, 이 세 종류의 매체를 동시에 소유할 수 없도록 면허 기준 심사 요령(방송국 개설의 근본적 기준 제9조)[141]에서 제한하고 있다. 따라서 일본의 방송 사업은 대체로 텔레비전 방송국과 신문사를 동시에 소유하고 있는 형태가 대부분인데 신문사는 뉴스를 방송국에 공급하고 방송국은, 또 각종 뉴스 정보를 신문사에게 제공하는 공조 체제를 유지하고 있다.

예를 들면, 동경에 있는 공영방송인 NHK를 제외한 5개 민영 방송사 키-국(Key Station : 母局)이 그러한 경우인데 니혼텔레비전방송(N-TV, channel 4)은 요미우리신문(讀賣新聞)계열사이고, 도쿄 방송(TBS-TV, channel 16)은 마이니찌신문(每日新聞) 계열사(이 兩社는 실제로 자본의 거래 관계는 없으나 정보는 서로 교환함), 후지텔레비전(CX-TV, channel-8)은 산께이신문(産經新聞)의 계열사이며, 텔레비전 아사히(ANB-TV, channel-10)는 아사히신문(朝日新聞)의 계열사다. 또 텔레비전 도쿄 방송(TX-TV, channel-12)은 니혼케-자이신문(日本經濟新聞)의 계열사로 되어 있다. 지방의 방송국들도 대개는 도쿄의 키 스테이션(Key station)과 협조적인 자본 관계를 맺고 있거나, 아니면 지방지와의 자체 제휴로 신문 매체와 공조 체제를 갖추고 있는 방송이 많다.

이처럼 일본에는 신문사가 TV방송국을 겸업하고 있는 이유는 초기 방송사 설립당시에 신문사의 도움 없이는 거의 불가능한 상황이었고, 또한 이들의 노하우가 절실히 필요하였기 때문이었다.

◉ 일본에 있어서 지역 방송이라고 한다면 크게 4개의 광역권으로 나눌 수 있는데 도쿄를 중심으로 한 관동(關東)지역권의 키-스테이션과 오사카를 중심으로 한 긴끼(近機)지역권의 준 스테이션, 그리고 나고야를 중심으로 한 쥬쿄(中京)지역권의 준준 스테이션, 그 밖의 켄(縣)등으로 나눌 수 있다.

---

141) 郵政省放送行政企劃課, 前揭書, pp.108-109.

2) 방송국 재 면허의 근거 규정과 심사 요건

(1) 재 면허의 근거 규정

○ 재 면허의 근거 규정(1999.7.15, 郵政省 放送政策局, 通信政策局 資料)

> 전파법 제13조 제1항(면허의 유효기간)
> 「면허의 유효기간은 면허일로부터 기산(起算)하여 5년을 넘지 않는 범위에서 총무성 령으로 정한다. 단, 재 면허의 경우도 무방하다」

※ 방송국의 면허 유효기간은 5년(전파법 시행규칙 제7조 제1항 제6호)

○ 재 면허의 심사 근거 규정[142]

> 전파법 제7조 제2항
> 「총무대신은 전조 제2항(제6조 제2항)의 신청을 수리했을 때는, 지체 없이 그 신청서가 다음의 각호에 적합한지 여부를 심사해야 한다.」(다음 각호 항목 참조)

○ 재 면허의 심사 항목

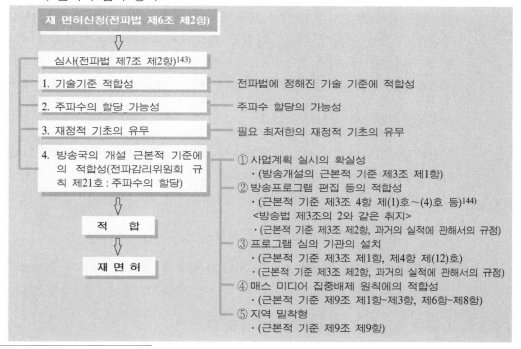

---

142) 「郵政省 放送政策局, 通信政策局 資料」, 1999年 7月 15付け.

143) 전파법 제7조 제2항 "총무대신은 전조 제2항(방송을 하려고 무선국의 허가를 받고자 하는 자)의 신청서를 수리하였을 때는 지체 없이 다음 각 호에 적합하니 어떤지를 심사해야 한다. ① 공사 설계가 제3장에 정해진 기술기준에 적합할 것, ② 총무대신이 정한 방송용주파수사용계획(방송을 하는 무선국에 사용할 수 있는 주파수 및 그 주파수의 사용에 관해서 필요한 사항을 정한 계획)에 의해 주파수의 할당이 가능할 것, ③ 해당업무를 유지함에 있어서 재정적 기초가 있을 것, ④ 전 3항에 언급한 것 외에 총무성 령으로 정해진 방송을 하려고 하는 무선국의 개설의 근본기준에 합치 할 것".

144) 방송개설의 근본적 기준 제3조 제4항(방송법 제3조 제2항과 동일).

(2) 재 면허의 심사 요건(신규면허 포함)

방송국의 재 면허 심사 규정이나 요건은 신규 면허 때와 거의 똑 같이 동일한 조건에서 심사를 한다. 단, 신규면허의 경우는 방송국 개설 전이기 때문에 시설 면이나 주파수의 할당 가능성, 재정운용, 지역과의 밀착성 등에 중점을 두고 심사를 한다. 그러나 재 면허의 경우는 시설기준 면에서는 이미 설비되어 있기 때문에 운영 면에 중점을 두고 심사를 한다. 즉, 신규면허의 경우는 대체로 <전파법>에 관련된 내용이 많고, 재 면허의 경우는 <방송법>에 관련된 부분이 대부분이다.

앞에서 언급한 바와 같이 <전파법 제7조 제2항>에 따라, 재 면허의 심사 항목은 크게 4가지로 나눌 수 있다. 그런데 <① 기술기준 적합성, ② 주파수의 할당 가능성, ③ 재정적 기초의 유무>에 관한 3가지 항목은 이미 검증이 되었기 때문에 형식적인 서류 심사로 대신하는 경우가 대부분이다. 따라서 실제적으로 재 면허 심사에서 가장 심사의 중요한 요건이 되는 항목이 네번째 항목인 <④ 방송국의 개설 근본적 기준>(방송국 개설의 면허에 관한 기본적인 방침)에 대한 심사다. 이 네 번째 항목도 다시 세분하여 보면 다음과 같이 ①~⑤까지 크게 5가지로 나눌 수 있다. 구체적인 각 항목의 심사내용과 요건은 다음과 같다.

첫째 〈① 사업계획 실시의 확실성〉

전파감리위원회규칙 제21호 <방송국 개설의 기본적 기준 제3조 제1항>에 의하면, 방송국 면허를 받고자 하는 자가 확실히 그 사업 계획을 실시할 수 있을 것인가 하는 확실성에 대한 평가다.

둘째 〈② 방송프로그램 편집 등의 적합성〉

<동 기준 제3조 제4항 제1호~제4호>(방송법 제3조 제2항과 동일)에 의하면, 그 방송국의 방송프로그램 편집 및 방송은 다음 각 항에 적합해야 한다.

1. 공안 및 선량한 풍속을 해치지 않을 것
2. 정치적으로 공평할 것
3. 보도는 사실을 왜곡하지 않을 것
4. 의견이 대립되는 문제에 대해서는 될 수 있는 대로 많은 각도에서 논점을 밝히게 할 것

셋째 〈③ 방송 심의 기관의 설치〉

<동 기준 제3조 제1항, 제4항 제(12)호>에 의하면, 방송국 신청자는 방송법 제3조 제4항에 규정한 「방송프로그램 심의기관」(이하 심의기관)을 설치해야 한다는 규정이 있다.

또, <동 기준 제3조 제2항>에서는 '재 면허에 관해서는 전항 제4호 및 제6호 (3)에 적합한 것은, 과거의 실적이 있어도 증명되어야 한다.'고 규정하고 있다. 반드시 방송국내에 방송프로그램 심의기관을 설치해야 하고, 또한 그 실적이 증명되어야 한다고 하고 있다.

예를 들면, 문제의 프로그램이 있을 경우는 사후에 어떤 조치를 취했는가 하는 결과 처리의 실적 심사를 평가한다.

넷째 〈④ 매스 미디어 집중배제 원칙에 대한 적합성〉

〈매스 미디어의 지배 집중 배제원칙 부분이나 재 면허의 신청부분 참조〉
〈동 기준 제9조 제1항∼제3항, 제6항∼제8항〉

단, NHK는 공영방송이라는 명목으로 <매스미디어의 집중 배제원칙>의 적용에서 예외로 인정한다. 또, 도쿄나 대도시에서는 한 두 사람이나 어느 특정 단체에 의해서 매스 미디어가 독점되기는 사실상 불가능하다고 보고 제외하고 있다. 그런데, 법 앞에는 모두가 평등해야 하지만 불행하게도 이 조항은 모두 민간방송에게만 적용되는 불평 등 규정이다.

다섯째 〈⑤ 지역밀착성〉

<동 기준 제9조 제9항>방송국을 개설하려고 하는 방송국의 주된 출자자, 역원 및 심의기관의 위원은 될 수 있는 한 방송에 관련 있는 방송대상 지역에 주소를 가져야 한다.

제5장 일본 방송사의 평가 기준과 시청자 활동

1. 방송평가와 기준

1) 방송내용의 기준항목

방송평가에 관련된 항목은 앞에서도 약간 언급했지만, 구체적으로는 다음과 같은 관련 내용이 있다.

① 제도적인 평가

○ 법, 이념, 제도, 가치기준,
○ 공공 서비스

최대한의 보급, 방송의 불편부당, 표현의 자유 확보, 건전한 민주주의 발달, 소수자에 대한 배려, 언론보도의 다원성 확보, 공공복지의 실현, 인적 물적 투자 등

② 편성평가

○ 방송의 폭과 질, 채널의 다양성, 프로그램의 다양화, 소재의 다양성, 프로그램의 윤리성, 편성 시간의 다양성, 시점의 다양성

③ 프로그램평가

○ 시청자가 본 프로그램의 질. 즉 여러 계층에 의한 만족도 등
○ 전문가가 본 프로그램의 질. 제작 기술적인 수준, 품위, 진실보도, 균형 있고 공평한 방송, 창조성 발휘, 건전한 가치관, 신선도, 제작비, 표현기술 등 방송제작자가 본 프로그램의 질(독자성, 정당성, 카메라, 조명, 오디오, 연출, 창조성, 표현력, 메시지의 명확성, 예술성, 콘테스트 입상작 등)
○ 프로그램 평가위원회(개별 방송사별)
   NHK(<중앙방송프로그램 심의회>, <지방방송 프로그램 심의회>)
   민간방송의 경우는 <민간방송연맹 프로그램 심의회> 등이 있다.

④ 화면의 질적인 평가

○ 시청자에 의한 수신 화면의 질(시청자 복지)
○ 방송의 Quality Assessment

이 밖에도 ① 방송 활동 시스템과 ② 채널, ③ 프로그램을 분리하여 평가하는 경우도 있다. 즉, 여기에서 말하는 시스템은 그 국가의 방송제도 전체를 의미한다. 뿐만 아니라, 방송국을 둘러싼 방송 환경이나 사회적인 제 집단(국가, 사회, 시청자, 전문가), 그리고 서로 다른 계층 간의 가치관의 차이, 공익적인 서비스(최근에 서방제국은 이 부분을 가장 중요시), 인권 존중과 문화창달 등 방송사를 둘러싼 방송 내외적인 환경 전반에 걸쳐서도 어떻게 대응하고 있는 가를 평가해야 한다.

2) 방송편성의 평가관련 내용과 기준

「방송 편성이 뭐냐」라는 질문에 간단명료하게 답하기는 매우 어려운 일이다. 그러나 방송 편성은 방송국에서 가장 중요한 심장부 중의 「심장」이라고도 말할 수 있을 정도로 주요한 부분이다.

광의의 의미로 편성은 경영방침 책정에서부터 기획개발, 결정 및 그리고 제작부문까지도 모두 포함하지만, 협의의 의미로는 사회적인 책임이나 경영방침 등에 따라서 프로그램의 분량이나 배열을 결정하는 행위를 말한다.[145] 여기에서는 광의의 편성부분에서 제작부문을 뺀 행위에 대해서 만 언급하기로 한다. 즉, 「

---

145) 日本民間放送連盟 『放送ハンドブック』, 1999年, P.257.

편성」이라는 것은 일정한 방침을 가지고, 「무엇을」「언제」「어떻게」 방송할 것인가를 결정하는 작업을 말한다.

(1) 방송편성을 규정하는 요인

편성 작업을 행함에 있어서 여러 가지 사항들을 고려해야 한다. 이러한 고려행위는 결과적으로 다음과 같은 편성행위를 규정하는 요인이 된다.

① 방송국의 사회적 책임

이것은 기본적으로 방송국의 존립 기반과도 같은 것이다. 즉, 헌법, 방송법을 필두로 여러 가지 법률, 민간방송연맹기준, 개별 방송국의 프로그램기준, 프로그램심의회의 의견, 그리고 여론 등이다.

② 방송국의 경영방침

특히 큰 사업과 연동된 특별 프로그램 편성, 캠페인 활동, 년말연시나 봄가을의 프로그램 개편, 사건사고 등 재해보도시의 자사의 영업방침 등.

③ 시청자에 관한 정보

시대, 계절, 요일, 시간대 등에 의한 시청자들의 라이프스타일이나 텔레비전 시청률 동향 등을 고려해야 한다.

④ 영업사정

채산성, 영업 사정, 광고주의 요청 등.

⑤ 방송국의 네트-워크 사정

프로그램 네트-워크의 범위, 계열국의 편성 사정 등.

⑥ 제작체제

기획이 아무리 좋아도 스탭진이 없으면 안 되고, 스튜디오 등의 설비가 부족하면 공허한 공론에 불과하다. 또 제작체제상 방송시간의 변경이나 생방송을 녹화로 한다든지 하는 경우 등이다.

⑦ 장래를 위한 대응

당면 시청률에 대한 채산성보다도 장래의 계획이나 이미지, 방송사의 지위확립,

또 탤런트나 사내 인재육성, 제작사에 대한 배려, 기술 향상, 욕구충족 등이다.

이상 언급한 사항들을 고려해서 토의, 검토를 거듭하여 프로그램 표를 작성한다. 그 사이 제작 현장이나 관련된 여러 섹션과도 협의, 조정하여 편성 작업을 진행시켜야 한다.

3) 방송편성 조직과 작업 내용

일본의 방송사 조직에는 거의 모두 편성에 관련된 부서가 있다. NHK의 경우는 방송총국에 편성국이 있으며(앞의 NHK조직 참조), 민방의 경우는 대체로 편성국이나, 편성부, 혹은 편성○○부 라는 이름으로 「편성」이라는 글자가 붙어있다.

NHK의 경우는 회장의 자문기구로 <국내 프로그램 심의회>를 설치하고 도쿄에는 <중앙 방송프로그램 심의회>, 지방에는 <지방 방송프로그램 심의회>를 설치하여 매월 1회씩 방송프로그램 편성에 대한 심의를 계속하고 있다. 보도와 교육·교양·오락 각 분야의 프로그램을 필두로 국내 프로그램 전반에 걸쳐서 의견을 교환하고 그의 적정화를 기하고 있다.

(1) 편성 조직

도쿄의 키-국(Key Station:모국), 준 키-국(大阪局)의 경우는 조직상 거의 모든 텔레비전 방송국에는 편성에 관한 부서가 설치되어 있다. 단, 편성국에 포함되어 있는 기능이나 업무 내용에 대해서는 다소 차이가 있으나, 크게 구분해보면 <제작 포괄형>과 <제작 분리형> 2가지의 형태로 나눌 수 있다.

제작 포괄형은 NHK와 후지TV, 니혼TV가 대표적이다. 제작부문을 포함하고, 기획 발주는 물론 프로그램 제작에 관해서도 편성국이 책임을 지는 편성 주도형의 조직이다.

여기에 대해서 TBS, TV아사히, TV도쿄는 편성과 제작부문을 병렬한 제작 분리형태를 취하고 있다. 이런 형태의 경우는, 프로그램 기획, 개발, 집약, 결정, 그리고 발주에 관한 권한을 어느 부서에서 갖느냐에 따라서 문제가 달라진다. 단지, 조직상에는 제작국과 병렬되어 있지만, 편성 섹션에 기획부문이 설치되어 있어서 기획결정에 관해서는 편성 주도형으로 진행된다고 보아야 할 것이다.

제작 분리형의 경우는 제작부문에 포함되지 않는 영화나 애니메이션 등 외주 제작담당이나 해외 프로그램판매, 외국으로부터의 구입업무, 제작에 직접 관여

하는 아나운서 등의 섹션이 편성국에 속하는 경우도 있다. 또한, 같은 편성국이
라도 담당 업무의 내용은 상당히 다양할 수 있다.

한편, 지방 방송국의 경우는 키-국의 계열에 속해 있으면 자사에서 편성할 수
있는 시간대가 한정되어 있기 때문에 자사 제작 프로그램 량도 적은 편이다. 따
라서 <편성>이라는 이름의 섹션이 없는 방송사도 있고, 업무부로서 키-국과의
조정이나 프로그램 구입, 또한 방송에 필요한 마이크로회선의 확보·변경에 관
한 업무 등을 수행하는 경우도 있다.

(2) 편성 업무

편성 업무를 크게 구분하면 방송프로그램 작성업무와 이를 백업하는 지원업
무 2가지다. 프로그램 작성업무는 한 마디로 말해서 프로그램의 나열 방법을 결
정하는 것이고, 지원업무는 프로그램 작성과 함께 주변업무, 조사(시청률이나 여
론, 마케팅 등), 심사(방송법이나 방송기준, 프로그램 기준 등), 자료정리, 저작권
처리, 예산, 프로그램 PR, 스튜디오 관리 등이다.

4) 평가 대상

평가 대상은 라디오(FM방송 등)냐 지상파냐, 혹은 위성, 케이블, 다중 문자방
송, 다중 음성방송, 하이비전 등 전파의 특성이나 채널별로 구분해서 평가하는
것이 좋다. 일본의 경우는 최근에 방송편성 자체가 매체 특성이나 채널별로 특
성 있게 편성하기 때문에 자연적으로 평가도 달라지고 있다. 예를 들면, 위성의
경우는 보도와 오락으로 특성화 하고 있고, 퍼펙트 TV의 경우는 오락이나 레저
쪽으로 특성화하고 있다.

5) 평가 내용

보도, 교육, 교양, 오락 등으로 구분
○ 방송프로그램의 형태
  정규방송, 단일방송, 스페셜방송
○ 장르별 프로그램
  드라마, 버라이어티·퀴즈, 음악 프로그램, 뉴스·정보프로그램, 와이드 쇼,
  스포츠

6) 편성기준과 실제

〈NHK의 방송 프로그램 부문별 편성기준〉[146]

NHK의 기본 편성 방침은 라디오, 지상파 TV, 위성, 하이비전, 음성 각파를 구분하고 있다.

○ 종합 TV : 정시 프로그램의 경우는 보도 프로그램이 20%이상, 교육 프로그램이 10%이상, 교양 프로그램이 20% 이상, 오락 프로그램이 20%이상

○ 교육 TV : 정시 프로그램의 경우는 교육 프로그램 75%이상, 교양 15%이상, 보도 프로그램 약간

○ 위성 제1TV : 정시 프로그램의 경우, 교육 프로그램 10% 이상, 교양 프로그램 20% 이상

○ 위성 제2TV : 교육 프로그램 30% 이상, 교양 프로그램 20% 이상

○ 하이비전 : 교육 프로그램 10% 이상, 교양 30% 이상

○ 제1라디오 : 정시 프로그램의 경우, 보도 프로그램 35% 이상, 교육·교양 프로그램 25%, 오락 프로그램 20% 이상

○ 제2라디오 : 정시 프로그램의 경우, 교육 프로그램 65% 이상, 보도 프로그램 10% 이상, 교양 15% 이상

○ FM방송 : 정시 프로그램은, 보도 10% 이상, 교육·교양 40% 이상, 오락 프로그램 25% 이상

○ 다중방송 : TV 문자다중방송은 청각장애자를 위한 자막방송, 위성 제2TV에서도 자막방송
TV 음성 다중방송은 스테레오 방송, 2개 국어 방송, 해설방송
FM문자방송은 뉴스에 프로야구 정보 등을 첨가하고, 기상 정보 등도 전달

　민간방송의 경우는 급변하는 국내외 방송환경 변화에 대처하기 위하여 편성방침은 국제화내지는 생활 패턴의 다양화에 중점을 두고 24시간 방송체제로 나아가고 있다. 특히, 그 중에서도 ① 편성의 유연화, ② 생방송화, ③ 와이드화, ④ 올 나이트화의 경향으로 흐르고 있는 것이 특징이다.

　민방의 경우는 면허를 받을 때 교육프로그램 10%이상, 교양프로그램은 20% 이상 방송하지 않으면 안 된다는 방송편성의 의무조건 기준이 있다. 또한, 민방은 NHK와는 달라서 보도나 오락부문에 대해서는 의무 규정이 없다. 다만, 방송법에는 특별한 사업계획을 제외하고는 TV프로그램 편집에 있어서 교양, 교육,

---

146) 『2005NHK年鑑』, 200年, pp.125~127.

보도, 오락의 각 프로그램 간에 조화를 이룰 것 등을 요구하고 있다.

실제로 1996년 10월부터 12월까지(3개월간) 장르별 TV프로그램 방송시간을 보면, 보도가 21.5%, 교육이 10.8%, 교양이 23.2%, 오락 43.8%가 되고 있다. 이는 8년 전의 동 시기에 비해서 거의 변화가 없는 편이다.

2. 방송운영(제작환경 및 재무비율) 평가 관련 내용

방송사를 평가하는 데는 개별 방송사가 프로그램을 제작할 때 어떠한 프로그램을 어떻게 제작하는가를 평가하는 제작환경에 대한 평가도 매우 중요하다. 특히, 제작환경의 개선문제는 프로그램 질과도 직접적인 영향이 있기 때문에 주목할 필요가 있다. 먼저, 제작환경 부분에서부터 언급해보기로 한다.

1) 프로그램의 종류

(1) 송출 형태에 따른 프로그램의 종류

크게 2가지로 나눌 수 있다 ① 생방송, ② 녹화방송. 물론, 양자를 혼합한 프로그램도 있다.

(2) 제작 형태별 프로그램의 종류

제작형태별로 보면, 옥내 제작과 옥외 제작이 있다. 전자는 ① 스튜디오에서 제작하는 프로그램, 후자는 ② 로케이션 프로그램이다. 여기에도 현지 로케이션을 녹화한 프로그램을 스튜디오에서 토크로 전개하는 프로그램도 있다.

(3) 제작 주체별로 본 프로그램의 종류

① 방송국 자체 제작 프로그램

프로그램 기획에서부터 생산에 이르기까지 방송국 자체 스탭진을 중심으로 제작하는 프로그램. 단, 구성작가나 각본가는 기본적으로 외부의 사람이다. 작가를 포함한 완전히 일관된 자체방송 체제는 거의 없는 편이다.

② 프로덕션 제작 프로그램

방송국의 주문을 받아서 제작하거나 혹은 제작회사 스스로 기획해서 제작하는 프로그램

2) 프로그램의 외주제작

(1) 외주제작

사회가 다양화 되어 감에 따라서, 방송사가 자체적으로는 시청자나 광고주의 기호에 맞게 프로그램을 제작하기는 매우 어려운 일이다. 뿐만 아니라, 방송사가 자체의 인력확보나 예산을 투입하여 프로그램을 제작하기에는 너무나도 역부족인 것이 현실이다. 또한, 프로그램 제작면 만을 본다면, 방송사와도 어깨를 나란히 할 정도로 실력을 갖춘 프로덕션이 많이 증가하게 되어 프로덕션의 협력 없이 TV방송국이 자체로 프로그램을 제작·방송한다는 것은 불가능하다. 따라서 외주제작 형태는 크게 2가지로 나눌 수 있다.[147]

① 완전 외주형

방송국으로부터 완전히 주문만 받아서 제작 납품하는 형태

② 공동 제작형

방송국에서는 PD나 제작 스탭진을 파견하여 프로덕션 제작진과 협의하여 의도한 프로그램을 제작하는 형태이다. 이때 제작 장비나 기자제는 프로덕션 장비를 이용한다. 최근에는 이러한 제작 형태가 점점 늘어나고 있는 추세다.

(2) 비중이 증가하는 제작·파견회사

앞에서도 언급했지만, TV프로그램은 반드시 TV방송국의 사원만이 제작하는 것이 아니다. 단독으로 제작하여 방송국에 납품하든지, 아니면 방송국과 공동으로 제작하는 프로그램 제작회사(프로덕션)나 연출·기술 스탭진을 방송국에 파견하는 인재 파견회사의 협력 없이는 프로그램을 제작할 수 없는 것이 현실이다.

1970년대에서 80년대에 걸쳐서 TV방송국을 떠난 제작맨들을 중심으로 프로덕션이 많이 설립되었다. 1982년 3월에 일본 텔레비전 프로그램 제작사연맹(ATP : Association of All Japan Television Program Production Companies)이 설립되었다.

---

147) 日本民間放送連盟 『放送ハンドブック』, 1994年, pp.273~274.

2006년 2월 1일 현재 정회원이 74개사, 준회원이 16개사, 찬조회원이 39사로 총 129개사로 조직되어 있다.[148]

3) 프로그램 기획

프로그램 제작에 있어서 '기획'이란 어떤 목적으로 어떻게 프로그램을 만들까, 또 예산이나 제작순서를 어떻게 할 지 결정하고 계획하는 것을 말한다. 어떠한 기획이든지 제안자의 의도나 생각을 구체적으로 문서로 나타내어야 한다. 따라서 기획서에는 프로그램의 목적, 내용과 타이틀, 제작 스태프, 출연자, 제작비용, 방송시간대, 방송회수 등이 기록되어 있어야 한다.

프로그램의 성공여부는 결국, 기획과 그 원초적인 아이디어에 달려 있다는 데는 이론의 여지가 없다. 그러나 아무리 기획이 좋다고 하더라도 타당성 여부에 대해서는 전문가에 의한 엄격한 심사가 필요하고, 또 몇 가지 사례를 통해서 검증해 볼 필요가 있다.

4) 프로그램 제작비

프로그램 제작비는 출연자나 기술·미술 프로덕션으로부터 파견되어 있는 스탭진의 인건비는 물론, 물품비, 교통비, 스튜디오나 카메라 사용료 등 여러 가지 경비가 소요 된다.

구체적으로 제작비를 장르별로 살펴보면,

① 드라마

드라마의 경우 60분짜리는 3000만 엔(약3억원)에서 4000만 엔(4억원), 120분짜리는 5000만 엔에서 6000(6억원)만 엔 정도 경비가 소요 된다. 인기 배우를 주연으로 기용하게 되면 제작비는 60분짜리 7000만 엔(7억원)에서 8000만 엔(8억원), 120분짜리는 1억 엔(10억원)을 호가하는 경우가 있다.

② 와이드 쇼

도쿄의 키-국이 오전 오후, 심야 대에 경쟁적으로 편성하고 있는 와이드 쇼의 경우는 60분짜리가 2000만 엔(2억원)에서 4000만 엔, 90분짜리는 3000만 엔(3억원)에서 5000만 엔(억원) 정도 제작비가 든다.

---

148) 「社団法人全日本テレビ番組製作社連盟会員社名簿」, 2006年 2月 1日 現在.

③ 퀴즈

최근 인기 높은 퀴즈 프로그램의 경우나 변함없이 시청률이 높은 버라이어티 쇼 프로그램의 경우는 60분짜리가 2000만 엔 정도였던 것이 최근에는 2500만 엔(2억 5천만 원) 전후가 되고, 퀴즈 프로그램도 해외취재를 가기 때문에 2배 이상 경비가 소요되는 경우도 허다하다.

④ 다큐멘터리

다큐멘터리의 경우는 가격차가 심한 것이 특징이다. 60분짜리라도 1000만 엔 (1억원)에서 5000만 엔(5억원)까지 그 차이가 심하다. 그것은 테마에 따라서 취재기간이나 범위, 사용 기자재 등에 큰 차이가 있기 때문이다.

⑤ 스포츠

스포츠 중에서도 가장 제작비가 소요되는 것이 역전 마라톤이다. 거리가 길면 길수록 지형의 굴곡이 심해서 중계차나 마이크로 중계지점이 많아 당연히 제작비가 증가한다. 제작·기술 스탭진을 포함해서 연인원 400~500명이 필요한 역전 마라톤의 경우는 적어도 1억 엔(10억원)을 호가하고 있다.

방송프로그램의 질은 제작과정도 투명하고 오래 동안 기획한 작품이 좋다. 단기간에 의한 즉흥적인 발상이 아니라, 드라마의 경우는 최소한 3개월 이상을 여유를 갖고 작품구상이나 기획을 하는 것이 바람직하다. 뿐만 아니라, 제작비도 최소한으로 제작할 수 있는 기본제작비는 충분히 지불해야 한다. 덤핑 성 할인가에 의한 프로그램 제작은 결과적으로 부실을 초래하여 질적 저하를 가져올 것이다.

3. 방송평가에 있어서 「운영면」의 관련 내용

앞에서도 언급했지만, 방송사의 평가는 기업평가와 달라서 여러 가지로 어려움이 많다. 특히 방송사의 경우는 공영이든 민영방송이든 국민을 대상으로 하는 공기업적 성격이 강하기 때문에 다른 사 기업의 영리단체와는 달리 사회적으로 미치는 영향력이 상당히 크다고 하겠다. 뿐만 아니라, 방송은 민족문화의 정체성을 확보하고 국민들에게 새로운 정보를 서비스하는 국민기업이다. 따라서 방송사의 사업계획이나 운영결과 전반에 걸친 평가는 그런 의미에서 타의 어느 기관보다도 매우 중요한 작업이다.

일반적으로 경영평가의 주요 항목은 사업계획의 타당성, 추진과정의 적절성 투명성, 사업결과의 공개성 책임성 등이 주요 항목으로 평가되고 있다. 그러나 방송사의 경우는 가시적으로 계량화 할 수 있는 대차 대조표 같은 것도 중요하지만, 이것보다는 오히려 계량화할 수 없는 정신적인 세계인, 방송철학이나 문화의 창달, 지식정보의 보급, 그리고 대 국민 계도 내지는 공적 서비스(공익 운동 등) 등의 평가 항목이 더 중요할지도 모른다. 그 만큼 각 방송사들의 기능이나 역할, 그리고 방송내용을 평가한다는 것은 어렵고 힘든 작업임에는 틀림없다.

따라서 본고는 이 작업의 가장 기초적인 초안을 작성한다는 의미에서 일본의 사례를 통해서 시도해 보고자 한다.

NHK의 경우는 방송경영을 크게 ① 경영, ② 방송, ③ 방송시설, ④ 영업·홍보, ⑤ 조사연구, ⑥ 국제방송, ⑦ 지역방송 등 7개의 부분으로 나누어서 방송 사업을 전개하고 있는데, 이를 다시 구체적으로 분류해 보면 ① 디지털 방송의 대응, ② 방송법의 개정, ③ 조직, ④ 재정, ⑤ 예산의 심의, ⑥ 위성방송, ⑦ 하이비전, ⑧ 다중방송, ⑨ 국제협력, ⑩ 기술업무, ⑪ 재해대책, ⑫ 관련사업 등 12개 부문으로 구분하여 대응하고 있다. 또한, 세부 항목별로 구분해보면, 방송의 경우는 채널별로(종합TV, 교육TV, 제1라디오, 제2라디오 FM라디오, BS1, BS2, 디지털위성하이비전, 국제방송 등) 각각의 특성에 따라 사업 중점을 달리하고 있다. 따라서 방송평가의 항목은 이들 방송사업 전반에 걸쳐서 침투되어 있는 방송사업 내용을 매우 다양하게 평가하지 않으면 안 된다. 또, 평가 항목도 될 수 있는 데로 객관적이고 신뢰도가 높으며 보다 더 진실에 가까울 수 있는 항목을 설정해야 한다. 그러나 본고는 교육평가에서 말하는 '난이도', '신뢰도', '객관도'같은 전문적인 평가지수는 논외로 하더라도 연구의 성격상 일반적인 방송경영 중에서도 인적·물적 투자 부분을 중심으로 방송평가를 시도해 보고자 한다.

1) 경영평가

NHK에는 최고 의사결정 기관인 경영위원회(Board of Governors)가 있다. 경영위원회는 NHK의 매년 예산·결산과 사업계획, 프로그램 편집의 기본방침 등 NHK 운영 전반에 걸쳐서 중요사항을 심의 결정한다. 따라서 NHK의 경우는 사장이나 경영진이 운영 전반에 걸쳐서 전권을 마음대로 휘두르지 못할 뿐만 아

니라, 대부분의 운영활동도 경영위원회의 승인을 얻어야 하기 때문에 경영내용
도 비교적 투명하고 공개적이다. NHK의 운영방침은 다음과 같이 5가지로 요약
할 수 있는데, 이것은 위에서 언급한 7가지 방송 사업을 5가지 실행목표로 집약
한 것이다. 민방의 경우도 경영평가는 대체로 이 5가지 사업과 일치하고 있다고
봐도 좋을 것이다.

　첫째, 사업운영의 독립성
　둘째, 프로그램 편집의 자주성
　셋째, 방송윤리의 철저
　넷째, 재정의 독립성
　다섯째, 관련사업의 충실성이다.

(1) 사업운영의 독립성(Independence of Operation)

　NHK는 기본적으로 사업운영에 있어서는 누구의 간섭도 받지 않고 독립적이
다. 먼저, 사업운영을 뒷받침하는 예산 수립이 독자적이다. NHK는 독자적으로
수지·예산과 사업운영계획서를 작성하여 총무 대신에게 제출하고, 총무 대신은
거기에 의견을 첨부하여 내각을 경유해서 국회에 제출한다. 국회는 중·참의원
양원 위원회에서 심의를 거쳐 예산 승인의 가부를 결정하게 된다. 수신료의 징
수 액수도 국회의 승인에 의해서 결정된다.

　결산의 경우도 대차대조표 등과 그 설명서에 감사(監事)의 의견을 첨부해서
총무 대신에게 제출하면, 총무 대신도 이것을 내각에 제출하고 내각은 회계검사
원의 검사를 거쳐서 국회에 제출한다. 예산·결산의 자료는 관보 등으로 반드시
국민 앞에 공표 한다. 뿐만 아니라, 업무보고서도 감사의 의견을 첨부해서 총무
대신에게 제출하면 총무대신도 여기에 의견을 개진하여 내각을 경유 국회에 보
고하는 절차를 행한다. 이와 같이 NHK는 모든 재정상황이나 업무보고를 국민
의 대표기관인 국회에 승인을 얻거나 보고하는 절차를 거쳐서 국민 앞에 투명
하게 그 결과를 밝히고 있다.

　NHK의 이러한 공개적인 행정절차는 NHK의 모든 사업 운영이 국민의 의사
에 따라서 독자적으로 진행되고 투명하게 경영하고 있다는 것을 의미한다. 따라
서 방송사의 사업운영은 자주성 확보와 함께 투명성 공개성이 그 평가 대상이
되어야 한다.

(2) 프로그램 편집의 자율성(Independence of Programming)

방송법 제3조에서 「방송 프로그램은 법률에 정해진 권한에 의하지 않고는 그 누구로부터도 간섭이나 규제를 받지 않는다」고 규정하고 있어서, 방송 프로그램 편집의 자유를 확실히 보장하고 있다. 국내방송 프로그램 편집에 관해서는 방송법 제3조 제2항 등에서 자세하게 규정하고 있다.

NHK에 관해서는, 또 방송법 제44조에 방송프로그램의 편집과 방송에 관한 규정도 다음과 같이 정해져 있다.

① 풍부하고 동시에 좋은 방송 프로그램을 방송함으로써 공중의 요망을 충족함은 물론 문화수준의 향상에 기여할 것.
② 전국을 대상으로 하는 방송뿐만 아니라, 지방을 대상으로 하는 방송도 편집할 것.
③ 과거의 문화보존, 신문화의 육성과 보급에 기여 할 것.

방송법은 방송사업자 스스로가 프로그램 편집기준을 정해서 공표하고 그 기준에 따라서 자기의 방송을 규정하도록 요망하고 있다.

NHK와 민간방송은 이 규정에 따라서 「일본방송협회 국내 프로그램기준」「일본방송협회 국제 프로그램기준」을 정해서 프로그램 편집기준을 삼고 있다. 방송법은 또, 방송 프로그램의 적정화를 기하기 위하여 「방송프로그램 심의기관」설치를 의무화 하고 있다.

따라서 방송프로그램 편집에 대해서는 권력이나 그 누구에 의해서도 법에 의하지 않고는 간섭을 받지 않을 권리가 있다. 때문에 방송프로그램 편집권은 권력으로부터 독자성 내지는 독립성이 충분히 보장되어 있는지를 평가해야 한다.

(3) 방송윤리의 철저(Strict Broadcasting Ethics)

NHK와 민간방송에 종사하는 한 사람 한 사람은 방송윤리의 중요성을 깊이 자각하고 자기 연찬에 힘쓰는 한편, 방송윤리를 철저하게 준수하기 위하여 다음과 같은 시책을 적극적으로 수행하도록 의무화하고 있다.

① 「방송윤리기본강령」의 준수 철저

NHK와 민간방송연맹은 1996년에 공동으로 제정한 「방송윤리기본강령」을 존중 준수하고 방송에서 기대되는 사명을 완수한다.

② 「NHK 방송 가이드라인」의 활용(민간방송연맹도 98년에 가이드라인
  제정 활용)

취재·제작의 윤리적 지침으로 1997년에 새로 작성한 「NHK 방송 가이드라인」
은 방송에 종사하는 모든 사람들이 활용·준수하고, 창조적인 취재·제작활동을
행한다.

③ 「방송과 인권 등 권리에 관한 위원회」의 권고와 견해의 존중

방송에 대한 시청자의 불만 처리는 제1차 적으로 방송사업자가 직접 접수하
여 해결해야 할 문제다. 그러나 방송에 의한 권리침해 문제에 대해서는 신고자
와의 대화에 의해서 원만하게 해결되지 않을 경우에는 동 위원회에서 심의하고,
그 「권고」와 「견해」에 대해서 방송사들은 깊이 존중하고 자주적으로 대응한다.

(4) 재정의 자립성(Financial Independence)

방송사는 어느 단체나 특정 세력의 의향에 좌우되지 않고, 공정하고 질 높은 방
송을 견지하기 위해서는 무엇보다도 재정적인 자립성의 확보가 필요하다. 이러한
재정적인 자립성을 확보할 수 있게 해 주는 것이 「수신료 제도」이다. NHK의 운
영 재원은 모두 수신자가 공평하게 부담할 수 있도록 방송법[149]에 규정하고 있다.

방송법에는 민간방송은 광고수입을 재원으로 하고, NHK는 수신료를 재원으
로 한다는 것을 인정한 반면에 NHK에는 광고방송은 금지하도록 규정하고 있
다. NHK의 수신료는 프로그램의 대가가 아니라, NHK의 운영 전체를 지원하기
위한 시청자 여러 사람에게 평등하게 부담시키고 있는 비용이다. 수신료를 징수
하고 있기 때문에 NHK는 시청자들의 「소리」를 최대한 프로그램에 반영해서 공
공방송으로써 방송 서비스를 행하려고 노력하고 있다.

〈공평한 수신료 징수〉

공영방송을 지탱하는 재원인 수신료를 어떻게 시청자로부터 공평하게 받을
수 있을까 하는 것이 NHK로서는 중요한 영업활동이다. 구체적으로는 아래와
같은 활동목표가 기본적인 축이 되고 있다.

---

149) 방송법 제32조 : NHK의 방송을 수신할 수 있는 수신 설비를 갖춘 사람은 NHK와 그 방송의 수신에 관해서
계약을 맺어야 한다. 단, 방송수신을 목적으로 하지 않는 수신 설비, 또는 라디오방송(음성외 다른 음향을 송
신하는 방송으로 텔레비전 방송 및 다중방송에 해당하지 않는 것), 혹은 다중방송에 한해서 수신할 수 있도록
수신 설비를 설비한 사람에 대해서는 여기에 제한받지 않는다.

① 수신계약의 촉진

1998년 말 수신계약건수는 3660만 건, 금년도는 51만 건 정도 증가를 목표로 하고 있다. 위성방송의 경우는 1998년 말 계약 총건수가 947만 건에 달했다. 1999년은 약 70만 건의 증가를 목표하고 있는데 1999년 5월말 현재 이미 110만 건을 돌파했다. 그러나 2004년 말 NHK의 종군위안부에 관한 방송프로그램 방영사건으로 국민들로부터 크게 신뢰를 잃게 되어 2005년도 수신계약건수는 3627만 건이고 수신료거부건수가 약 100만 건에 이른다.

② 효과적·효율적인 활동의 추진

수신세대의 현저한 증가와 생활시간의 다양화에 따른 영업활동의 활동 영역은 점점 어려워지고 있다. 이러한 상황에 대응하기 위하여 효과적이고 효율적인 수신료 징수활동을 한층 강화하고 있다.

○ 대체 구좌·계속 불입에 관하여 불입에 관환 이용률이 점점 떨어지고 있다.

○ 낮에는 부재중으로 만날 수 없는 사람에 대하여는 야간이나 아침 휴일 등, 시청자 여러분들이 편리한 시간대에 방문하여 가능한 한 만날 수 있도록 노력하는 한편 전화나 우편활용도 권장하고 있다.

○ 지불 방법이나 불입상의 편리를 도모하기 위하여 컴비니언스 점포(지정 점포)에서 수신료를 납부하거나 프리 다이얼을 이용한다든지, 아니면 우체국 창구에서 주소변경 수속 등으로 납부하는 등 이용 상의 편리를 도모하고 있다.

③ 시청자「소리」의 흡수

시청자들과 직접적으로 만나서 의견을 청취하고, 그 요망사항과 의향을 흡수해서 프로그램이나 여러 가지 사업운영에 반영시키고 있다.

재정의 자립성은 방송의 중립성, 공평성, 객관성을 유지하기 위한 하나의 중요한 항목이다. 어느 방송사의 경우도 재정적인 자립 없이는 방송의 독립성 보장이 어렵다. 민방의 경우도 예외는 아니다. 방송사 재정이 부실할 경우는 프로그램의 질도 상대적으로 떨어지기 쉽고, 보도나 논평의 중립성도 지키기 힘들다. 따라서 방송사의 평가항목으로는 재정의 자립도와 자립 노력이 평가 필수항목이 되어야 한다.

(5) 관련사업(Affiliated Organizations)

방송사는 관련단체와 함께 창조적 문화집단을 형성하고, 풍부하고 질 높은 방송을 실현하며 방송을 핵심으로 하는 문화사업으로 국민생활 향상에 공헌하도록 노력해야 한다.

구체적으로는 다양한 발상·기획·제작방법에 의한 다채로우면서도 고품질의 방송프로그램을 개발한다. 또한, 기술혁신을 한 축으로 새로운 서비스의 개발과 함께 방송프로그램을 다각적으로 활용한 미디어 복합사업, 그리고 국제적인 문화교류 촉진사업의 지속적인 추진활동 등이다. 뿐만 아니라, 지역 문화의 진흥이나 발전에 자원이 되는 사업활동이나 광역 사회에 공헌하는 관련 사업을 관련 단체별로 연대해서 아래와 같이 적극적으로 전개하고 있다.

① 다양한 고품질의 방송 프로그램에 의해서 「풍족하고 좋은 방송 실현」
② 보유하고 있는 프로그램이나 지적 축적의 활용에 의한 사회공헌

방송사는 국민 기업이라는 측면에서 공·민영을 불문하고 관련된 부대사업으로 국내외적으로나 지역의 문화사업에 적극적으로 공헌해야 한다. 따라서 방송이 관련 지역사업이나 문화사업에도 어느 정도 공헌하고 있는가를 평가해야 한다.

4. 기술투자(NHK 기술연구소, 하드 소프트, 디지털)

방송사들이 장기적인 안목으로 기술투자에도 어느 정도 적극성을 보이고 있는가는 방송사의 미래를 결정짓는 중요한 요소다. 특히, 디지털 방송시대를 앞두고 각 방송사들이 어느 정도 기술개발에 투자하고 있는가 하는 것은 곧 내일의 경쟁력과도 같은 것이다. IMF시대를 맞이한 우리나라 방송사는 과연 위성이나 디지털 시대에 있어서 어떻게 적응하며, 어떻게 헤쳐 나갈 것인가 하는 문제는 중요한 대목이 아닐 수 없다.

1) NHK 기술연구소

(1) 사업 개관

NHK의 기술투자는 지속적이며 획기적이다. 즉 NHK는 방송제작 소프트 개발 뿐만 아니라, 하드 개발(방송 기자재)에도 지속적인 투자를 하고 있다. 특히 NHK의 방송기술연구소는 1930년 설립 이래 76여년의 역사와 함께 현재 60여명 의 공학박사들이 일본의 방송 기술을 선도하고 있다.

구체적으로 NHK 방송기술연구소는 방송과 그 수신의 진보 발전을 위하여 새 로운 방송 서비스를 개발하고 있다. 뿐만 아니라, 장래의 방송을 지탱할 수 있는 기반 기술인 하드(기자재 개발)는 물론, 방송 기술에 관련된 조사·연구(NHK방송 문화연구소)도 일관되게 추진하여 방송 발전에도 크게 기여하고 있다고 하겠다.

21세기를 목전에 두고 디지털화의 진전, 규제 완화와 국제화, 통신·컴퓨터의 융합 등 방송은 큰 전환점에 이르고 있다. 이러한 상황 속에서 1998년 10월1일 NHK는「디지털 시대에 있어서 NHK 비전」을 선언하고 금후의 공영방송으로서의 나아갈 길을 밝혔다.

방송기술연구소는 이러한 변혁과 경쟁의 시대에 공영방송의 연구소로서의 책무를 다하기 위해서「NHK 비전」을 실현하기 위한 정선된 과제연구에 착수하게 되었다.

(2) 조직과 예산

동 연구소는 11개의 부서로 조직되어 있고, 한 개의 부서당 평균 30여명 정도 로 인력이 배치되어 있다.

방송기술연구소	직원수는 약 310명(박사급 연구원 60명)
연 구 기 획	연구기획, 홍보, 국제 대응, 연구 지원
특 허	연구개발성과의 권리화, 기술이전
네트워크 시스템	네트워크를 이용한 제작·방송·서비스
무선 전송 방식	지상·위성 디지털방송기술, 무선소제전송·분배기술·무선기술
텔레비전 방식	초고정세영상(수퍼 하이비전), 입체영상방식
음 향 정 보	고 임장감음향, 음향디바이스, 음성신호처리, 음향인지과학
영 상 정 보	프로그램제작기술, 영상압축기술, 영상표현기술
지능 정보 처리	메타네-타제작·활용기술·영상인식기술·미디어표현
인간 정보 과학	시청자장해자를 위한 방송기술·에이전트, 음성언어처리
방송 디바이스	영상 디바이스, 집적회로 디바이스, 고밀도기록
재료 기반 기술	표시용 재료, 기록용 재료표시 디바이스, 광관계 소자
총 무	총무, 경리, 국사관리

(3) 중점 연구 활동

동 연구소가 현재 중점적으로 추진하고 있는 연구 활동을 구분해보면 다음과 같이 크게 3가지로 집약할 수 있다.

① 디지털방송(ISDB)의 고도화 연구

○ 통합 디지털방송(ISDB : Integrated Services Digital Broadcasting)

21세기의 디지털방송은 와이드 화면의 고화질·고음질의 하이비전을 중심으로 하고, 데이터 방송을 첨가한 새로운 방송서비스를 제공하는 지금까지와는 상당히 다른 방송을 말한다. 이러한 방송 시스템을「통합 디지털방송(ISDB)」이라고 부른다. ISDB의 실용화를 위해서 여러 가지 정보를 하나로 통합해서 전달하는 방식, 새로운 서비스, 수신 방식, 위성, 지상파, 케이블 등 디지털 방송 시스템 전반에 관한 연구·개발의 추진이다.

○ 위성 ISDB

○ 지상파 ISDB

② 컨텐츠 제작기술의 연구

○ 프로그램 제작자의 노력을 경감하고 보다 창조적인 프로그램을 효율적으로 제작하게 한다. 또 새로운 영상음성표현을 가능하게 하기 위하여 컨텐츠 제작기술의 연구개발을 진행한다.「보다 지적이고 효율적으로」,「보다 유연하게」,「보다 표현력 풍부하게」이 3가지의 컨셉으로 전개한다.

③ 장래의 방송서비스와 기반기술의 연구

○ 넓은 시야 ·초고정세 영상시스템이나 입체텔레비전 등 고임장감방송시스템 연구, 새로운 방송서비스를 위한 새로운 주파수, 전송로의 개척, 취재·제작을 위한, 방송기술의 기반이 되는 재료 소자 등에 관한 시스템 연구

○ 기반 기술의 연구

초고감도 촬영 상(像) 디바이스, 자기 기록 재료, 새로운 발광 재료, 새로운 영상 부호화 기술

2) 민간방송

민방도 서비스 영역 내에서는 난시청해소를 위해서 중계국을 설치하기 위하

여 막대한 예산을 투자하고 있다. 최근에는 프로그램 제작이나 송출을 위하여 고도의 기술적인 설비를 투자하여 단기간에 신기술이 실용화되고 있는 경향이 강하다. 그러나 제조업과 같이 신기술에 대한 설비투자가 수입개선에 직접적으로 연결되는 경우는 드물기 때문에 경영적으로는 큰 부담이 되고 있다. 예를 들면, 민방 각사는 SNG(세틀라이트 뉴스 게더링)시스템을 전국적으로 확충한다든지, 화질개선 목적으로 크리어 비전의 실용화, 디지털 영상기의 전환 등 신예방송설비 투자는 방송내용의 질적 개선에는 크게 도움이 되지만 영업상에는 큰 부담이 되고 있다.

5. 인적 투자

NHK의 경우는 직원들의 세대교체에 대비해서 노하우나 전문성을 차세대에 확실하게 전달함과 동시에, 다가오는 디지털 시대에 있어서 무한한 방송의 가능성에 도전하는 전문 방송인을 육성한다고 하는데 그 중점을 두고 있다. 특히, 직장 지도체제에 충실을 기하고, 연수나 파견, 자기 계발원조를 효과적으로 운영하는 등 「인재 육성정책」을 전개하고 있다.

특히, 「방송윤리와 인권」「공금 의식과 코스트 의식」, 또 시청자들에게 적절히 대응하기 위한 「직장지도」, 「연수」 등 여러 방면에서 방송인의 인식을 철저하게 익히도록 하고 있다. 또, 신입사원에서부터 관리자층에 이르기까지 아주 전문적인 직무연수를 실시하여 지도육성체제를 강화하고 있다. 뿐만 아니라, 업무개혁과 관리업무의 철저, 대규모 재해시에 있어서의 대응능력의 향상, 공영방송인으로써의 기본적인 인식에 철저하도록 노력하고 있다.

특히 NHK의 경우는 기술연구소를 제외하고는 인재육성에는 그다지 열성을 보이지 있지 않고 있다. 방송사에 있어서 인재육성에 관한 투자는 아무리 강조해도 지나치지 않는다. 그것은 방송을 만드는 것도 역시 사람에 의해서 만들어지기 때문에 무엇보다도 전문인 육성이 필요하다. 그런 의미에서 인적투자에 대한 평가도 병행해서 이루어져야 할 것으로 보인다.

6. 시청자위원회

NHK는 KBS와 달리 아직까지도 수입원인 수신료를 방문 수금이나 대체구좌 등 수동적인 방법으로 징수하고 있다. 따라서 수신자들과 직접적으로 대화하고 접촉하고 있기 때문에 시청자들에게는 항상 열려있는 자세를 취하지 않으면 안 된다. 그것은, 직접적으로 시청자들로부터 수신료를 징수해야하기 때문에 시청자들을 더욱더 배려해야하는 어려움이 있다.

뿐만 아니라, 최근 NHK는 내부조직도 시청자와 교류를 점점 활성화하고 있는 편이다. NHK 도쿄 총국의 경우는 총국이 2개 있는데, 방송을 직접 진두지휘하는 방송총국이 있고, 나머지 하나가 이 시청자총국이다. 시청자 총국에는 홍보국, 사업국, 영업국이 있다.

NHK는 시청자 서비스를 위하여 시청자관련 부·국의 조직개편과 함께 다양화하는 의견이나 요망 사항을 방송 프로그램이나 사업운영 전반에 걸쳐서 신속하게 반영시키기 위하여 시청자들과의 대화와 교류 증진에도 적극 나서고 있다.

1) 시청자회의[150]

시청자회의는 전국규모로 시청자의 의향을 적극적으로 받아들이는 것을 목적으로 폭넓은 분야에 걸쳐서 위원을 위촉하고, 조직적으로 대화를 나누고 있다.

도쿄에는 부인이나 소비자단체, 노동자 단체, 전기상공업 조합대표 등과도 간담회를 개최하고, 각층의 시청자나 단체로부터의 의향을 수집하고 협회 업무에 이해를 촉진하고 있다. 매년 NHK에 접수된 시청자들의 의견이나 요망사항 건수는 점점 늘어나고 있을 정도다. 이런 요망 사항은 수시로 관계 업무현장에 전달함과 동시에 정기적으로 수렴하여 프로그램이나 각종 업무 운영에 적극적으로 반영시키고 있다.

2) 시청자 의향 집약

전화나 투서, 방송국내·각종회의, 간담회 등 전국의 방송국에 접수된 시청자들의 의향 건수는 매년 증가하고 있다. 2004년은 전년(674만 7933건)도보다 약 95만 건이 증가한 769만 7021건으로 매년 의향 건수를 갱신하고 있다. 이러한 의향은 본부·도쿄에서는 「시청자 의향 집약일보」에서 정리하여 다음날 아침 각 부서로 전달하고 있다. 특히 2004년 시청자 의향 건수 중에 제2위를 차지한 것이 한국의 드라마 「겨울 연가」에 대한 내용으로 2만 7700건에 달하고 있다.[151]

---

150) 日本放送協会編『NHK年報』, 2004年度版 参照 再構成.
151) 「平成16年度 年間視聴者意向集約」, NHK視聴者総局, 2006年 2月 1日付け. http://www.nhk.or.jp.

긴급을 요하는 경우에는 특별히 「의향·요망대응 연락표」에 기표하고, 관계 부서의 「시청자 대응 책임자」나 직접 담당자와 긴밀하게 연락을 취하면서 대응하고 있다.

또, <시청자 센터>와 방송총국의 각 부서 책임자와의 「시청자 정보 연락회」를 매월 정기적으로 개최하고, 시청자 의향의 상황이나 반영에 대한 구체적인 방책 등을 검토하고 있다.

민방 각사는 연간 약 7만 건에서 10만 건 정도 접수를 하게 되는데, 내용은 대체로 문의가 70~80%, 의견이나 요망이 15~20%, 피해나 감상 등이 10~15%를 차지하고 있다.

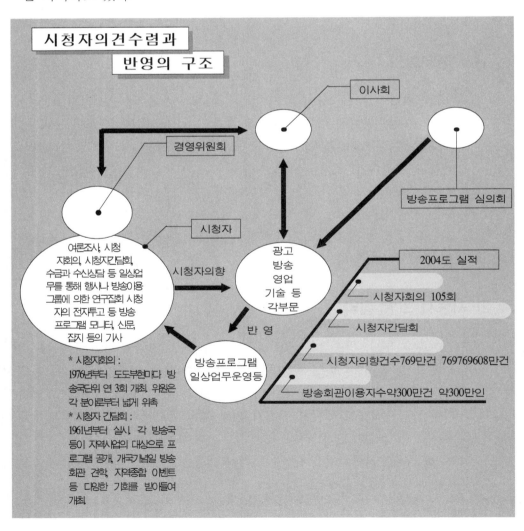

전국 방송국에서 보고된 시청자 의향 집약은 정례로 「월간」「연간」으로 집계하여, 반향이 큰 것은 「특별 집약」하고, 역원을 필두로 각 업무 현장에 피드백하고 있다. 연간 시청자 의향 개요는 「경영위원회」에도 보고되고 외부에도 발표한다. 각 업무 현장에서는 시청자들의 동향을 정리 검토하여 개별 프로그램이나 업무에 유용하게 활용하는 한편, 다음해 프로그램 편성이나 장기 계획에 반영하도록 노력하고 있다.

3) 각종 전시회와 이벤트 행사

NHK는 각종 이벤트 행사로 시청자들과 커뮤니케이션 활동을 활발하게 전개하고 있다.

○ 오픈 스튜디오
○ 다운 스튜디오
○ NHK 홀 공개
○ 소학교 학생에서부터 사회인에 이르기까지 사회과학 견학
○ 시청자와 함께하는 이벤트 행사
○ 전시회·기념품 증정
○ 재해대비 방재전시 행사

4) 방송박물관 운영 등

시청자와의 대화를 어느 정도 나누고 있으며 그들의 의향을 어느 정도 소화하고 반영하고 있는지에 대한 과정과 실적을 평가해야 한다. 일본 우정성은 2003년 10월 각방송사들을 재면허 함에 있어서 조건부 지적사항 중에서 상당수의 방송국이 각계각층의 시청자들과 대화를 나누고 그들의 다양한 의견을 반영할 것을 지적하고 있다. 즉 방송의 수요자는 시청자이기 때문에 앞으로는 그들의 의견을 중요시하지 않으면 안 된다. 따라서 각 방송사는 시청자들과의 커뮤니케이션을 어느 정도 나누고 반영시키고 있는지를 평가해야 한다.

7. 시민단체 평가

일본만큼 방송의 자유가 주어진 나라도 드물다. 일본 헌법 제21조에는 「표현

의 자유」가 보장되어 있다. 일본의 언론은 정부나 우정성이 언론을 제약하려는 움직임만 보이면 언론사들은 헌법 제21조 항목을 들먹여서 위헌적인 요소가 있다고 하는 여론을 형성하여 입법 발상 자체를 무산시키는 경우가 허다하다.

그 뿐만 아니라, 법해석을 지나치게 확대 해석하는 경향도 있다. 예를 들면, 표현의 자유를 확대 해석하여 방송의 자유를 지나치게 강조하고 있다. 따라서 총무성은 1996년 12월 9일 다채널 시대에 있어서 새로운 「시청자 상」이라는 보고서를 발표하면서, 앞으로의 시청자는 방송사가 만들어서 보내는 프로그램을 단순히 선택하는 데만 그치지 않고, 적극적으로 프로그램에 참가해야 한다고 주장하고 있다. 이와 같은 것은 총무성의 방송정책이 종래에는 방송사와 같은 입장에서부터 이제는 시청자 입장으로 크게 발상이 전환되고 있다고 하는 증거인지도 모른다.[152]

즉, 디지털방송시대에 있어서 시청자의 입장을 존중하지 않으면 안 될 뿐만 아니라, 시청자들이 방송에 적극적으로 참여하여 다양한 의견이나 논점들이 국민들에게 평등하게 전달되게 하고, 계층이나 연령에 관계없이 모든 사람들이 자유롭게 방송에 의한 표현의 자유를 향유하게 함에 그 목적이 있다.

최근, 일본에는 여러 시민단체가 활동하고 있어서 방송 내용에 대해서 이의를 제기하거나 소송을 제기하는 경우가 급속히 증가하고 있다. 즉, 지역적, 연령적, 계층적, 집단적 이익 차이에서부터 프로그램 내용의 저속성에 이르기까지 아주 다양한 편이다. 일본은 우리나라와 같이 언론중재위원회나 옴부즈맨 제도가 없기 때문에 언론사내 구조처리위원회(苦情処理委員会)에서 해결이 안 되면 바로 법원에 제소하기 때문이다.

총무성이 여기까지 개입하게 된 동기는 다음과 같이 몇 가지의 사건들에 의해서 대 국민 신뢰도는 물론, 「방송을 생각하는 모임」 등 시민단체들의 반발이 엄청났기 때문이다.

1) 시민단체에 의한 방송평가

① 1993년 2월, NHK 스페셜 「오쿠 히말라야, 금단의 왕국·무스탕」 프로그램은 제작진의 연출에 의해서 프로그램이 조작된 대표적인 케이스다. 히말라야 산맥을 등반하면서 산소마스크를 낀 채로 태고의 신비(고산지대 산소결핍증)를 강

152) 日本民間放送連盟硏究所『放送の自由』のために』, 日本評論社, 1997年, pp.93-95.

조한 프로그램이 제작진의 조작된 연출이라는 것이 폭로되면서 시민운동단체는 크게 반발하였다.153)

② 지난 1994년 9월 텔레비전아사히(TV朝日)의 쯔바기(椿貞良) 보도 국장이 프로그램 제작 담당자들에게 '이번에는 자민당이 선거에서 불리하도록 프로그램을 제작하라'라고 지시했다고 하여 사장과 보도국장이 퇴출당하고, 끝내는 자민당에 의해서 국회에 증인으로 소환되어 증언까지 하게 된 사건이다. 이것은 정치적인 중립을 표방해야 할 방송사의 균형 잃은 정치보도가 언론사의 사회적인 신뢰성이 크게 떨어진 사건이다.

③ 1995년 5월에는 「도쿄 카스미카세끼의 사린 독극물 사건」이 일어났는데, 이 사건의 주범은 옴 진리교 교주인 아사하라쇼꼬(麻原彰晃)가 주모하였다고 하여 아사하라 교주를 체포하였다. 또한, 요꼬하마(横濱)의 사카모토(坂本) 변호사 부부 피살사건도 옴 진리교 관계자들에 의해서 저질러졌다고 하는 의혹이 짙게 일기 시작했다. 그런 가운데, TBS-TV는 옴 진리교 관계자를 인터뷰하는 과정에서 이들 부부의 의문사에 대한 혐의점을 상당히 포착했음에도 불구하고 옴 진리교 관계자들의 압력에 의해서 보도하지 않은 사실이 뒤늦게 폭로되게 되었다. 물론, 옴 진리교 관계자들의 압력이나 협박은 있었겠지만, 국민의 알권리에 보답해야할 보도기관의 신뢰문제에 치명적인 상처를 입게 되었다. 급기야는 TBS 사장이 사임하는가 하면, 장장 4시간에 걸쳐서 대 국민 「특별 사과방송」을 하는 등 문제가 된 와이드 쇼나 오락프로그램 시간을 대폭 감축하는 사태까지 이르게 되었다.154)

④ 뿐만 아니라, 1999에는 홋카이도에서 인터넷을 통해서 독극물을 팔아 자살하는 사건이 속출한다든가, 아니면 보험설계사가 보험료를 노려서 가입자를 독살시켜 보험금을 빼돌린 사건들이 일어났는데, 각 방송사들은 이를 상업적인 시각으로 집중적으로 보도하였다. 시민단체들이 이에 대해서 강력하게 반발하게 되었고, 방송국 또한 이로 인해 신뢰도가 땅에 떨어져 존립 기반 그 자체에 대해서도 의문을 제기할 정도였다.

⑤ 최근 일본의 언론 학자들은 일본의 방송이 어느새 저널리즘이 없어졌다고 비판하고 이가 많다. 즉 상업주의와 황금만능주의가 판을 치면서 어느새 상업방송만 있고 저널리즘은 없어졌다는 것이다. 방송사가 너무 스폰서만을 의식한 나

153) 渡辺武達・松井茂記『メディアの法理と社会的責任』, ミネルヴィ書店, 2004年, P.161.
154) 渡辺武達・松井茂記『メディアの法理と社会的責任』, ミネルヴィ書店, 2004年, pp.161~162.

머지 시청률지상주의에 빠져 방송의 본래 사명인 저널리즘이 상실되어 일본사
회가 점점 위기로 전락하고 있다는 지적이다. 여기에는 공공방송인 NHK의 경
우도 예외가 아니라는 지적도 있다.[155]

2) 텔레비전 시청자 센터

도쿄에서 가장 먼저 시청자 센터를 개설한 방송국은 NHK로 1965년의 일이
다. 그 후 텔레비전 도쿄(TV東京)가 1987에 설치함으로써, 텔레비전 각국은 모
두 시청자 센터를 설립하게 되었다. 민간방송연맹도 1996년 10월에 「시청자 전
화 응답실」을 개설해서 시청자들의 의견을 청취하게 되었다. 그런데, 민간방송
사의 경우는 이러한 조직이 잘 기능하고 있지는 않은 것 같이 보이며, 오히려
시청자들은 방송사에 대한 하나의 압력 그룹으로 보고 있는 경향이 짙다.

예를 들면, TBS 저녁 11시뉴스 캐스터 쯔꾸시 테츠야(筑紫哲也)는 2003년
『96년 텔레비전 회고』에서 「권력, 스폰서, 시청자 3자의 압력 속에 어떻게 살
아남을까, 표현의 자유를 사용하는 쪽이 지키지 않으면 안 된다」고 피력하고 있
다. 그의 인식대로라면, 시청자는 텔레비전의 표현의 자유를 침해하는 존재로
보고 있다. 이것이 방송사업자의 "공통된 인식"이 아닌지도 모른다. 물론, 이러
한 발상은 전적으로 방송사의 입장에서 본 시각일지도 모른다. 시청자는 분명,
방송사의 고객이라는 점과 방송의 사회적 책임 등을 생각한다면 이러한 인식에
는 많은 문제점이 있는 것도 사실이다. 그러나 방송사의 입장에서 보면, 때로는
시청자들이 상당히 귀찮고 어려운 존재임에는 틀림없다. 따라서 시청자는 압력
단체인 동시에 평가자도 될 수 있다. 최근에는 시민단체에 의한 방송평가도 하
나의 평가부분이 되어야 한다는 것은 분명한 사실이다.

8. 「방송프로그램 심의회」와 방송 판례에 의안 평가

1) 방송프로그램 심의회

일본 방송법 제3조에는 방송사내에 <방송 프로그램 심의회>설치를 의무로
규정하고 있다. 만약, 어떤 프로그램이 문제가 되었을 때 여기에서 문제를 1차
적으로 해결하도록 하고 있다. 일종의 옴부즈맨 성격도 겸하고 있는 제도다. 이

---

155) 服部孝章「混迷テレビ界のジャーナリズム性の喪失」『創』(2003年 2月号), 創出版, 2003年, pp.14~17.

심의회의 결과처리 실적은 우정성에서 방송평가에 적극 활용하는 부분이다.

2) 제소나 판례에 의한 평가

최근 시청자들은 방송에 의한 인권침해나 명예훼손, 그리고 권리침해에 대해서는 시민단체나 법원에 제소에 그 권리를 회복하고자 한다. 이러한 법원의 판례나 소송사건을 중심으로 방송을 평가하는 방법도 법 논리에 근거한 객관적인 평가 요소가 될 수 있다. 예를 들면, 어느 특정 시점에서부터 언제까지 방송사가 직접 재판의 당사자가 된 것을 포함, 방송 사업과 다소 관련이 있는 분쟁(제소 등)으로 재판에 계류된 사건은 모두 여기에 해당한다. 제소 건수와 내용, 규모, 질, 재판결과 등을 평가해서 참고로 한다.

프로그램 내용이 실제로 시청자와 방송사 사이에 문제가 되었을 때 방송사는 어떻게 대응했고 노력했으며, 그 결과는 어떻게 나타났는가는 대단히 중요한 일이다. 이에 대한 상대방의 노력 실적이나 결과물은 평가의 대상이 되어야 할 것이다.

9. 소수계층에 대안 배려(캡션방송, 장애자 수화, 노인 방송)

① 다중 언어방송의 실시여부

소수 민족이나 소수 계층을 위한 방송 : NHK는 영어, 일어 방송

② 다중 문자방송의 실시여부

청각 장애자나 외국인을 위한 다중문자방송 실시

③ 캡션방송 실시여부

자막 방송 : 청각 장애자를 위한 자막방송

④ 수화방송실시 여부

청각 장애자를 위한 방송

⑤ 소수계층에 대한 배려방송 실시 여부

어린이, 청소년, 노인들을 위한 방송시간 배려

⑥ 재해방송 실시 여부

　재해발생시 피해자나 외국인에 대한 재해방송

제 6 장 일본의 방송사업과
전국 네트워크 구조

1. 일본 방송사업

2005년 말 현재 일본에 있어서 방송사업자수는 총 1058개 회사에 이른다. 그 중 NHK 2개 방송국(NHK본국과 교육방송)을 제외하고도 도쿄에 5개 민영TV방송국(Key Station)이 있고, 지역에는 민간TV방송국 127개사, 라디오(FM국 포함) 101개사가 있다. 따라서 일본에는 지방 광역자치단체인 도도부현마다 1개 이상 TV방송국이 개설돼 있다. 구체적으로는 지상계 민간방송사업자가 373개사, 위성계 민간방송사업자(전기통신역무이용방송사업자 45개사 포함) 131개사, 케이블TV사업자 548개사, 전기통신(유선)역무이용방송사업자 11개사, NHK 및 교육방송 2개사가 총무성에 등록되어 있다. 일본의 민방들은 철저하리만큼 자본과 결탁되어서 시청률 경쟁에도 이미 익숙해져 있을 뿐 아니라, 산업적인 측면에서도 종주국의 위치를 확보하고 있다.[156] 1997년 OECD 통신백서에 따르면 방송산업의 경쟁력은 세계랭킹 50위안에 일본 기업이 무려 11개나 랭크되어 있을 정도다. 방송사업의 시장규모도 2003연만하더라도 약3조8247억 엔(지상계 민영방송이 2조5229억 엔, NHK 6693억 엔, 위성계 민간방송사업자 2995억 엔, CATV 3330억

---

156) 최근 보도자료에 의하면, 미국의 인기TV프로그램의 상당수도 일본에서 format을 수입한 프로그램이 많다는 점이다.

엔)을 상회하고 있다.[157]

　　NHK의 운영재원인 수신계약자수는 2004년 말 현재 3792만 건이고 이 중 일반 계약자수 (보통계약 및 칼라계약)가 255만 건, 위성방송수신계약자수가 1236만 건이다. WOWOW도 2461만 건의 수신계약률을 기록하고 있다. CS의 경우도 1992년 4월에 아날로그 방송개시에 이어 1996년부터는 디지털로 방송을 시작하고 있다. 디지털방송으로는 2006년1월 현재 JCSAT-3 및 JCSAT-4를 이용한 스카이 퍼팩TV 계의 위탁방송사업자가 103개사이다.[158] 2004년 말 현재 스카이 퍼팩TV의 계약건 수는 362만1천 건이다.[159] 또 방송시간의 경우는 대부분이 하루 24시간 방송체제를 유지하고 있고 라디오 제2방송이 20시간 방송체제를 갖추고 있다.

　　일본의 케이블TV는 지상파텔레비전방송의 난시청 해소를 위해 지상파TV 프로그램의 재송신을 중심으로 보완 방송미디어로 개시되게 되었다. 그러나 최근에는 위성방송프로그램의 재송신 및 자체제작 프로그램의 증가 등으로 케이블TV의 방송프로그램이 다양화해 지고 있다. 2004년 말 현재 자체방송을 행하는 케이블TV의 계약자수는 1788만 건으로 세대보급률이 35.9%이다. 또 자체방송을 이 외의 케이블TV를 포함한 계약자수는 2605만 건으로 점점 증가하고 있다. 케이블TV의 경우는 방송뿐만 아니라, 인터넷접속 서비스, IP전화 등의 통신서비스로도 활용하고 있다.[160] 케이블TV는 통신 및 방송서비스를 종합한 풀 서비스를 제공하는 지역의 종합정보통신기반으로 성장하고 있다.[161]

2. 일본 방송국의 키 스테이션과 전국 뉴스 네트워크

1) 일본에 있어서 키 스테이션과 지역 네트워크

　　일본의 방송 역사는 만 80년이 되었다. 일본 최초로 방송국이 설립된 것은 1925년으로 사단법인 「도쿄 방송국」(NHK전신)이 라디오 전파를 처음으로 발사함으로써 방송의 역사가 시작되게 되었다.[162] 이어서 그 해에 지방에서도 「나고야 방송국」(名古屋放送局)과 「오사카 방송국」(大阪放送局)이 각각 개국하게 되어

---

157) 『2004年 情報通信白書』,總務省, 2005年, pp.168~169.
158) 電通総研編 『情報メディア白書2005』, ダイヤモンド社, 2005年, pp.132~133.
159) 『2004年 情報通信白書』,總務省, 2005年, P.173.
160) サテマガ・ヒー・アイ 『ケーブル年鑑2005』, 2005年, P.477.
161) 『2004年 情報通信白書』, 總務省, 2005年, pp.173~174.
162) 日本放送協會 『放送五十年史』, 1977年, pp.3-4.

지방의 방송국도 도쿄의 방송국과 거의 동시에 출발하게 되었다. 텔레비전 방송은 라디오 방송 전파가 발사되고 28년이 지난 이후인 1953년에 NHK가 도쿄 텔레비전 방송국을 개국함으로써 텔레비전 방송 시대가 막을 올리게 된다. 이러한 공영 방송인 NHK의 독주 체제에 카운터 파트너(counter partner)로 강력히 도전하고 나선 것이 민영 체제인 「민간 방송국」의 출범이다. 민간 라디오방송은 1951년 나고야(名古屋)의 쥬부닛폰방송(中部日本放送:CBS)을 필두로 오사카의 신닛폰방송(新日本放送 : 현재 每日放送), 도쿄에는 라디오 도쿄(현 東京放送:TBS)등이 개국하게 되어 방송국의 공민영화 병존 시대가 도래하게 되었다.[163]

자유주의 경제 체제하에서 누구나 자유로이 방송이나 통신사업에 참여하는 것은 기본적으로 보장되어 있다. 그러나 방송의 경우는 다른 사업과는 달라서 전파의 유한성과 공익성, 방송의 사회적 역할 등의 이유로 국가(總務省)가 직간접적으로 통제하고 있다. 즉 총무 대신은 「국제 전기 통신 조약」이나 「부속 무선 통신 규칙」에 따라 일본에 할당된 주파수를 국내에 업무별로 배분할 때 「주파수 할당 원칙」을 공표하고 있다. 이 원칙에 의해서 방송용으로 배분된 주파수는 총무 대신의 「방송용 주파수 할당 계획」에 의해서 구체화되고 있다. 주파수 할당 원칙은 또 「표준 방송용 주파수 할당 계획」, 「초단파 방송용 주파수 할당 계획」, 「텔레비전 방송용 주파수 할당 계획」으로 3종류로 구분된다.

일본의 지역 민방의 허가 기준 중에서 한 가지 주목할 만한 것은 「예비 면허의 부대조건」이다. 이것은 우정성이 예비 면허를 허가하기에 앞서 부대조건으로 방송 사업이 인적 물적(자본적)으로, 그 지역사회에 밀착하여 공정히 결합할 수 있을 것인가 하는 것이다. 구체적인 몇 가지 사항들만 들고자 한다.[164]

앞에서도 이미 지적했지만 일본 총무성은 매스컴의 집중화를 제도적으로 규제하기 위하여 한계열의 사업자(동일 계열)가 라디오, 텔레비전, 신문, 이 세 종류의 매체를 동시에 소유할 수 없도록 면허 기준 심사 요령(방송국 개설의 근본적 기준 제9조)[165]에서 제한하고 있다. 따라서 일본의 방송 사업은 대체로 텔레비전 방송국과 신문사를 동시에 소유하고 있는 형태가 대부분인데 신문사는 뉴스를 방송국에 공급하고 방송국은 또 각종 뉴스 정보를 신문사에게 제공하는 공조 체제를 유지하고 있다. 예를 들면, 도쿄에는 공영 방송인 NHK를 제외한 민영5개 방송사가 그러한 경우인데 니혼텔레비전방송(N-TV, channel-4)은 요미우

163) 日高一郎 『日本の放送のあゆみ』, 有限會社人間の科學社, 1991年, P.38.
164) 美ノ谷和成 『放送論』, 前揭書, pp.7-8.
165) 郵政省放送行政企劃課, 前揭書, pp.108-109.

리신문(讀賣新聞)계열사이고, 도쿄 방송(TBS-TV, channel-6)은 마이니찌신문(每日新聞) 계열사(이 兩社는 실제로 자본의 거래 관계는 없으나 정보는 서로 교환함), 후지텔레비전(CX-TV, channel-8)은 산케이신문(産經新聞)의 계열사이며, 텔레비전 아사히(ANB-TV, channel-10)는 아사히신문(朝日新聞)의 계열회사다. 또 텔레비전 도쿄 방송(TX-TV, channel-12)은 니혼케-자이신문(日本經濟新聞)의 계열사로 되어 있다. 지방의 방송국들도 대개는 도쿄의 키 스테이션(Key station)과 협조적인 자본 관계를 맺고 있거나, 아니면 지방지와의 자체 제휴로 신문 매체와 공조 체제를 갖추고 있는 방송이 많다.

일본에 있어서 지역 방송이라고 한다면 크게 4개의 광역권으로 나눌 수 있는데 도쿄를 중심으로 한 관동(關東)지역권의 키-스테이션과 오사카를 중심으로 한 킨끼(近機)지역권의 준 스테이션, 그리고 나고야를 중심으로 한 쥬쿄(中京)지역권의 준준 스테이션, 그 밖의 켄(縣)등으로 나눌 수 있다. 이 광역권은 다시 각 현단위의 지역 방송국으로 분류할 수 있는데, 본고는 지면 관계로 라디오 방송에 관한 분석은 다음 기회로 미루기로 하고 특히 지역 TV민방을 중심으로 언급하고자 한다.

일본의 지역 방송은 NHK를 제외하면 위에서 설명한 도쿄의 5개의 키 스테이션이 독자적으로 46개의 도부현(道府縣)에 지방 네트워크를 형성하여 각각 치열한 영업 활동을 전개하고 있는데 그 조직과 구조는 다음과 같다.

2) 일본 지역 방송국의 뉴스 네트 워-크 조직과 구조[166]

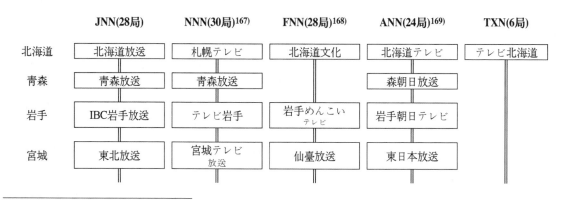

	JNN(28局)	NNN(30局)[167]	FNN(28局)[168]	ANN(24局)[169]	TXN(6局)
北海道	北海道放送	札幌テレビ	北海道文化	北海道テレビ	テレビ北海道
青森	青森放送	青森放送		森朝日放送	
岩手	IBC岩手放送	テレビ岩手	岩手めんこいテレビ	岩手朝日テレビ	
宮城	東北放送	宮城テレビ放送	仙臺放送	東日本放送	

166) 西正 『放送業界』, 東洋經濟新報社, 1999년, pp.28-29.
167) 니혼TV의 네트워크는 NNN(Nippon News Network) 및 NNS(Nippon Television Network System) 두 개의 조직이 있다. NNN의 현재 가맹사는 30개국이다. http://www.ntv.co.jp.
168) 후지TV계의 네트워크는 전국 28개국이다. FNS(Fuji Network System.) 및 FNN(Fuji News Network)의 두 개의 조직이 있다. www.fuji-network.com/
169) 아사히TV는 전국 24개국을 네트워크로 구성하고 있다. 아사히신문 계열방송국이다. www.tv-asahipro.co.jp

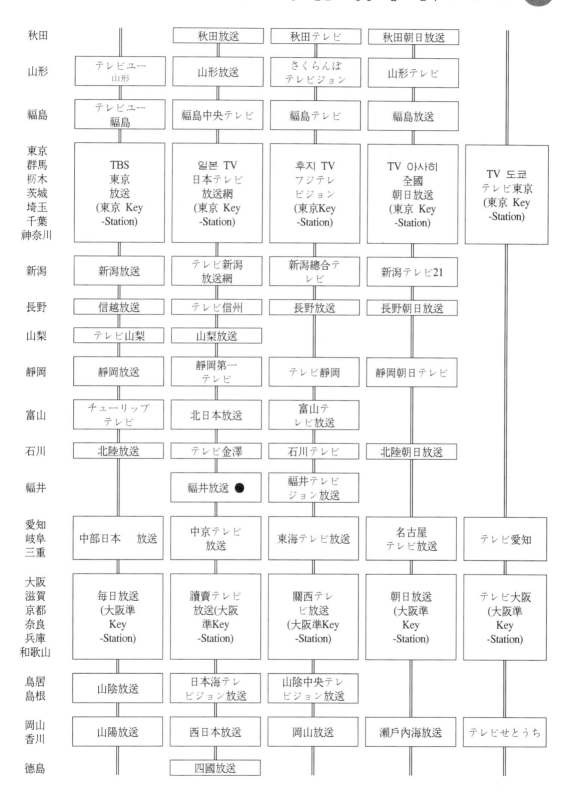

秋田		秋田放送	秋田テレビ	秋田朝日放送	
山形	テレビユー 山形	山形放送	さくらんぼ テレビジョン	山形テレビ	
福島	テレビユー 福島	福島中央テレビ	福島テレビ	福島放送	
東京 群馬 栃木 茨城 埼玉 千葉 神奈川	TBS 東京 放送 (東京 Key -Station)	일본 TV 日本テレビ 放送網 (東京 Key -Station)	후지 TV フジテレ ビジョン (東京Key -Station)	TV 아사히 全國 朝日放送 (東京 Key -Station)	TV 도쿄 テレビ東京 (東京 Key -Station)
新潟	新潟放送	テレビ新潟 放送網	新潟總合テ レビ	新潟テレビ21	
長野	信越放送	テレビ信州	長野放送	長野朝日放送	
山梨	テレビ山梨	山梨放送			
靜岡	靜岡放送	靜岡第一 テレビ	テレビ靜岡	靜岡朝日テレビ	
富山	チューリップ テレビ	北日本放送	富山テ レビ放送		
石川	北陸放送	テレビ金澤	石川テレビ	北陸朝日放送	
福井		福井放送 ●	福井テレ ジョン放送		
愛知 岐阜 三重	中部日本　放送	中京テレビ 放送	東海テレビ放送	名古屋 テレビ放送	テレビ愛知
大阪 滋賀 京都 奈良 兵庫 和歌山	每日放送 (大阪準 Key -Station)	讀賣テレビ 放送(大阪 準Key -Station)	關西テレ ビ放送 (大阪準Key -Station)	朝日放送 (大阪準 Key -Station)	テレビ大阪 (大阪準 Key -Station)
鳥居 島根	山陰放送	日本海テレ ビジョン放送	山陰中央テレ ビジョン放送		
岡山 香川	山陽放送	西日本放送	岡山放送	瀨戶內海放送	テレビせとうち
德島		四國放送			

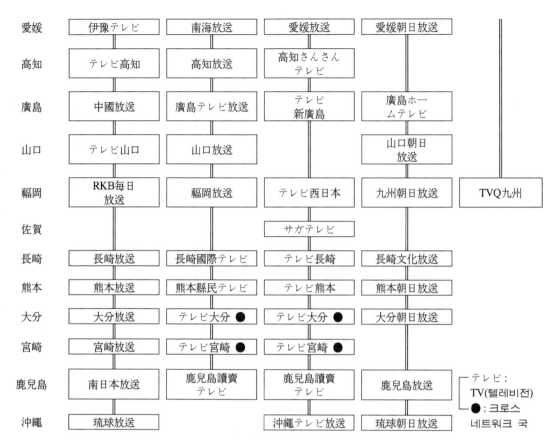

※ 보기 : ●표 부분은 크로스 네트워크 방송국임.

　위의 계열별 뉴스 네트워크의 구조에서 볼 수 있듯이 도쿄방송(TBS)의 지방계열국이 28개국, 일본텔레비전(N-TV)이 30개국, 후지텔레비전(CX)이 28개국, 텔레비전아사히(ANB)가 24개국, 텔레비전 도쿄(TX) 6개국과 그 외 아무데도 포함되지 않은 군마(群馬)텔레비전 등 독립국이 11개사로, 전국에서 약127개의 민간방송국이 있다. 이중 텔레비전 단일국이 79개사, 라디오 텔레비전 겸업국이 37개사로 운영되고 있다.[170] 원래 뉴스 네트워크는 뉴스를 상호 네트워크로 교환 한다는 목적으로 구성된 조직인데, 실제로는 키 스테이션 프로그램을 각 네트워크 계열 지방사에 공급하는 프로그램유통 조직네트워크가 돼 버렸다. 예를 들면, 일본텔레비전 네트워크는 NNN(Nippon News Network) 및 NNS(Nippon Television Network System)라고 하는 2개의 조직이 있다. NNS에는 조사위원회, 공동사업 및 미디어 위원회의 3개의 위원회가 있어서 상호 결속과 공동번영을 목표로 각사의 이익에 공헌하고 있다. 후지텔레비전 네트워크도 FNS(Fuji Network System) 및 FNN(Fuji

170) 渡邊みどり『現代テレビ放送學』, 早稻田大學出版社, 1992年. P.115.

News Network)의 2개의 조직이 있다[171]. FNS도 뉴스나 프로그램 전반을 상호 공급하는 네트워크로 조직되어 있다.

이들 지역방송국들은 각각 도쿄의 키-스테이션으로부터 대부분의 프로그램을 그대로 받아서 방송하는 「풀-네트워크」 방송국과 몇 개의 타 계열의 키-스테이션으로부터도 프로그램의 일부를 복수로 공급받는 이른바 「크로스 네트워크」의 방송국도 있다. 어느 경우라도 각 방송국들이 발족할 당시의 발기인이나 구성원, 그리고 자금면 등에 따라서 전파료의 할당과 프로그램 공급량은 다소의 차이는 있다. NHK는 공공 방송 내지는 공영방송이라고 하는 특수법인의 명목 하에 「방송법 제7조」에 의해서 매스미디어의 집중 배제원칙에 적용받지 않고 있기 때문에 독자적으로 전국에 걸쳐서 지방네트워크를 구축하고 있다. 그러나 민간방송의 경우는 일반 방송사업자로 분류돼 매스미디어 집중배제 원칙에 묶여서 우리나라의 KBS나 MBC와 같이 독자적으로 전국 지방네트워크 망을 구축할 수 없게 되어 있다.

여기에서 도쿄의 키-스테이션 민방 5개사와 지역 방송국들은 NHK에 대항하기 위해서는 자체계열사로 전국 네트워크를 형성할 수밖에는 없게 되어 있는데 그 이유로는 대체로 크게 다음과 같이 4가지의 이유를 들 수 있다.[172]

첫째, 민방은 지방구역이 거의 현단위로 한정되어 있기 때문에 전국 뉴스의 취재에는 민방각사가 제휴할 필요가 있다. 따라서 각사는 방송구역 내에서 일어난 사건에 대해서는 취재의 의무가 있다. 네트워크 뉴스도 전국적으로 동시각에 똑같이 방송해야 한다.

둘째, 프로그램 제작비가 매우 비싸기 때문에 단일국이 부담하기에는 어려워서 다수의 민방사가 함께 공동으로 참여하여 제작비용을 절감하고, 또 새로운 프로그램 제작에 투입 할 수 있는 여력을 갖게 하기 위함이다. 뿐만 아니라, 골든 타임이나 프라임 타임, 아침, 점심 등 시청률이 높은 시간대는 네트워크 시간대로 정하고 이 시간대는 전국 일제히 같은 방송을 하도록 의무화하고 있다. 이와 같이 네트워크 시간은 전 방송시간의 70%이다.

셋째, 탤런트나 제작 소재는 대체로 도쿄나 오사카 등 대도시에 집중해 있어서 지방국으로서는 제작조건이 나쁘고 비용도 비싸기 때문이다.

---

171) 후지TV 계열사의 FNS(Fuji Network System)는 프로그램 전반을 공급하고 FNN은 뉴스를 상호 공급하고 있다.
172) 岩崎恭裕『マスコミ産業』, 敎育社, 1993年, pp.35-36.

넷째, 전국적 광고를 희망하는 광고주가 많고 광고수입을 유일한 재원으로 하는 민방으로서는 영업상으로도 네트워크 체제 구축이 절실히 요구되고 있기 때문이다.

민방의 전국 네트워크는 위의 표에서도 알 수 있듯이 도쿄의 5개 키-국이 주도권을 쥐고 있고, 운영은 뉴스 네트 워-크의 협정 형식으로 운영하고 있다. 또 뉴스 취재에 있어서 도 보도프로그램의 경우는 공동 제작한다든가 취재경비 분담 등으로 공동운명체의 성격을 띄고 있다. 프로그램 공급 네트워크는 뉴스-네트워크의 기본구도를 그대로 이용하고 있다.

뉴스 네트워크의 구조는 위의 조직 구조와 같이 (1) TBS계열의 JNN(JAPAN NEWS NETWORK), (2) N-TV계열의 NNN (NIHON NEWS NETWORK), (3) FNN 계열의 (FUJI NEWS NETWORK), (4) ANN계열의 (ALL NIPPON NEWS NETWORK), (5) TXN계열의 (TELEVISION TOKYO NETWORK)가 각각 전국적인 방송망을 형성하고 있다. 이들 키 방송국들은 조직망 확대사업에 상당한 열을 올리고 있는데, 그것은 각 네트워크의 조직망 크기에 따라서 키 방송국의 광고수입 단가에 큰 격차가 생기기 때문에 방송국으로서는 사활이 걸린 문제다. 민방은 각 지역단위(대개 현단위) 중심으로 네트워크가 구성되어 있어서 지역사회에 아주 밀착되어 있다. 또 일본 민방에 있어서 가장 중요한 것 중의 하나는 전국적인 뉴스 취재망의 조직적인 운영인데 이것은 모국(키—국) 과 지방 국간에 긴밀한 상호 취재협조가 필요하다.

한편 지방 국에서 가장 문제가 되는 것은 프로그램의 자체 제작인데 지방 국이 자체로 제작하자니 제작비가 비싸고, 그렇다고 모국의 프로그램을 그대로 방영하자니 모국에 대한 엄청난 전파료를 지불하고도 지역 주민들에게는 불만을 사게 하는 일이 허다하기 때문이다. 현재 일본의 지역 민방들의 자체 제작 비율은 지방 국의 자체 제작 능력에 따라서 조금씩 차이는 있지만, 대체로 10~20% 정도가 자체로 제작하고 있다. 자체제작이 많은 방송국은 30% 정도이고 가장 작은 방송국은 10% 정도다. 따라서 키—국이나 준 키—국에 70~80% 정도의 프로그램을 의존하고 있다. 보도프로그램의 경우는 자체제작이 약 37%에 이르는 방송국도 있다.[173] 프로그램을 구매하는 키—국에서는 될 수 있는 데로 전국의 시청 망을 확충하여 광고 수입을 올리려고 하고 있기 때문에 지방 국들이 직접 키—국의 전파를 사용할 것을 바라고 있다. 그러나 지역방송사들은 키—국이 광

---

173) 松岡新児·向後英紀 『新現場からみた放送学』, 学文社, 2004年, pp.150~151.

고주와 직접 협상하여 광고료를 일괄 타결하는 형식을 취하고 있기 때문에 항상 불만이다. 왜냐 하면, 광고료를 중앙 키—국이 직접 받아서 지방 국에는 적당히 배분하는 형식을 취하고 있기 때문이다. 즉 방송국의 젖줄이라고 할 수 있는 광고 수입이 중앙 키—국에 의해서 좌지우지되니 지방 국의 불만의 정도는 알고도 남음이 있다.174)

3) 전국 지역 방송망을 연결하는 「TV중계 회선 망」

(1) 민간방송 TV회선 센터

일본 민간방송협회에는 「민간방송 TV회선 센터」가 설치돼 있다. 이 센터는 텔레비전 전국 중계를 안정적으로 운용하기 위해 중요한 창구역할을 하고 있는 곳이다. 현재는 아날로그방송과 디지털방송인 사이마루체제를 공동 운영하고 있다.

텔레비전 방송은 전국 어디에서든지 같은 시각에 똑 같이 모두가 같은 프로그램을 즐기고 있다. 이를 전국 각지 로컬 민방에 동시순간에 공급하기 위해서는 전용선인 "텔레비전 중계회선 네트워크"의 경유가 필요하다. 현재는 마이크로 회선을 이용해 "NTT커뮤니케이션즈(NTTcom)"가 제공하고 있다. 민방 텔레비전회사가 NTTcom의 마이크로회선을 빌려 사용하기 까지는 각 방송사의 요청에 따라 동시에 실시하고 또 요금도 병행해 지불해야 하는 의무가 따르게 된다.

이러한 역할을 담당하는 곳이 민방의 회선 센터이다. 이 회선 이용에는 민방 각사가 회선의 「공동전용」과 「요금공동분담」이라는 방침이 있다. 이러한 2개의 원칙에 따라서 회선센터가 민방 TV 각사의 창구를 대신해서 구체적으로 업무를 수행하고 있다. 이 네트워크의 시초는 1956년 12월 CBC(나고야 : 名古屋)와 ABC(오사카 : 大阪)의 개국과 함께 당시 전전공사(電電公社)가 도쿄, 오사카, 나고야에 마이크로회선을 1회선 개설해 도쿄의 NTV, TBS가 분담해서 만들었다. 이 때 민방TV 4국이 이용한 회선거리는 467Km였다.

그러나 1958년에는 전국의 민방이 계속해서 개국하게 되자 전용회선은 급증하게 되었다. 따라서 오사카방송국이 중간 거점 국으로서 작업을 진행하게 되었다. 그 후 전문적인 사무 처리를 위해 민방위원회에 "텔레비전회선위원회"를 설치하고 요금계산방법을 결정하게 된다. 각지 민방이 단독으로 연결한다면 회선 수가

방대해 요금도 많아지게 된다. 따라서 "공동전용선"과 중도에서 갈라지는 "지선" 등을 고려해 "공동전용"을 확립하게 되었다. 우선 도쿄에서 최장거리인 오키나와 까지 일본 전국을 11개 지역으로 구분하여 요금표를 작성했다. 구체적으로는 NTT요금 분담 각사가 공동 분담하는 "풀 기금"제의 도입이다. 즉 실제 지불하는 요금은 프로그램을 송출하는 도쿄의 키―국은 "네트 기본료"를, 각 지방에서 프로그램을 수신하는 수신국은 "구간료"를 지불하게 했다. 이를 합해서 NTTcom에 지불한 2002년의 총 지불액은 158억 엔 이었다.[175] 참고로 2003년도 네트기본료 (송출국 풀 기금으로 지불하는 요금)는 1분단위로 1818엔이고, 구간료(프로그램 수신국의 풀 기금 지불료)는 5분반위로 1구간(靜岡 : 시즈오카)이 1082엔, 2구간(나고야) 1332엔, 3구간(오사카) 1524엔, 4구간 (도쿠시마)1659엔이다. 또 가장 최장거리인 오키나와(沖繩)는 11구간으로 2461엔을 지불하고 있다. 그러나 2004년부터 전환해 가는 광 디지털회선은 2006년까지는 전국 전 구간으로 대체하게 된다.[176]

3. 일본의 지역 방송국의 운영 실태와 그 사례

일본의 방송정책은 국민 생활을 다양화 하게 하기 위해 라디오나 텔레비전, 문자 방송 등 각종 방송매체를 통해서 풍부한 정보의 제공을 실용화한다는데 중점을 두고 있다. 특히 그 중에서 국민에게 기본적인 정보를 제공하는 미디어로서 발전해 온 지상파 텔레비전이나 라디오에 관해서는 모든 국민이 AM, FM 방송을, 또 텔레비전 방송에 관해서는 4계통(민방 4개 채널) 이상을 청취할 수 있도록 정책적인 조치를 취하고 있다. 따라서 총무성은 좀 무리 하긴 하지만 1991년부터 <1현―4국 정책>, 즉 한 개의 현에 4개 이상의 방송국을 건설한다는 방침을 세우고 추진해 왔다. 이러한 경향은 1993년에 절정을 이루었으나 1995년부터는 경기의 침체와 더불어 연간 새로운 방송국의 개국 숫자는 종전에 비해 상당히 줄어들고 있는 실정이다.[177]

한편 또 다른 하나의 이유는 일본의 방송 환경이 크게 급속도로 변하고 있기 때문인지도 모른다. 그것은 지금까지 고수하던 아날로그 송출 방식에서 디지털 방식으로 전환되면서 방송과 통신도 급속도로 융합되고 있기 때문이다. 이러한 급속한 방송환경의 변화는 일본의 지역민방 건설에 상당한 부담을 주고 있는

175) 『NEW MEDIA』, ニューメディア(株), 2004年(3号), 2004年, pp.52~53.
176) 『NEW MEDIA』, ニューメディア(株), 2004年(3号), 2004年, P.52.
177) 伊東敏郎「放送行政を取り巻く現狀と今後の方向」『民放』(1月號), 1996年, P.16.

것도 사실이다.[178]

일본의 방송국 면허 규정에는 특정 기업의 독점을 막기 위하여 일정량 이상의 지분을 제한하고 있는데, 예를 들면 외국인 또는 외국자본은 특정 방송국에 20%이상의 주식을 소유할 수 없게 되어 있다. 만약 그 이후에 매수한다든지 합병의 형태로 주식의 소유가 20%(19.9)를 초과한다면 면허가 취소된다. 현재 일본 지방방송국의 자본 분포를 보면 대체로 키-국이 전체 지분의 10%내외를 소유하고 있고, 계열 신문사가 10% 내외이며, 그 외는 대개 중소기업들이 10%이하의 소자본을 투자하는 형식을 취하고 있어서 마치 중소기업의 공연장으로까지 보일 정도다. 도쿄의 키-국들은 경영 상태가 아주 양호한데 반하여, 지방 국들은 경영에 상당한 어려움을 겪고 있다.[179] 그래서 최근에는 감량 경영을 한다든지 아니면 지역마다 새로운 상품의 개발로 제각기 살아남기 위한 특별조치로 시청률 경쟁이 뜨겁게 불붙고 있다.[180] 이하는 현재 일본의 지역 민방들의 몇 가지 사례를 소개하고자 한다.

니혼 텔레비전(N-TV)의 키타가와 마코토(北川信) 상무이사와 요시이 이사무(吉井勇)의 지역 민방의 경영 전략을 다음과 같이 요약해 본다.[181] [182]

1) 지역에 밀착한 방송

(1) 전국 프로그램과 지역프로그램을 시청자의 시청 시간 독점대로 편성하고, 시청자의 생활 리듬에 맞춘 정보의 종류와 타이밍의 적절한 배분이 필요하다.

(2) 지역 방송의 기능을 활성화하기 위하여 화재 경보랑 긴급 보도는 지역 방송이 담당하고, 일기예보나 불꽃놀이 대회에서부터 지역 이벤트에 이르기까지 모두 알린다. 즉 지역정보라고 하는 「생활필수품은 모두 갖추고 있는 정보 백화점」이 되어야 한다.

(3) 지역 방송의 기능 중에 한 가지 중요한 것은 그 지역에서의 이벤트랑 판촉활동, 활자 등 타 미디어와의 연계 활동이다. 최근 지역의 활성화에 이와 같은 방송을 중심으로 한 연계 활동이 매우 중요시되고 있다.

178) 杉森吉夫「技術環境の變化と民放社の取り組み」『民放』(1月號), 1996년, P.12.
179) 日本放送出版協會 『民放』(1月號), 1990年, P.6.
180) 放送経営研究会 『NEW MEDIA』(2月號), ニューメディア, 2004年, P.34.
181) 日本民間放送連盟 『民放』(4月號), 1996년, P.6.
182) 吉井勇 『NEW MEDIA』(3月號), ニューメディア, 2004年, P.41.

(4) 계절과 행사도 지역에 따라 다르듯이 소비 동향도 지역 차에 아주 민감하다. 따라서 CM로서는 가장 중요한 포인트이기 때문에 네트워크 방송은 광고 매체로서는 최대, 최고의 기능을 갖는다.

(5) 방송설비의 공동운용회사의 설립이 필요하다.

기타무라가 제안한 지역 민방의 경영 전략은 한 마디로 말해서 계절이나 축제든 지역 특성에 맞는 이벤트를 개발하라는 전략이다. 그런데 민간 방송 연맹이 앙케트로 조사한 「지역 방송의 영업 개발」[183]에 의하면 1994년에 각 민방이 실시한 이벤트 사업은 11개 부문에 걸쳐서 다양하게 펼쳐졌다. 그 이벤트 중 주종을 이루는 것이 스포츠와 마쯔리였고, 스포츠는 축구와 야구에 관련된 것이 제일 많았다. 마쯔리는 지역 축일이나 지역 행사가 대부분 이었다. 그 외 음악 이벤트로는 컨서트, 또 유통의 자극과 판촉 이벤트, 강연회와 세미나, 캠페인, 퀴즈 컨테스트, 출판관련 선물 기획, 특집 방송 등이었다.

한편 장기적인 전략으로는 민간 방송 연맹이 발간한『2000년대의 방송비전』[184] 이라는 연구 보고서에 의하면 2000년대의 지역 민방의 혁신적인 경영 방법을 5가지에 걸쳐서 대안은 제시하고 있는데, 특히 위성 사업에 참여를 권하고 있으며, 매체의 특성을 살려서 시청자나 광고주에게 어필할 것을 권하고 있다. 마지막으로 이 보고서는 경영의 효율화로서 고급 인력의 육성을 들고 있는 것은 매우 주목할 만하다. 이제까지 천편일률적인 감량 경영이나, 수입의 다변화 등등의 이야기는 상식적이며 원론적인 내용이지만 고급 인력의 육성은 방송의 질(Quality)과도 직결되기 때문에, 소위 일본의 민방들이 외치는 "시청자 이익"에도 부합되기 때문이다. 즉 방송은 사람의 손에 의해서 만들어지기 때문에 인재 육성이 가장 중요하다는 것이다.

2) 지역 민방의 새로운 진로 모색

일본의 지역 민방은 크게 4개의 축으로 도쿄의 키-스테이션과 연결되어 있기 때문에 키-스테이션 위축되면 지역 민방은 더욱더 타격을 입게 된다. 따라서 어떻게 하면 지역 민방이 키-스테이션으로부터 독립하여 자립할 수 있을까 하는 자립도에 따라서 모국의 영향을 덜 받게 된다. 다시 말해서 방송의 지방화가

---

183) 日本民間放送連盟 『民放テレビ94年度ローカル營業の動向』, 1995年, pp.16~20.
184) 日本民間放送連盟研究所 『2000年ノ放送ビジョン』, 1991年, pp.83~87.

진행되면 될수록 모국의 영향력이 줄어들게 된다는 것이다. 따라서 여기에서는 지역 민방들이 다 미디어 다 채널시대에 있어서 새로운 진로 개척에 대한 방안들을 제시하고 있는데 이들을 요약해 보면 다음과 같다.

(1) 지역 문화나 지역 생활상을 중심으로 한 방송

도쿄의 일극(一極)주의의 방송구조에서 벗어나 지방 국이 도쿄를 압도하는 현지 소재를 개발하여 지역 풍토에 맞는 구성으로 친근감을 갖게 하는 것이 시급하다. 지금까지 취급하던 다큐멘터리뿐만 아니라 지역 와이드 프로그램이나 오락 프로그램에 이르기까지 전 프로그램 속에서 도쿄의 일극주의 극복이다. 구체적으로는 지역의 문화나 사람, 그리고 생활상, 또 나아가서는 산이나 강, 바람소리까지도 지역의 문화를 중요하게 다루는 축약된 텔레비전 문화, 라디오 문화의 정착이 필요하다는 것이다. 여기에다가 보도나 해설에서부터 논평에 이르기까지 일괄해서 텔레비전 저널리즘, 라디오 저널리즘의 발현을 모색하려고 하는 노력이 앞으로 다가오는 다 미디어 다 채널시대에 살아남기 위한 대응책이라 하겠다.

(2) 지역국 군의 새로운 진로 모색

현지 주민들의 지지나 신뢰감과 그리고 친근감 면에 있어서는 확실하게 지역 방송이 우위를 차지하고 있다. 그 예로 RKB(每日放送) 『저녁 방송국』, FBS(福岡放送) 『맨 타이 4·55』라는 프로그램의 건투를 지적하면서 지역을 위한 지방 정보 프로그램의 중요성을 강조하고 있다.

(3) 공동 제작 공동판매의 블록 네트워크

1995년 4월에는 큐슈(九州), 야마구찌(山口)의 7개 네트워크, 즉 7개 방송국이 공동으로 제작한 『울트라 만보』가 방영되었다. 시간대는 오전 9시 55분에서 50분간 주부를 타깃으로 한 프로그램이다. 지금까지는 큐슈 아사히방송(KBC)이 제작하고 KBC가 키—국이 된 블록 네트워크 프로그램은 몇 개 있었지만, 이번과 같이 프로그램을 공동으로 제작하고 공동 판매하는 형태로 제작된 프로그램은 이것이 처음이다.

물론 규수와 야마구찌는 한 마디로 말해서 너무 광범위한 지역이어서 현도 다르고 현민 성이나 문화도 상당히 다르다. 따라서 현지에 밀착한 프로그램을 방영해도 각지에서 받아들여질지가 의문이다. 예를 들면 후쿠오카(福岡)의 백화점 바겐세일 정보를 방송해도 카고시마(鹿兒島)에서 사러 올 리가 없을 것이다. 또, 때에 따라서는 일방적으로 강요당하기도 한다. 그래도 전국 방송의 키-국에서 일방적으로 보내는 것보다는 보다 더 지역에 밀착하고 호소력도 강하며 제작비도 적게 든다. 게다가 여러 명이 한데 모여서 제작하기 때문에 서로 다른 제작 방식, 새로운 아이디어 드라이 앵글 적인 밸런스 등 새롭고 신선한 긴장감 같은 것이 프로그램에 나타나는 것 같이 보인다.

또 각국 스태프도 서로 이해하고 자극하며 서로가 영향을 미친다면 진정한 로컬 방송이 되고 나아가서는 「탈 로컬」, 「새로운 로컬」 방송으로 같이 살아갈 수 있는 노하우가 생길 것으로 보고 있다.

(4) 드라마는 지방을 테마로, 또 언어도 지방 방언으로 하자

지방 국이 제작한 드라마는 그 지방을 테마로 하고 또, 그 지방의 방언으로 제작하는 것이 훨씬 더 침투력이 강하다. 언어에도 거기에는 표현 못할 향토색이 짙게 깔려 있기 때문이다.

3) 실제 방송국의 운영 사례

〈야마가다현(山形縣)의 텔레비전 뉴-야마가다 방송국, TUY〉

텔레비전 뉴─야마가다(TUY)는 개국 일년 만에 흑자 신국(黑字新局)의 파문을 일으킨 신생국이다. 원래 야마가다 현에는 텔레비전 아사히 계열의 야마가다 텔레비전(YTS)과 일본 텔레비전 계열의 야마가다 방송(YBC)이 있었는데, 세 번째로 도쿄 방송 계열의 뉴─야마가다가 탄생하게 되었다. 이 방송국은 1988년에 창설되어 89년 10월 1일에 개국한 방송국이다. 일본의 신 개국 방송국들은 대체로 개국해서 5년까지는 막대한 시설투자로 적자 운영이 불가피한 것이 보통인데 반해, 이 방송국은 개국 초년 도에 이미 122만 5000엔(약1300만원)의 경상 이익을 올려 큰 파문을 일으켰다.

BUY는 자본금 20억 엔 차입금 24억 엔, 합해서 44억 엔으로 출발하였는데 토지 매입(1532평)에 2억 엔, 건평 335평으로 2층 방송 센터 건립에 8억 엔, 송신소 건설에 15억 엔, 방송설비에 15억 엔 등 개국까지 약40억 엔의 자금이 소요되었다.[185]

그런데 주위에선 아무리 설비를 절약한다고 해도 50~60억 엔 정도는 필요하

---

185) 日本民間放送連盟 『日本民間放送年鑑』, コーケン出版, 1999年, P.208.

다고 예상했으나, 최저 한도액인 건축물과 설비투자만으로 약 100억 엔은 절감하게 되었다. 인원은 60명으로 일본에서 니이가다 종합 텔레비전과 함께 전국최저의 인원이었다. 그야 말로 수도권의 조그만 미니 FM방송국의 규모에 지나지 않았다. 그것도 영업 부문에 과반 수 이상이 몰려 있고 오퍼레이션과 프로그램 제작 부문의 작업 인원은 위탁 합자 직원을 포함해서도 고작 80여명 정도였다. 이와 같은 철저한 경영 전략은 개국 5년쯤이나 지나야 단기 흑자를 올릴 것으로 예상했는데, 개국 초년 도에 벌써 흑자로 돌아서서 24억 엔의 차입금 중 9억 엔은 즉시 반제하게 되었다. 사람과 물자, 자금을 철저히 절약한 소규모 경영전략은 결과적으로 프로그램의 자체 제작 비율을 크게 떨어뜨리게 되었다. 따라서 순수 제작은 5분 정도의 로컬 뉴스나 일기예보, 또 토요일 아침「텔레비전 유학관」등 합해서 4%정도 였다. YUY는 야마가다의 타 계열 방송국으로부터 수많은 야유를 받기도 했다. 아무래도 후발주자가 선발주자와 같이 지역에 밀착하기에는 역부족임에는 틀림없다.[186]

그러나 영업 면에서는 타 계열사의 CM요금 덤핑을 가장 걱정하게 되었는데, TUY는 어려웠지만 정가를 꼭 지켰던 것이 적자를 타개하는데 상당한 도움이 되었다. 또한 건설업이나 지금까지 영업 대상에서 소홀히 다루었던 신흥 업종을 집중적으로 개척하게 되었다. 스폰서들은 지금까지 정지 화면의 CM에서 TUY의 움직이는 CM에 눈이 번쩍 뜨이게 되에 "BUY"의 효과를 높이 평가하게 된 것이다. 그 익년부터는 철저한 시청률조사와 함께 프로그램 개편 등으로 지역 주민들에게 한층 더 다가서기 위한 2단계 경영 전략도 도입하게 되었다.

이상에서 일본의 방송구조와 지역 민방의 운영실태 등에 관해서 분석해 보았다. 1990년대 초부터 우정성은 다미디어·다채널시대에 있어서 국민 생활의 다양화라고 하는 정책목표를 설정하여「1현一4국」(한 현에 4개 이상 방송국 설립) 정책을 고수하게 되었다. 물론 지금까지 전국에 걸쳐서 한 현에 6개의 방송국이 설립되어 있는 지역도 있는가 하면, 심지어는 2개 정도의 방송국도 제대로 개국되지 않은 곳도 있다. 아무튼 이들 지역방송의 개국은 지역 정보의 활성화라는 측면에서는 상당히 기여한 것은 틀림없다. 반면에 1990년대 초부터 불어닥친 경기불황과 엔고 현상으로 경제적 어려움을 겪고 있는 일본의 지역경제에 1현一4국 정책은 다소 무리가 뒤따르게 되었다. 그 결과 어려운 지역 경제 여건 속에서 출발한 각 방송사들은 필연적으로 상호간에 치열한 광고전쟁을 펼칠 수밖에 없었고, 나아가서는 지역 방송사의 난립에 따른 인적, 물적 자원의 부족에 따른

---

186) 日本放送出版會社, 前揭書, pp.41~45.

프로그램의 질적 저하도 초래하게 되었다.

물론 궁극적으로는 시장 논리에 따라서 한 현에 몇 개의 방송국이 중심이 되어서 합병, 또는 흡수의 형태로 발전해 갈 것으로 예상된다. 그런데 어떤 방송학자는 일본에서 지역 방송국의 설립이 난립하고 있는 것은 정치적인 유력 인사의 우정성 로비의 결과라고 까지 혹평하는 이도 있다. 예를 들면, 전 자민당 간사장이었던 오자와 이치로(小澤一郎)는 원래 우정성 출신이기 때문에 우정성에는 그의 입김이 강하다는 것이다. 따라서 94년의 이와테 현(岩手縣)에서 후지 계열 방송국이 최후로 면허를 받게 된 것도 그의 우정성 로비의 결과라고 말하는 사람도 있다. 그러나 그보다도 더욱 중요한 것은 이미 일본은 다 미디어·다 채널시대에 돌입해 있기 때문에 기존의 미디어로는 국민들의 정보욕구인 다양성 확보에는 한계가 있다는 점이다. 일본은 기존의 공중파 미디어에다가 CS, BS, CATV 채널 등 2006년 이후는 약 700여개의 채널이 가시권 안에 들어오게 될 전망이다. 이와 같이 영상미디어의 가시채널이 폭발적으로 증가함에 따라서 지역방송도 이제는 CS, BS를 이용하면 위성과도 직접 연결되기 때문에, 지역 방송이라는 개념도 이제는 없어지게 된다. 따라서 지역정보의 활성화를 위해서는 우선 지역정보를 대량으로 공급해주는 방송국의 다국화주의(多局化主義)가 불가피하다고 총무성은 판단하고 있다.

일본 방송의 다국화 경향은 다양한 정보를 지역 주민들에게 공급하여 지역정보 내지는 지역경제 활성화에 상당히 기여하고 있다. 그러나 여기에 병행해서 소프트의 부족현상으로 스포츠나 할리우드의 값싼 프로그램으로 시간을 메운다는 시청자들의 불만도 또한 높은 것이 사실이다. 물론, 일본도 자구책으로 NHK가 중심이 되어 MICO나 JET와 같은 프로덕션 등을 설립하고는 있지만 당분간은 컨텐츠의 부족현상은 계속될 것으로 보인다.

이에 비해 한국은 너무나도 지역 채널의 배분에 인색하고, 다양화 측면에서도 아직 부족한 상황이다.

제 **2** 부

제 7 장   일본의 방송문화 발전사
제 8 장   일본 방송사의 TV프로그램 편성과 제작실태
제 9 장   일본의 방송프로덕션과 방송발전사
제10장   일본의 각 방송사별 계열 프로덕션
제11장   일본 속의 한국의 방송문화, 그 지속 가능성

제 7 장
일본의 방송문화 발전사

1. 일본 방송문화의 발전

　본 장에서는 일본의 방송문화 발달과 그 본질적인 특성에 대해서 분석해보고
자 한다. 1998년 국민의 정부가 출범한 이래, 일본의 대중문화 개방정책에 따라
서 2000년 6월부터 일본의 방송문화가 개방하게 되었다. 방송문화의 개방은
WTO 체제 출범 이후 우리 정부가 국제화(global) 세계화의 시대적인 흐름 속에
서 방송시장 개방 압력에 따른 불가피한 조치인 동시에 또한 OECD 가맹국으로
서 상대국의 호혜평등 원칙에 따라 의무를 수행한 것이기도 하다. 나아가서는
국민의 정부가 지향하는 민주주의와 시장경제라고 하는 정책논리와도 일치하고
있다. 그러나 일본의 방송과 방송문화는 세계적인 경쟁력을 보유하고 있을 뿐
아니라, 자본력도 뛰어나 우리나라 방송 산업에 미치는 영향은 큰 위협이 아닐
수 없다. 물론, 일본의 방송문화 도입은 우리나라 방송문화의 다양성 확보나 경
쟁력 제고 등 우리나라 방송문화 발전에도 상당히 긍정적인 측면도 있으리라고
본다. 특히, 방송문화 개방 이후 일본에는 한국의 드라마가 "겨울연가(冬のソナ
タ)"가 진출하여 NHK에서 높은 시청률을 기록한 가운데 한류의 열풍을 일으키
기도 했다. 그것은 1992년 TV프로그램 "임진왜란" "여명의 눈동자" 등이 일본에
처음 진출한 이래 9년째 만이다. 이는 해방 이후 일본 식민지배하에서 일제에게

배운 기술모방이나 베끼기에서 탈피하여 우리 기술진들의 독자적인 제작능력에 의해서 제작된 쾌거라 아니할 수 없다. 물론, "드라마"는 브라운관이라고 하는 한정된 공간이긴 하지만, 일본인들에게는 "겨울연가"를 통해서 한국 방송프로그램의 제작능력을 객관적으로는 인정받았다는 점이다. 이와 같이 우리나라 방송사들도 이제는 일본 프로그램 모방이나 베끼기에서 한 단계 더 나아가 그들의 정서에 맞게 제작할 수 있는 기술적 노하우도 생겨나게 되었다.

따라서 본고에서는 이 두 가지 측면을 동시에 보면서, 일본 방송문화의 본질과 특성에 대해서 분석해 보고자 한다. 사실 일본의 방송문화는 민간방송사들 간에 치열한 시청률 경쟁과 함께 자본과 결탁하면서 우리나라 방송문화보다는 상대적으로 상업성이 강하게 성장하게 된다. 예를 들면, 2000년 OECD 보고서에 의하면 일본의 방송 산업은 세계 랭킹 50위 안에 SONY가 1위를 차지하는 것을 필두로 마쯔시다, NHK, 후지TV, 닌텐도 등의 순으로 무려 11개사나 진입해 있을 정도다. 오늘날 방송문화는 곧 상품이고 산업이며 상품은 수출되는 이러한 현실 속에서 일본은 일찍이 세계시장을 향해서 방송문화를 수출하고 있다. 그러면 일본의 방송문화의 본질은 무엇이며 특질은 무엇인가, 왜 일본의 방송은 시청률이 높은가 등에 대해서 분석해 보고자 한다.

2. 일본의 방송문화의 본질과 그 특성

1) 방송문화의 개념과 범위

우리가 흔히들 "방송문화" 라고 말하면 우선 텔레비전 화면에 비치는 영상물들을 연상하게 된다. 이는 방송문화에 대한 협의의 개념이다. 그러나 광의의 의미에서는 "음성이나 문자 등이 동영상에 의해서 비치는 모든 화면이나 작품, 그리고 그 주위 방송환경을 둘러싸고 있는 모든 사회·문화적인 창조물"들을 방송문화라고 말할 수 있다. 예를 들면, 단순한 방송화면에 비치는 영상물뿐만 아니라, 만화나 애니메이션, 영화, 오페라, 그림이나 조각, 도형과 모형 등 TV화면에 동영상으로 비칠 수 있는 모든 사물들은 방송문화의 대상이 된다. 물론, 여기에는 방송을 지탱하고 있는 법이나 제도나 조직 활동, 그리고 방송관이나 방송철학 등도 포함될 것이다.[187] 협의에서 말하는 방송문화의 개념은, 음성으로만 들

---

187) 津金澤聰廣·田宮武『放送文化論』, ミネルヴァ書房, 1985年, pp. ii ~iii.

을 수 있는 '라디오 방송문화'와 음성과 동영상을 동시에 볼 수 있는 '텔레비전 방송문화'로 구분할 수 가 있을 것이다.

물론, 문화의 개념에도 나라마다 조금씩 차이는 있다. 영국의 경우는 문화의 개념을 비교적 넓게 생각하여 "문화를 상당한 정도의 보편과 정착성, 계속성을 지닌 사람들의 라이프스타일과 사회의 존재" 등도 포함하고, 독일의 경우는 "인간이 정신적 노력에 의해서 창조해 낸 모든 인류공통의 재산과 가능성의 성과"라고 정의하고 있다[188]. 그러나 일본의 경우는, 예를 들면, 물건에 대치되는 정보, 하드웨어에 대한 소프트웨어, 사회 시스템에 대한 사회기능, 사회구조에 대한 사회 움직임 등을 포괄하는 개념으로 정착돼 있다. 따라서 일본의 사회나 문화상황을 생각해 보면, 국민 대다수가 "대중"과는 이중적으로 겹쳐져 있는 것이 현실이다. 때문에 일본의 "문화"라고 하는 개념에는 "대중문화"라고 하는 함의가 이중으로 겹쳐져 있다는 사실을 알 수 있다[189].

그 대표적인 예가 첫째, 라이프스타일 즉 생활에 관련된 문화로는 의·식·주·유(遊)·학(学)·노(勞)·커뮤니케이션·경조사·소비 등이다. 둘째, 사회 상황에 관련해서는 세상, 유행, 교육, 예술, 도시, 정치, 경제 등이 있는데 이 중에서도 보편성, 정착성, 계속성이 있는 것이 그 대상이 된다. 이와 같이 일본의 방송문화는 방송을 지탱해주고 있는 대중문화를 대상으로 생성 발전되어 왔다고 할 수 있다.

2) 일본의 방송문화와 형성 과정

일본의 방송문화는 텔레비전이 만들거나 촉진한 대중문화가 큰 비중을 차지하고 있다. 예를 들면, 텔레비전 드라마에서 인기 있는 여배우가 입은 패션이나 의상은 젊은 여성들에게는 금방 유행이 된다든지, 아니면 텔레비전에 소개된 음식점은 시청자들에게 곧 유명세를 타게 된다는 것이다. 즉, 텔레비전이 방송하게 되면 시청자들로부터 곧 주목을 받게 되고 이것이 곧 과밀화로 이어지게 된다. 뿐만 아니라, 텔레비전 드라마의 오픈세트나 무대가 된 지방 외곽도시는 시청자들에게 상당한 관심을 불러 일으켜 이미지 향상은 물론, 관광명소가 되어 부동산시장에까지도 큰 영향을 미치게 된다. 이와 같이 일본에서는 대중문화를 주도하고 있는 텔레비전이 만든 방송문화의 비중은 점점 더 커져만 가고 있다. 현대 일본 사회에 있어서 텔레비전이 만드는 방송문화나, 혹은 변화를 촉진하는

---

188) 田宮武·津金澤聰廣 『テレビ放送を考える』, ミネルヴァ書房, 1990年, pp.98~99.
189) 田宮武·津金澤聰廣 『テレビ放送を考える』, ミネルヴァ書房, 1990年, pp.98~99.

현상과 배경 메커니즘에 대해서도 자세히 고찰해 보고자 한다.

(1) 방송문화와 일본인들의 라이프스타일

일본의 방송문화는 일본 사람들의 라이프스타일에도 상당한 영향을 미치고 있다고 본다. NHK방송문화연구소가 조사한 연구 보고서에 의하면, 일본 사람들은 하루 평균 텔레비전 보는 시간이 약 3시간 53분으로 세계적으로는 매우 긴 편에 속한다.[190] 일본의 방송문화의 권위자인 타미야 타케시(田宮武) 교수는 일본인이 텔레비전을 보는 시청시간은 완전히 틀에 짜여 있다고 주장하고 있다. 그는 일본인들의 하루 텔레비전 시청시간을 자세히 분석해보면 아침식사 전후의 7시 뉴스존 시간대나 12시 점심시간 때, 그리고 오후 휴식 시간대에 텔레비전을 조금씩 보게 된다는 것이다. 저녁은 10경 자택에서 좀더 길게 본다는 것이다. 주부들의 경우는 낮 동안 집에서 더 많이 보게 되며 고령자의 경우는 이보다도 훨씬 더 길어진다는 주장이다. 일본인들의 텔레비전 시청행동은 자택 내에서 누구로부터도 구속 없는 자유로운 상황이나, 혹은 밤과 같이 외부활동이 전혀 필요 없는 시간대에 가족끼리 단란하게 식사를 하면서 보는 경우가 많다. 뿐만 아니라 일본인의 텔레비전 시청 특성은 『~하면서』 텔레비전을 보는 행태, 즉 무슨 일을 하면서 그 일에 지장을 주지 않는 범위 내에서 텔레비전을 시청하는 경우가 많다. 또 한 가지 일본인들의 텔레비전 시청 특성은 "자택 내에서 자투리 시간"이나 "집에서 구속받지 않는 시간"등을 채우는 역할도 상당히 담당하고 있다. 물론 여기에는 자택에서 누구라도 가벼운 마음으로 휴식을 취하거나 오락을 즐기는 가치행동도 포함된다는 지적이다.

또, NHK방송문화연구소 주임연구원인 오쿠다 요시타네(奧田良胤)는 일본의 방송문화 발전의 원동력은 "가족문화"에 있다고 지적하고 있다. 즉, 일본인은 유럽이나 미국사람들과 달라서 전통적으로 밖에 나가서 외식을 자주 하거나 저녁시간대에 외출하는 시간이 거의 없다는 지적이다. 마땅히 저녁시간대에 밖에 나가서 여가를 보내거나 외식을 할 만한 적당한 장소나 시간이 없었을 뿐만 아니라, 외식을 자주할 만큼 경제적인 여유도 없었다는 것이다. 그러다 보니, 자연 저녁시간대에는 가족끼리 텔레비전을 보면서 보내는 시간이 많아지게 되었고, 이것이 결국 텔레비전을 보는 시간을 길게 만들었다는 주장이다. 그는 결국 이런 것들이 텔레비전 시청률을 높이는 계기가 되어 일본의 방송문화창달에 상당한 도움이 되었다고 주장했다. 아무튼 이 두 연구자가 보는 일본인의 TV시청문

---

190) NHK放送文化硏究所 『放送硏究と調査』 (3月號), 2001年, pp.56.

화(라이프스타일)가 텔레비전의 시청률을 높여서 일본의 방송문화 발전에 기여한 것은 틀림없는 사실인 것 같다. 이런 현상은 아마 우리나라에서도 1970년대 "여로"와 같은 드라마가 인기를 누릴 때 골목길 구멍가게의 구석자리도 자리잡기가 힘들었는데, 이와 같이 일본에도 텔레비전의 가족시청 문화가 역으로 방송문화발전을 촉진하는 자극제가 되었으리라는 데는 의심의 여지가 없다.

(2) 텔레비전의 오락성

'사람들은 왜 텔레비전을 보는가' 라고 질문을 한다면 크게 2가지로 대답 할 수 있을 것이다. 첫째는 자기 생활에 필요한 정보를 얻기 위함이고, 둘째는 긴장의 완화 수단으로 텔레비전을 이용한다는 점이다. 즉, 전자의 경우는 자기 생활에 필요한 정보를 얻거나 일상생활에서 문제해결을 위해 힌트를 얻고자 하는데 있다. 또 후자는 오락이나 취미활동 등으로 여가를 즐기면서 호기심을 만족시키는 한편, 텔레비전 방송내용에 공감되어 자기 자신의 심정이 카타르시스가 되기 때문이기도 하다.

이와 같이 텔레비전의 프로그램 내용을 구별해 보면 어떤 장르의 프로그램도 이 두 가지 형식으로 구분할 수가 있다. NHK가 실시한 여론조사에 의하면, "텔레비전은 우리 사회에 있어서 정보의 가치나 역할을 높여주고 있다." 고 하는 항목에 가장 많은 응답자가 답해 89.2%로 나타났다. 둘째로는 "텔레비전은 사람들에게 생활의 즐거움이나 정감을 가져다주고 있다"라는 항목으로 84.5%를 차지하고 있을 정도다.[191] 물론, 첫 번째의 정보습득 프로그램의 경우도 요리나 육아 등의 지식정보 이 외에 취미나 사건중심의 와이드 쇼까지도 포함하고 있기 때문에 오락적인 경향이 농후하다고 하겠다. 예능 프로그램은 말할 것도 없이 연예 프로그램에서 콩트나 버라이어티 쇼 등 최근에는 오락적인 요소가 많이 포함된 게임이나 놀이 프로그램이 많다. 보도 프로그램도 최근 수년간에는 형식에 구애 없이 많이 늘어났으나 전통적인 신문보도 보다는 조금 다른 이미지를 띠고 있다.[192] 특히 저널리스트나 언론학자들 사이에는 다음과 같은 점이 지적되고 있다.

① 최근에는 텔레비전의 하드웨어 발달로 세계 각지의 뉴스가 리얼타임으로 텔레비전화면에 보도되게 된다. 그러나 그 보도도 영상을 내보내는 데에 그칠

---

191) 關口進 『テレビ文化, 日本のかたち』, 學文社, 1996年, pp.5~6.
192) 최근 수년 사이에 편성된 방송시간의 양적 추이를 보면 크게 ① 일반실용 ② 예능 ③ 보도 3종류로 구분된다. 일반실용의 경우도 요리나 육아, 와이드 쇼 등으로 편성되어 실제로는 오락적인 경향이 짙은 프로그램이 많은 편이다.

뿐만 아니라, 뉴스 캐스터도 원고를 읽는 것이 주된 업무며 코멘트는 서민적 감각 정도에 머무르고 있다는 것이다.

②일본의 텔레비전 보도는 "전달"은 있어도 "저널리즘"은 극히 적다는 것이다. 즉 감시정보나 비판정보는 적고 오락정보나 뉴스정보는 압도적으로 많다는 점이다. 따라서 경성(硬性) 뉴스보다도 연성(軟性) 뉴스가 많아지고 있다는 지적이다.

1985년 10월7일에 '텔레비전 아사히(TV朝日)'가 프라임타임 9시 뉴스를 10시로 옮기면서 『뉴스 스테이션』이라는 뉴스 프로그램을 새로 개발하게 되었다. 뉴스 캐스터는 당시 인기 개그맨 겸 저널리스트 구메 히로시(久米宏)를 캐스팅하게 되었다. 여성 배역으로는 미녀스타 고미야(小宮悅子) 아나운서와 온화한 표정의 고바야시 기이치(小林喜一) 논설위원(朝日新聞)이 스튜디오의 분위기를 안정되게 해 주었다.193) 당시 오타기리 마코토(小田桐誠) 편성국장은 시청자의 눈높이에 맞춰서 정말로 시청자들이 알고자 하고, 듣고자하며 보고자 하는 뉴스 프로그램을 만들고자 노력했다고 그 후에 개편하게 된 사실을 자세하게 밝히고 있다.194)

뉴스 프로그램을 기획할 때도 오락 프로그램과 같이 시청자의 기호도에 맞춰서 재미있고 우스운 프로그램을 만들도록 했다는 것이다. 현재 일본 텔레비전의 보도프로그램은 텔레비전 아사히를 필두로 민방의 경우는 대체로 오락성이 짙고 '흥미본위'의 프로그램이나, 혹은 '화제성' 중심의 프로그램으로 기획보도 하는 경향이 뚜렷하게 나타나고 있다.195) 이와 동시에 일본은 1970년대 고도경제 성장기를 지나면서 각 기업은 마케팅 전략의 일환으로 소비자를 적극적으로 흡수하기 위해 TV에 상품 광고 선전을 대대적으로 실시하게 된다.

민방의 경우는 데이터에 의해서 텔레비전이 어떻게 시청자들을 강력하게 흡수할 수 있을까 하는 방안을 실증적으로 연구하게 되었다. 즉 "시청자 욕구에 합치"를 강조하게 되었고, 그것은 결국 시청률이라고 하는 객관적인 데이터에 의해서 끊임없이 검증되게 되었다. 기업도 또한 이런 광고매체로서의 텔레비전의 효용성에 이론적 근거를 가지게 된 것이다. 따라서 "텔레비전도 재미있는 프로그램=시청자"라는 등식이 성립되게 되었다. 결국 일본의 텔레비전은 철저하게도 "시청자 욕구를 반영하는 프로그램"을 만들 수밖에 없었다. 텔레비전의 문

193) 小中陽太郎「久米宏のいた時代~山の民主主義が残したもの~」『GALAC』, 放送批評懇談会, 2003年(12月号), 2003年, pp.30~31.
194) 小田桐誠『テレビ局24時』, 日本放送出版協會, 1989年, pp.53~54.
195) 前掲書, 『テレビ放送を考える』, ミネルヴァ書房, 1990年, pp.106~107.

화적인 영향력이 큰 근원(根源)에는 거대한 시청자 수가 있고, 거대한 시청자 수는 또한 소비자들이 요구하고 즐거워하는 프로그램 편집에 있을 것이다.

따라서 일본의 민방 프로그램들은 대체로 오락성이 강한 프로그램으로 ① 이상하고 ② 재미있으며 ③ 우스운 내용을 소재로 한 프로그램이 상당히 많다.[196] 그러다 보니 자연적으로 흥미나 호기심, 성적 자극이나 폭력, 오락적인 프로그램에 시청률이 높고, 실제로 상당수가 이런 프로그램들로 편성되어 있다고 하겠다. 우리나라 방송프로그램들도 최근에는 일본의 오락성 프로그램들과 비슷한 프로그램을 많이 편성하고 있어서 이에 대한 대책이 시급하다.

(3) 방송문화의 문화 창조성

앞에서 언급했지만 일본의 텔레비전 프로그램 장르는 크게 3가지로 ① 일반실용 ② 예능 ③ 보도로 구분하고 있다. 그러나 현재 일본의 텔레비전방송 프로그램에는 이 3가지 장르 이 외에도 다채로운 장르의 방송 프로그램이 방송되고 있을 뿐만 아니라, 여러 가지의 요소들이 포함되어 있다.

① 즉, 프로그램의 형식은 어떻게 할까(포맷), ② 무엇을 그려서 시청자에게 호소할 것인가(테마), ③ 또 그것을 어떤 기법으로 표현할까(연출), ④ 그것을 위하여 어떤 출연자를 섭외하며 무대나 조명, 소품 등은 어떻게 사용할 것인가(소재)하는 것들이다. 예를 들면, 같은 장르의 프로그램이라도 이와 같은 요소들을 어떻게 사용할까에 따라서 프로그램이 시청자에게 전달되는 인상이나 심리적인 영향은 전혀 다를 수 있다.

따라서 그것이 결국 텔레비전의 문화 창조에 영향을 미치는 수단이 되고 있다. 텔레비전 방송 프로그램의 역사는 장르라고 하는 큰 틀 속에서 시간적인 증감을 추구할 뿐만 아니라, 장르 내에서도 테마, 연출, 소재 등의 변화에도 주목하지 않으면 안 된다.[197] 그런 의미에서 여기에서는 몇 가지 장르의 방송 프로그램의 소재나 요소들의 변천을 간략하게 언급해 보고자 한다.

① 보도

보도는 "포맷"면에서 보면 초기의 뉴스 프로그램은 짧은 시간 내에 음독용

---

196) 일본의 민방 프로그램들은 대체로 재미있고(오모시로이 : 面白い) 우스우며(유머러스 : ユーモラス) 이상야릇한 (오카시이 : 可笑しい) 소재를 가지고 프로그램을 만드는 경향이 있다. 이는 우선 시청자들에게 부담감을 주지 않고 쉽게 시청률을 높이기 위한 방법이다. 이러다 보니 모든 프로그램은 재미만 있으면 되느냐는 비판적인 목소리도 적지 않다. 오히려 이런 프로그램의 역효과로 시청자들을 멍청하게 만드는 시청률만능주의의 민방비판론자들도 많다.

197) 前揭書, 『テレビ放送を考える』, ミネルヴァ書房, 1990年, pp.108~110.

원고뉴스와 보조적인 영상을 억지로 집어넣고 있다. 그러나 얼마 안 가서 뉴스는 여러 가지로 소재를 사용하여 장시간에 전달하는 와이드 뉴스의 형식으로 바뀌게 된다. "연출"면에 있어서도 초기에는 취재한 뉴스를 음독용 원고로 바꾸어서 그것을 아나운서가 텔레비전 화면상에서 읽고 영상부문은 그의 보조적인 역할을 하게 된다. 그런데 지금은 장시간에 걸쳐서 뉴스 캐스터가 원고를 읽고, 리포터를 불러서 중계영상을 보낸다든지 인터뷰 등을 자유로이 조작할 수 있게 되었다. "테마"면에서는 신문 풍의 일본의 정치나 경제 중심의 사건·사고에서 세계 각지의 정치나 경제사건 등을 취급하는 한편 서민들의 생활이나 지역의 화제중심 뉴스로 크게 무게 중심이 바뀌고 있다. 또 "소재"면에서도 소형 TV카메라나 위성중계기의 보급으로 세계 규모의 영상이 24시간 리얼타임으로 생중계 되고 있다.

② 홈드라마

일반 극중에 포함되는 홈드라마는 우선 "테마"에 있어서 크게 변화를 보이고 있다. 홈드라마의 테마는 대체로 원만한 중산층의 셀러리 맨 가정에서 일어나는 평범한 소재에서 시작해서 곧 무사히 해결되기까지의 과정을 묘사한 것들이었다. 그 대표적인 것이 "기못다마 카아산（肝っ玉かあさん : 배짱 좋은 아줌마)"이라고 하는 상가(商家) 드라마이고, "기시베의 앨범(岸辺のアルバム)" 이라고 하는 불륜과 가정 붕괴 드라마, "금요일의 부인들(金曜日の妻たちへ)"과 같이 깔끔한 생활 속에서도 심리적인 고뇌와 흔들림, "청춘가족(青春家族)"과 같이 현대에 있어서 모든 가정문제를 취급하는 드라마 등도 나타나게 되었다.

물론, 한편으로는 젊은이들의 사랑이야기나 노력주의 형의 드라마도 있다. 이런 것들은 일본의 사회실태를 상당히 반영한 것이고, 또 그 위에 픽션을 통해서 어떤 새로운 종류의 이미지 등도 창출하고 있다. 예를 들면, 드라마의 테마가 시청자들에게 현실적인 생활문제를 인식시키기는 물론, 드라마에 등장하는 패션이나 인테리어, 주택(프로그램 요소에서 말하자면 소재) 등이 라이프스타일로서 선망의 대상이 되고 있다. 또 젊은이들뿐만 아니라, 중년 남녀도 사랑이나 성에 대한 표현(프로그램 요소에서 말하자면 연출)이 아주 거리낌이 없어지는 등 넓은 의미에서는 사회상황이나 문화상황에 영향을 주는 부분이 많았다.

③ 퀴즈

퀴즈도 방송 이전부터 있었던 오락의 한 장르로 당연히 텔레비전에서도 방송되게 되었다. 퀴즈의 기본 원리는 「해답을 알고 있는가, 어떤가」에 있고, 또 거

기에서 파생되는 「해답이 맞은가, 맞지 않는가」, 혹은 「해답이 빠르냐, 늦으냐」를 경쟁하는 것이다. 초기 텔레비전의 포맷은 이와 같이 단순했으나, 얼마 안가서 「퀴즈 여행」과 같이 「맞다, 안 맞다」뿐만 아니라, 여기에다가 게임 적인 즐거움을 연출하는 새로운 시도가 생겨나게 된다. "역시 세계(なるほど! ザ・ワールド)"와 같은 세계 각지의 명물 소개에 대한 프로그램은 비약적으로 확대되어 소재 면에서도 이노베이션이(innovation)이 있었다. 이러한 노력으로 퀴즈 프로그램은 성인이나 지식인들도 즐길 수 있는 폭넓은 프로그램이 되었다고 하겠다.

④ 와이드 쇼

엔터테인먼트 프로그램이나 와이드 쇼 등에서 성이나 섹스에 대한 말과 영상이 거침없이 원색적으로 방영된다든지, 또는 서스펜스와 같은 드라마에서는 베드신이 노골적으로 방송되는 경우가 허다하다. 사회 전체적으로도 성 표현이 상당히 느슨해져서 보도나 드라마에서조차도 그다지 거리낌 없이 과감하게(우리가 보기에는 문화의 차이) 취급되고 있다. 그것은 실제로 미국의 뉴욕 사례 등에 편중되어 있다고 말할 수 있다. 또 와이드 쇼의 화제 테마도 유명인이나 탤런트가 빈번히 취급되는 등 유명인이나 탤런트가 와이드 쇼의 대상인물의 주류를 이루고 있다. 일본 경제에 있어서는 "토지본위제"라고 하는 경제 진리의 원칙이 있는데 텔레비전에서도 어느덧 "유명인 본위제"가 방송진리로 자리 잡게 되었다. 이것이 정치나 경제, 학문세계 등에까지도 확산되는 현상이 나타나게 되었다. 특히, 어떤 오락 프로그램 중에는 젊은이들을 찬양 내지는 우상화하는 프로그램이 많아지는 가 했더니, 이것이 결국 소비 경제에 있어서도 젊은이들의 의향에 맞는 마케팅으로 매칭되게 되었다.

이런 현상은 대중사회에 있어서도 젊은이들 우위의 가치척도가 확립되게 되고, 나아가서는 이런 사회 풍조가 텔레비전의 오락 프로그램 전체에까지 침투되게 되었다. 따라서 현재 일본의 사회적 풍조는 텔레비전의 와이드 쇼와 같이 "재미있는 것이 제일 필요하다"고 하는 판단척도가 일반화되고 있는 경향이 있다. 이와 같이 텔레비전의 프로그램은 이제는 방송문화의 세계를 넘어서 사회적인 문화상황을 새로 창조하고 있는 예가 점점 더 많아지고 있는 실정이다.

(4) 사회·문화 속에서의 방송문화 창조

앞에서도 이미 지적했지만, 어떤 사회에 있어서의 문화상황은 텔레비전에 의해서 만들어지는 부분이 있으며, 그 상당한 부분은 기존의 사회·문화상황 속에서 직·간접적으로 영향력을 미쳐서 만들어 내는 결과이다. 현재 일본의 문화와 텔레비전과의 관계는 사회 전반적인 구조와 문화의 관계성 속에서의 텔레비전 문화를 생각해 봐야 될 것으로 본다.

① 사회 · 문화와 인간의 관계성

문화를 창조하는 요소를 말하라고 한다면 「사회구조」, 「산업 · 경제」, 「정치」 등을 들 수 있지만, 「정치」는 조정이라고 하는 간접적인 역할이기 때문에 문화를 창조하는 요소에는 「사회구조」와 「산업·경제」만 들고 있다. 그러면 현재 일본의 문화상황에서 이들이 상당히 큰 역할을 하고 있다는 생각이 든다. 우선 사회구조적인 면에서는 「사람」의 변화가 결정적으로 중요하다. 사람이 여러 가지 정보를 수집하여 어떠한 행동을 실천함에 따라서 문화상황을 창조하는 시스템이 만들어지는 것이다. 사람은 외계의 정보환경으로부터 정보를 취득하게 된다. 이 경우 정보환경이란 정보미디어(TV 등)와 정보를 전달해 주는 사람, 그리고 현장에서 움직이는 현상(교통체증 현상 등), 주변 구조물 등이다. 이러한 정보환경 모두가 사회관계의 현상으로 「문화」로 취급되고 있다.

미디어 중에서도 특히 텔레비전은 정보전달 능력이 클 뿐만 아니라, 메시지를 전달하는 영향력도 매우 강력하게 수행할 수 있는 매체다. 그런데 이러한 텔레비전의 메시지를 만드는 것도 결국은 사람에 의해서이다. 예를 들면, 같은 정보를 접해도 그것을 어떤 기호로 취득할까, 또 사회관계 속에서 정보를 어떻게 살려서 문화 창조에 영향을 미칠까 하는 등등의 문화도 인간이 만들기 때문에 방송문화에는 사람이 제일 중요하다.

② 세대와 문화

앞에서 언급한 대로 「사회구조」로서의 「사람」의 문제는 아주 중요한 요소로 그에 대한 ① 가치의식 ② 판단척도 ③ 행동양식 등에 있어서 생각하지 않으면 안 된다. 현재 일본사회에 있어서 파란이 일고 있는 문제 중에 하나는 「사람」, 그것도 특히 「세대간」에 따른 문화의 차이가 크다는 것이다. 더구나 그 「세대」는 단지 "노인"과 "젊은이"라는 이분법적인 사고로 구분하고 있다. 그러나 실제로는 크게 3개의 세대로 구분하는 것이 좋다. 첫째는 제2차 '세계대전 전이나 전쟁 중'에 출생한 세대, 순수한 '전후 세대(단 카이団塊 세대)'[198], 그리고 이들보다는 10년 정도 뒤인 1960년대 후반부터 때어난 현재 40세 이하 세대 '신세대

---

198) 제2차 세계대전이 끝난 이후 1947-1949년 사이에 출생한 세대로 전후세대라고 말한다. 특히 1948년 전후에 출생한 세대를 말하며 이때 베이비붐으로 태어난 세대인데 거대한 세대 군락을 이루고 있으며, 2001년 현재 53세 전후의 나이다. 이들은 특히 전쟁의 경험이 전혀 없기 때문에 전전 세대와는 전혀 다른 생각을 갖고 있는 사람이 많기 때문에 세대차이가 격심하기도 하다. 현재 자민당 일각에서 일고 있는 우익 젊은 이원들의 상당수가 이 세대에 속한다.

(디지털세대)'로 구분할 수가 있다. 일반적으로 전전·전중 세대는 에도(江戶)·메이지(明治)·다이쇼(大正)·쇼와(昭和)시대의 「전통문화」를 대체로 갖고 있다고 보며, 그 중 일부는 버렸던가 아니면 전후부터 지금까지 새로운 문화의 일부를 계승해 오고 있다고 하겠다. 단 카이 세대는 현재 60세(1945년 이후 출생) 전후의 세대로 지금 일본 사회에서 가장 활동반경이 넓으며 가장 큰 거대한 세대군을 이루고 있다. 이들은 전전이나 전중 세대의 교체 세대로 이들의 교체는 곧 문화교대를 의미할 정도로 영향력이 크다고 하겠다.

또, 단 카이 세대보다 10년 정도 젊은 세대, 소위 「신세대」는 전통적인 문화는 추방하고 「새로운 문화」를 창조하고자 하는 세대다. 단 카이 세대는 전전·전중파에는 반발하고 신세대는 보기 싫어하면서도 양쪽 문화에 한 발짝씩 접하고는 있는 세대다. 즉, 단 카이 세대는 전통문화와 신문화의 교차점에 위치해 있다. 이 양극의 전통문화와 신문화의 이념적 차이점을 비교해 보면 다음 <표-1>과 같다.[199)

〈표-1〉 전통문화세대와 신문화세대의 이념적인 차이점

세대 문화의 사례	전전·전중파 (전통적 문화)	단 카이 세대 (교차점 문화)	신세대(디지털세대) (신문화)
오디오 노 래	레코드 엔카(가요)	스트레오 엔카·록 음악	워크 맨
영 상 드라마	영 화 시대극(사극)	TV 금처	비디오·인터넷 SFX·할리우드
게 임 스포츠	마작 야구	마작·화미콘 테니스·골프	화미콘
가치기준 소비성향	업무제일주의 절약형	일도하고 즐기고 소비형	즐기기 제일 낭비형
장유유서 윤리·도덕 척도 미적인 척도	선배를 의식 사회정의 세간의 눈 의식	동 세대만의 문제 자기의 의식대로 젊은이의 눈	동년 친구들 문제 자기 득실의 차 동년 친구 등의 눈
노력 관 외국 관 젊음 관	수행·단련 경외(두려워함) 젊음은 아직 미숙	즐거운 의식 외국에 흥미 젊음은 가치 있다	즉효의 실용주의 외국은 일상권 젊음은 존경받는 것
결혼 상대 결혼 프로세스 남녀 평등관	연하의 여성 중매결혼 남>여	동급생 동급연애 남≤여	동급생·연상의 여 연애·미팅·채팅 남<여

위 표에서도 나타났듯이, 시간이 경과함에 따라서 전후 세대의 전통문화는 소수파로 전락하게 된다. 오늘날 교과서 왜곡 파동에서 보더라도 전전세대의 목소리는 작아지고 전후세대인 단 카이 세대나 신세대의 목소리가 점점 커가고 있는 것을 볼 수 있다. 그러나 이와는 반대로 신문화의 중요성도 점점 더 증가되

---

199) 前揭書, 『テレビ放送を考える』, ミネルヴァ書房, 1990年, P.114~115 자료를 재구성한 것임.

어 가고 있어서 단 카이 세대는 전통적 문화를 어느 정도 받아들이면서 신문화를 이해하는 자로서 행동하지 않으면 안 된다. 이와 같이 세대 간 서로 다른 일본의 의식문화 속에서 텔레비전은 어떤 역할을 해야 하는가를 정확히 예측하기는 무척 어려운 일이다. 그러나 앞에서 언급한대로 TV가 현재 「젊은이의 가치」, 「재미있는 가치」에 최대의 가치기준을 두고, 나아가서 「새로운 가치」, 「도쿄의 가치」, 「미국의 가치」를 점점 더 고양한다면 일본의 신문화에로의 이동 가능성은 훨씬 더 빨라질 것으로 보인다. 따라서 TV도 단 카이 세대나 신세대를 포커스로 프로그램이 중점적으로 개발될 것으로 본다.

③ 경제구조의 전환과 문화

1973년 제2차 석유 쇼크 이후 일본 경제는 기업에 의해서 구조적인 질적 전환이 급속하게 진행되게 되었다. 즉 기업의 철저한 합리주의적 구조개편이 그것이다. 아무튼 이와 같이 기업의 합리주의 성공은 다른 사회시스템에도 합리주의의 도입을 유도하게 되었다. 일본사회 전체가 기업적인 합리주의의 인적관리가 철저해서 경쟁도 한층 격화되게 된다. 그 결과 노동자들은 상심하여 무력감을 느끼게 되고 생활보신주의가 확대되는 한편, 사회전반에 걸쳐서 자기중심주의가 팽배하게 된다. 따라서 사물의 측정도 지나치게 "비즈니스적인 척도"가 적용되는 경향이 높아지게 되었다. 이와 같은 경향은 문화의 비즈니스화는 진전되어도 돈이 안 되는 문화나 사회복지 등 공공성이 높은 사회분야는 경시되는 풍조가 확산되게 되었다. 이러한 가치의식과 판단척도, 행동양식이 일본사회의 기저에 형성되고 있는 가운데 언론계에서도 이러한 영향이 급속하게 확산되어 가게 되었다. 즉, 매스 미디어는 부수 경쟁이나 시청률 경쟁에 눈을 돌리게 되었고, 그 결과 재미있고 호기심 많은 메시지 제공에만 열을 올리게 된다. 또, 당시는 유명한 음식점 개업이 쇄도하여 먹 거리 문화가 기승을 부리고, 부킹하기 어려운 골프장, 연휴 중 고속도로의 대 정체, 수많은 인파의 해외여행, 그리고 기업들이 예술품을 매점매석하는 한편, 스포츠 이벤트 등이 사회적으로 이슈화하고 있었다.

이러한 문화상황에 대해서 TV가 어떠한 역할을 했는가를 특정 지우기는 어려운 것이다. 그러나 적어도 TV는 이들의 문화현상을 단절 없이 시청자들에게 전달했다는 것은 확실하다. 일본의 방송문화도 이러한 경제·문화적 상황 속에서 시청자 속으로 뛰어들어서 시청자와 같이 호흡하면서 오늘날의 방송문화를 형성하게 되었다고 하겠다.

3. 방송문화의 발전

　　방송문화가 발전하려면 우선 방송을 할 수 있는 문화적인 소재나 컨텐츠가 풍부하여야 한다. 일본의 경우는 이러한 전통적인 문화나 문학작품 등 방송문화를 개발할 수 있는 방대한 소프트 적인 컨텐츠가 풍부한 편이다. 여기에 병행해서 이러한 소재나 작품들을 연상할 수 있는 복제기술도 상당히 뛰어났다고 하겠다. 예를 들면, 인쇄기술이나 사진촬영, 영화, 녹화, 통신, 컴퓨터기술 등 이러한 복제기술들을 통합하는 방송제작기술은 도쿄 올림픽을 정점으로 급속도로 성장하게 되었다. 그러면, 현재와 같이 일본의 방송문화가 발전되기까지에는 어떤 문화적인 요소가 있었는지에 대해서도 자세하게 언급해 보기로 하겠다.

1) 전통문화와 컨텐츠[200]

　　일본에서 방영되고 되고 있는 드라마나 영화 중에서 작품성이 뛰어난 작품은 대체로 고전이나 전통문화에 뿌리를 두고 있다. 우리들이 흔히 접할 수 있는 "하나비"[201]나 "카게무샤"[202]도 그런 류에 속한다. 오늘날 텔레비전이나 컴퓨터 등에서 여러 가지 복제기술로 일본의 대중문화를 발굴하고 있지만, 이런 것들도 대부분이 전통문화에 뿌리를 두고 있다는 사실을 우리는 직시할 필요가 있다. 결론부터 말하면, 오는 날 일본의 방송문화가 다양화 할 수 있었던 것은 전통문화에 바탕을 둔 방송 컨텐츠가 풍부하기 때문이다.

---

200) デジタルコンテンツ協会『デジタルコンテンツ白書』, 2003年, pp.2~3.
201) 하나비(HANA-BI)는 감독이 기타노 타케시(北野武), 주연 기타노 타케시(北野武), 키시모토 카요코(岸本加世子) 1997년 오피스 기타노, 반다이 비주얼, TV 도쿄 일본 영화 수입 제1호로서 해방 이후 정식적인 루트를 통해서 처음으로 국내 극장에서 상영되었던 기념비적인 작품이다. 흥행면에서는 그쳐 그다지 성공적이진 못했지만, 이전부터 대학가 등에서 불법 유통되어 많은 사람들이 이미 이 영화를 본 것으로 추정된다. 사실 지나친 폭력적인 묘사와 일본적인 미의식으로 우리나라 정서에는 그다지 맞지 않는다는 평도 있었지만, 1997년 베니스 영화제에서 황금사자상을 수상함으로 명실 공히 그 작품성을 인정받은 바 있다.
202) 구로사와 아키라 (黒澤明, 1910-1998)의 작품이다. 구로사와는 일본 영화계에서 뿐만 아니라 세계적으로 알려진 영화감독이다. 일본의 공신력 있는 영화 전문잡지인 「키네마 준보(キネマ旬報)」는'20인의 영화감독'이라는 타이틀로 일본사회 전반에서 활약을 하고 있는 저명인의 투표에 의해 20세기 최고의 영화감독을 뽑았다. 그는 이미 타계하고 이 세상에 없지만 일본인의 마음속엔 일본을 빛낸'일본의 구로사와가 아닌 세계의 구로사와'로서 그를 기억하고 있다. 세계 영화 팬들이 주목하는 세르지오 레오네를 비롯해 스티븐 스필버그와 프란시스 포드 코폴라, 조지 루카스 등의 세계적인 감독들이 신봉해 마지않는 이가 바로 구로사와 아키라 감독이기 때문이다. 그의 제자임을 자처하는 스티븐 스필버그와 프란시스 코폴라, 조지 루카스의 주선으로 20세기 폭스사의 자본을 받아 「카게무샤·影武者」(1980)를 제작한다. 이 영화는 미국에서 흥행에 성공함은 물론 비평가로부터도 큰 찬사를 받게 된다. 이 영화를 계기로 '세계의 구로사와'는 다시 한번 세계를 향해 크게 힘찬 발돋움을 하게 된다. 이후 프랑스의 자본으로 제작된 「란·亂」(1985)과 미국 자본으로 제작된 「꿈·夢」(1990) 역시 노장의 건재함을 전 세계에 과시하는 수작으로 평가된다.

예를 들면, 소설이나 신문·잡지에 나오는 "삽화(挿繪 : 사시에)"의 경우는 역사적으로는 이미 오래 전부터 만드는 기술이 매우 우수했다. 헤안시대(平安時代 : 794년~1185년)[203]나 무로마치시대(室町時代 : 1336년~1573년)[204]의 두루마리 그림(繪卷 : 에마키)[205]에서부터 아즈치 모모야마시대(安土挑山時代)[206]의 대중소설인 소우시(冊子＝草紙 : 삽화가 많이 들어 있는 대중소설)류(類)에 이르기까지 에마키나 소우시, 삽화 등이 상당히 제작되어 보급되었다. 이와 같은 삽화나 두루마리 그림의 제작 기술은 17세기 이후 목판기술의 발달과 함께 대량으로 제작되게 되었다. 이것은 오늘날의 그림책과 같은 것으로 아주 통속적인 수법으로 독특하게 제작되게 된 것이다. 이러한 작품들이 오늘날 일본에 있어서는 다양한 문학작품으로 개발된다든지 아니면 예술작품의 소재나 그림, 애니메이션, 영상 컨텐츠 등으로 재 가공되고 있다.

일본에는 문학이나 예술작품의 창작자, 그리고 문화적인 엘리트들이 유럽에서 보는 것처럼 당시 지배계급으로부터 거의 후원을 받지 못했다. 물론, 문학이나 미술창작에 주류를 이루는 사람들이 지배계급들과 밀접한 관계는 맺고 있었다고 할 수 있다. 일본의 근세문학을 논할 때 교양문화냐 대중문화냐 하는 대비는 아니지만, "아(雅)"와 "속(俗)"이라고 하는 2가지 장르로 분류할 수 있다. 일본인 대다수에게 잘 알려진 유명한 사이가쿠(西鶴)[207]나 치카마쯔(近松)[208], 마츠오바쇼(松尾芭蕉)[209]도 "속"의 문예작가이고, "사시에"나 "에마키"도 "속"의 장르에 속한다. "아"의 장르로서는 와카(和歌 : 일본 고유형식의 시)라는 전통시도 있지만, 이것도 시대의 변천에 따라 풍자와 익살스러움을 주로 하는 교카(狂歌 : 우

---

203) 헤안시대(平安時代 : 794~1185)는 일본에 있어서 한문학의 전성기 시대라고도 말할 수 있다. 특히 이 시대에는 만요슈(万葉集)와 겐지모노가타리(源氏物語) 등은 우리에게도 잘 알려져 있는 작품들이다.

204) 무로마치시대(室町時代 : 1336~1573)는 와카(和歌 : 일본전통시), 렌가(連歌 : 와가를 나누어서 교대로 읊은 것), 하이카이(俳諧 : 렌가를 재미있게 쓴 것) 등 고전문학이 발달한 시대다.

205) 에마키((繪卷)는 그림 두루마리(설명의 글이 곁들여 있음)로 일본 상대, 중세에 걸쳐서 행해진 전설이나 설화, 전기, 사찰의 유래 등 이야기 거리를 말(문장)과 그림으로 표현한 두루마리로, 시대적으로는 10세기(헤안시대)에서 16세기(무로마치시대)에 걸쳐서 제작된 야마토(大和繪) 화풍으로 그려져 있다. 야마토 화풍은 헤안시대에서 카마쿠라(鎌倉)시대에 걸쳐서 형성된 고전적 묘사 양식으로 토사파(土佐派)가 그 중심이다. 이 에마키는 길이가 긴 서화도 있어서 오늘날 고전연구에 좋은 연구의 대상이 되기도 한다.

206) 토요토미 히데요시(豊臣秀吉 : 1573~1603) 시대라고도 말하는데, 이 시대에는 소우시(冊子＝草紙)라고 하는 대중소설이 유행하게 되는데 이런 류의 소설에는 삽화가 많이 등장하게 된다.

207) 본명은 이하라 사이카쿠(井原西鶴). 에도시대(江戸時代)에 유명한 문인이며, 우키요조시(浮世草子 : 통속적 대중소설) 등으로 유명한 전통적인 소설가로 주로 통속적인 주제를 다루었다.

208) 치카마츠 몬사에몬(近松門左衛門 : 1653~1724)은 에도 시대의 사람으로 일본의 전통적인 민중 연극인 가부키(歌舞伎) 대본의 극작가로 널리 알려졌다. 남녀의 애정관계를 많이 다루었다.

209) 에도시대에 유명한 하이쿠(俳句) 작가이다. 하이쿠는 일본의 전통적인 시로 우리나라의 시조에 해당된다. 하이쿠는 5·7·5의 3구(句) 17음의 단형시로 세계에서 가장 짧은 시로 알려져 있다. 특히, 바쇼는 일본열도를 기행하면서 읊은 오쿠노 호소미치(奧の細道) 등이 유명하다.

스꽝스러운 와카)라는 형식이 파생되어 나오면서 "속"의 영역으로 확대되게 된다. 이와 같이 일본도 근세의 추이에 따라 "속"의 영역이 넓어지게 된다. 당시 지배계급이었던 무예가들도 마침내는 교양이나 심신의 단련을 위해서 "속"의 문예에 입문하게 된다는 점이다.[210)

한편, 에도시대에부터 출판된 대중소설들은 삽화나 그림과 함께 재미있는 이야기책으로 꾸며지게 되고, 18세기에는 「기뵤시(黃表紙)」[211)라고 하는 해학적인 소설로 발전하게 된다. "기뵤시"는 웃음을 가져다주는 교훈적인 책이지만, 시대의 변화와 함께 패러디에 의한 해학적인 작품을 만들어 내기도 한다. 이러한 종류의 "기뵤시"는 문자와 그림이 일체가 되는 일정한 형태를 취하고 있다. 즉, 줄거리는 문자로 서술하고 패러디와 함께 관련 있는 토픽(간행당시의 사건이나 화재)은 그림으로 묘사하는 수법이었다. 이것이 19세기 이후에도 일본의 만화, 특히 풍자화로 이어지게 된다. "기뵤시"의 저자는 당시의 지배계층인 무사들도 포함되어 있으며, 독자층도 서민뿐만 아니라, 무사나 그 주변의 인물들도 상당히 많았다고 한다. 이와 같이 작자나 독자의 신분 계층이 상·하 양쪽에다 기반을 두고 있다는 것은 당시 일본문화의 "아속" 혼류(混流)의 일면을 보여주는 것이다.

2) 방송의 디지털화와 방송문화 발전

21세기는 인터넷과 비디오소프트, 텔레비전 게임 등 텔레비전 브라운관을 공유하는 새로운 멀티미디어가 출현해 텔레비전의 이용도를 감소시킬 수 있는 가능성은 충분히 있다. 특히, 지상파 방송에 이어 BS, CS방송, IPTV, 그리고 2000년 12월부터 시작한 디지털BS에 이르기까지 방송의 채널은 수 없이 많아지고 있는 것도 그 중 한 원인이 될 수 있다. 여기에 병행해서 방송프로그램도 다양할 뿐만 아니라, 공급능력도 대량적이어서 프로그램의 시청률 경쟁은 날로 치열해지고 있다.[212) 이러한 시대적인 여건 속에서 새로운 방송문화는 어떻게 형성되어갈 것인가를 예측해 보고자 한다.

3) IT혁명과 방송문화

---

210) 關口進『テレビ文化, 日本のかたち』, 學文社, 1996年, pp.6~7.
211) 기뵤시(黃表紙)는 노란빛의 표지라는 의미에서 이름 붙여진 것이다. 에도시대 중엽에 간행된 소설로 그림이 주가 되고 간단한 대화나 설명으로 묘사된 해학적인 문학작품이다. 또한 이 시대에는 「아까혼(赤本)」이라고 하는 붉은 표지의 소년용 이야기책도 나오게 되었다.
212) NHK(日本放送協會)「新たな放送文化と公共性のさらなる追求をめざして—IT時代のNHKビジョン—」, 2001年, P.4.

　20세기는 "영상의 세기"였다면, 21세기는 "IT 혁명의 세기"라고도 말할 수 있을 것이다. 21세기의 IT 혁명시대에는 대량으로 기록되는 영상, 음성, 문자 등의 정보가 위성이나 인터넷을 통해서 일 순간적으로 지구촌에 전달되는 초스피드적인 방송문화시대가 된다. 특히 IT기술의 중심인 디지털기술은 정보의 압축, 가공, 축적을 자유자제로 할 수 있는 기술이다. 또, 디지털기술에 의한 인터넷은 개인 통신수단에도 혁명을 가져와서 통신수단을 폭발적으로 증가해 가고 있다.

　지금까지 개인의 정보전달 능력은 한정되어 있었지만, 인터넷에 의해서 정보를 상호 교환하는 수단으로 그 범위는 비약적으로 확대되고 있다. 사회적으로는 인터넷을 통해서 물품구입이나 금융결재, 증권거래에 이르기까지 광범위한 영역에 걸쳐서 서비스나 행정업무를 수행할 수가 있다. 뿐만 아니라, 전자정부나 행정업무 등 행정업무 전반에 걸친 디지털화에 의해서 사람들의 생활이나 조직, 비즈니스 등에 걸쳐서 급속도로 변해가고 있다.

　① 방송계에는 방송과 통신의 융합으로 인터넷으로도 방송프로그램이나, 영화, 음악을 방송처럼 일제히 다수에게 방송할 수 있게 되었다. 또, CS 방송과도 같이 통신용 전송로를 이용해서 시청대상을 한정한 유료 방송 등도 가능하게 되었다. 방송과 통신의 융합은 서비스 내용이나 전송로, 사업체, 단말기 등 각 분야에서 진행되어 다양한 정보를 서비스 받게 된다. 이와 같은 변화의 배경 속에서 BS방송이나 CS방송, DMB 등에서 새로운 사업을 전개하기 위한 신규참여자가 방송이나 통신 이외의 분야에도 쇄도하여 시장경쟁 체제는 훨씬 활성화되고 가열되고 있다.

　또, 다른 한편으로는 새로운 사업시장에는 참여 조건이 공평하도록 규제를 완화함과 동시에 공정하게 경쟁할 수 있도록 규칙을 만들어야 하는 중요한 과제들도 많이 남아 있다. 방송·통신·정보관련 기업은 자신들이 만든 규칙을 세계 공통(표준)으로 하여 사업을 유리하게 전개하려고 맹렬하게 사업을 전개하고 있다. 뿐만 아니라, 규칙과 규제완화를 무기로 프로그램·영화·음악 등의 소프트나 새로운 전송로를 확보하기 위하여 합종연횡이 격심해지고 있어서 국제경쟁은 더욱 더 치열해지고 있는 형편이다. 따라서 이를 극복하고자 일본은 2001년 6월에 이미 전기통신역무이용방송법을 만들의 통신사업자들도 방송사업에 진출할 수 있는 길을 열어놓고 있다.

　② 한편, 새로운 미디어의 등장과 더불어 정보단말기의 고기능화는 여러 가지로 정보를 혼란시키는 부분도 없지 않다. 즉, 이용자가 필요할 때에 긴급히 정보를 입수할 수 없는 경우도 있다는 점이다. 또, 누구라도 간단하게 정보를 발신할 수 있어서 무책임한 정보가 발신되어 개인의 프라이버시나 인권침해로 시민생활에 피해

를 주는 사례도 많다. 발신되는 정보량이 제한 없이 확대되는 가운데, 어떤 특정인
에게는 제한되는 경우도 있다. 즉, 방송권료가 높은 스포츠나 영화 등의 경우는 한
정된 사람만이 볼 수 있다든지, 아니면 인기 있는 프로그램들만이 집중적으로 방송
되어 채널 증가 수에 비해서 선택의 폭은 오히려 좁아졌다고도 말할 수 있다.

경제적인 이유나 혹은 디지털 기기의 조작 방법 등은 젊은이들 우선으로 만
들어지기 때문에 정보사회로부터 소외당하는 비 디지털사회의 정보격차의 해소
에는 큰 사회적인 부담으로 작용하고 있다.

4. 일본의 방송구조와 방송문화의 글로벌화

총무성에 의하면 새로 개정된 개정전파법이 2001년 7월 25일부터 시행됨에 따라
서 향후 10년 이내에 아날로그 텔레비전방송은 모두 방송이 종료되게 되는데 그
종료 기간은 2011년 7월 24일로 되어 있다. 따라서 일본에 있어서 지상파방송은
2011년 7월 25일부터 전면적으로 디지털화하게 된다.[213] 일본에는 도쿄(東京)에 공
영방송인 NHK와 민영 방송사인 5개의 키―국(Key Station : 母局)[214]이 있고, 오사카
(大阪)를 중심으로 한 긴키(近機)지역권의 준 스테이션, 그리고 나고야를 중심으로
한 쥬쿄(中京)지역권의 준준 스테이션, 그 밖의 켄(縣)등에서 127개의 민영방송국이
있다. 그런데, 방송의 디지털화는 막대한 자금이 소요되기 때문에 지방의 중소 방
송국들은 상당히 어려운 형편이다. 따라서 일본 정부는 자체적으로도 경쟁력이 있
는 도쿄의 키 스테이션과 오사카의 준 키스테이션의 경우는 자체 부담으로 해결하
도록 하고, 그 외의 지역 민간방송들은 정부에서 공적자금을 지원하고 있다.

일본의 방송국들은 대개는 도쿄의 키 스테이션(Key station)과는 협조 관계를
유지하고 있거나, 아니면 지방 신문사들과 자체로 제휴해서 신문 매체와의 공조
체제를 갖추고 있는 방송국이 많다. 이처럼 일본에는 신문사가 방송국을 겸업하
고 있는 경우가 많은데, 이는 초기 방송사 설립당시에 신문사의 도움 없이는 개
국이 거의 불가능한 상황이었고, 또 이들의 노하우가 절실히 요구되었기 때문이
었다.[215] 아무튼 지역 민방들은 향후 10년 동안 기자재를 모두 디지털화해야 한

---

213) 民間放送連盟 『民間放送』, 2001年 8月 3日付け.
214) 니혼텔레비전방송(N-TV, channel-4 : 요미우리신문<讀賣新聞>의 계열사)과 도쿄 방송(TBS-TV, channel-6 :
마이니치신문<每日新聞> 계열사<이 兩社는 실제로 자본의 거래 관계는 없으나 정보는 서로 교환함>), 후지
텔레비전(CX-TV, channel-8 : 산께이신문<産經新聞>의 계열사), 텔레비전 아사히(ANB-TV, channel-10 : 아사
히신문(朝日新聞)의 계열사), 또 텔레비전 도쿄방송(TX-TV channel-12 : 니혼케-자이신문<日本經濟新聞>의
계열사)이 있다.
215) 民間放送連盟 『民間放送』, 2001年 7月 3日付け.

다는 막대한 경제적인 부담을 안게 되었다.

①NHK를 포함한 202개의 민영 방송국들은 미디어 변혁기에 있어서 "방송의 공영성 추구"와 "공정한 시청률 경쟁을 통한 새로운 방송문화창조"라고 하는 2가지 기치를 내걸고 있다. 특히 NHK는 "공영방송"으로서 시청자에 책임을 다하기 위해서 ① 방송의 자주성, ② 자율성, ③ 중립성 확보, ④ 새로운 기술에 의한 새로운 표현에의 가능성에 대한 도전, ⑤ 풍부한 방송문화 구축을 그 모토로 내세우고 있다. 민영의 경우는 ① 공정한 시청률 경쟁, ② 다양한 방송문화의 창조, ③ 지역사회에 공헌, ④ 사업성 추구 등을 사회적인 책임성을 강조하고 있다. 이 양자 모두 다 새로운 21세기 디지털 기술시대에 있어서 하이비전과 같은 고화질·고음질화, 다 채널화, 데이터 방송, 인터넷이나 퍼스컴 등과 같이 결합하는 멀티미디어화 등을 실현해야 할 책무가 있다. 즉, 디지털기술의 성과를 보다 고도로, 보다 새로운 방송서비스로 통합해 나갈 방송은 "통합디지털방송(ISDB : Integrated Services Digital Broadcasting)"이라고 지적하고 있다.

NHK는 방송의 디지털화를 새로운 방송문화를 창조하기 위한 좋은 기회로 보고, 디지털화의 성과를 시청자들에게 돌려주기 위해서 금후 한층 더 ISDB에 충실할 것을 다짐하고 있다.[216] 위성방송의 경우도 NHK는 1989년에 처음 방송한 이래 난시청 해소와 더불어 세계의 뉴스, 일류의 스포츠, 제1급의 엔터테인먼트나 예술 등 폭넓은 방송으로 약1500만 세대(2005년 7월 현재)에 서비스를 제공하고 있다.

이와 같은 실적으로 2000년 12월 1일부터는 새로이 BS디지털방송을 실시하게 되었다. BS디지털방송은 보다 한층 선명한 영상 디지털 하이비전을 중심으로 데이터방송, 프로그램의 고기능화 등을 개시하여 ISDB의 제1보를 내 딛게 되었다고 하겠다. 아무튼 일본의 경우도 미국과 같이 디지털 텔레비전의 수상기 판매가 급성장하도록 가격 다운을 하는 것이 시급한 과제로 남아 있다.[217]

② 일본에 있어서 인터넷 이용 인구는 1999년에 2700만에 달했고, 2006년에는 8000만이 넘을 것으로 추정하고 있다. 이와 같이 인터넷의 급성장은 방송프로그램이나 경영정보, 그리고 데이터방송에서 중요한 네트워크로 활용할 수 있다. 예를 들면, 데이터방송에서 방송하고 있는 일상적인 정보나 재해정보, 혹은 시청자들이 프로그램에 직접 참가하는 수단 등으로 활용하고 있다. 디지털시대에 있어서 새로운 방송문화를 창달하기 위해서는 인터넷도 방송을 보완하는 수단

---

216) NHK 「新たな放送文化と公共性のさらなる追求をめざして―IT時代のNHKビジョン―」, 2001年, P.5.
217) 鈴木健二 「デジタル時代のアメリカ地方局」 月刊民放, 民間放送連盟, 2001年, P.36.

으로 충분히 활용할 필요성이 있다. 또, 장래에 디지털기술의 진전과 함께 미디어나 전송로의 상황이 크게 개선되면 시청자들에게는 보다 질 높은 방송 서비스가 될 것으로 보인다.

뿐만 아니라, 디지털방송 시대에는 방송의 상업화가 급격히 진전되어, 영리나 시청률이 더욱 중시되어 인기 있는 프로그램만 살아남을 수 있는 "방송의 획일화"시대가 우려되고 있다. 이러한 시대적 상황 속에서 NHK는 사회적·문화적 역할을 중시하여, 자율적인 편집판단에 의해서 다양하고 질 높은 방송을 제공할 것을 다짐하고 있다. 민방도 치열한 시청률 경쟁 속에서 "풍부한 방송문화 창달"을 외치고 있기 때문에 시청자에게는 책임 있는 방송이 될 것으로 보여 진다.

또, 모두가 국제화 세계화하고 있는 가운데 일본에도 해외로부터 많은 정보나 소프트가 물밀 듯이 몰려들어 오고 있다. 이런 시대적 환경 속에서 일본 각지의 다양성을 존중해 고유한 문화를 발굴 육성해 나간다는 것은 대단히 중요한 일이다. 따라서 일본의 방송들은 그들의 주장과도 같이 훌륭한 고유의 문화나 전통을 확실하게 지켜나가면서, "일본"을 해외에 적극적으로 알리고 국제이해의 촉진에 앞장설 것으로 본다.[218]

5. 일본 방송문화의 특성과 본질

1) 지상파 방송문화의 특성과 본질

〈법·제도적인 면〉

이미 앞에서도 여러 번 언급했듯이 일본 방송법에는 크게 2가지의 특징이 있다. 첫째, '공영방송'과 '민영방송'이라고 하는 병존 체제를 이루고 있는 점이다. 먼저, NHK의 경우는 "공영방송"을 표방하면서 「풍부하고 질 좋은 방송을 전국 어디에서나 청취가 가능하도록 설비한다는 것을 목적」으로 설립된 방송이고, 또 다른 하나는 「개인의 창의와 사고를 보다 자유롭게 하여 방송문화 창달에 이바지하게 한다.」는 설립취지에서 건설된 방송기업체. 이러한 이원적인 구조는 「서로의 장단점을 발휘하게 함과 동시에 서로 상대를 계몽하고 결점을 보완하여, 방송이 보다 국민의 복지를 충분하게 향유할 수 있게 함」[219]이 라고 하는데 일

---

218) NHK 「新たな放送文化と公共性のさらなる追求をめざして-IT時代のNHKビジョン-」, 2001年, pp.5~6.
219) NHKの長期展望に關する提言 『資料編』, P.33.

본방송의 특성이 있다.

NHK 설립의 기본적인 성격은 다음과 같다.

① 전국어디에서나 방송을 시청할 수 있는 방송시설을 설비하고,
② 이것을 항상 양호한 상태로 유지하며,
③ 이를 통해서 국민의 요망에 부응하는 한편, 문화수준을 향상시키기 위해 소제를 발굴해서 방송하는 국민적인 공공방송이다.
④ 또, 경영재원은 국민의 세금(수신료 포함)에 의해서 운영되고,
⑤ 국민적인 규제에 의해서 운영 된다.

이것이 NHK의 기본적인 성격이고 일본 방송제도의 기본적인 틀이다. 또, NHK는 방송사업의 선구자적 지위에서 방송의 진보발달과 그 보급에 노력하며, 방송문화의 질적 향상으로 국민문화수준 향상에 기여하게 한다는 것이 근본적인 설립 취지이다.[220] 특히, NHK는 재해나 재난발생 시에는 국민의 생명과 재산보호에 최우선순위를 둔다는 점이다. NHK는 현재 재해나 재난발생 시에는 신뢰도나 신용도는 타의 방송사의 초월을 불허할 정도로 공영방송으로서의 역할을 다하고 있음을 알 수 있다. 이는 평소에는 시청률이 바닥에 떨어져 있지만 일단 재난이나 재해가 발생하면 가장 신속하고 신뢰할 수 있는 공영방송인 NHK를 본다는 것을 의미한다.

한편, 방송프로그램의 다양화와 문화의 다양성, 그리고 광고매체로서의 기능 등을 고려할 때 상업방송의 출현은 매우 의의 있는 일이다. 민간방송연맹에 따르면 일반방송사업자(민방)는 일본방송협회(NHK)와는 그 기업적인 성격이 전적으로 다르다고 주장하고 있다. 즉, 민방은 사기업적인 성격이 있는데 비해서 NHK는 공기업적인 성격이 있다. 따라서 양자는 서로 성격이 다르기 때문에 담당하는 역할도 다르다. 프로그램 제작 면에 있어서도 NHK는 무익하게 민방과는 경쟁하지 말고, 또 광고방송이나 그와 유사한 방송을 해서는 안 된다고 지적하고 있다. 그 대안으로써 민간방송연맹은 NHK의 프로그램은 ① 문화수준향상에 기여하고, ② 전통문화의 보존 및 새로운 문화의 육성, 보급 등 교육, 교양, 보도에 중점을 두며, ③ 국민체육향상에 기여할 프로그램을 제작할 것을 주문하고 있다. 즉 이와 같이 NHK와 민방 사이에는 확실하게 역할분담이 이루어져 있는데 이것이 일본방송의 구조적인 본질이다.

---

220) 片岡俊夫 『放送概論』, 日本放送出版協会, 1990年, pp.34~35.

2) 전통문화의 고수

일본의 방송 프로그램은 전통문화를 고수하려는 의식이 대단히 강하다. 우선 화면에 나타난 영상보다도 내용 면에서 더욱 두드러진다. 예를 들면, 드라마의 겨우 대사나 줄거리 속에는 전통문화가 상당히 용해돼 있다고 하겠다. 물론 예술성이 강한 영화이긴 하지만 "하나비", "가게무사" 같은 작품 속에 나오는 대화는 일본의 고전이 그대로 용해돼 있다고 해도 좋을 것이다. 구체적으로 분석해보면, 일본은 기후, 풍토적인 면에서 우리보다는 훨씬 더 날씨가 변화무상하고 천재지변이 많다. 그러다 보니 자연 그들의 삶 속에는 영원하고 절대적인 것은 없고 항상 가변적이기 때문에 순간순간이나 찰나적인 삶이 중요한 것이다. 따라서 그들의 문학작품(원작이나 대본)이나 문화 속에는 감각에 호소하며 순간적으로 말초신경을 자극하는 감상적이고 쾌락적인 작품이 많다. 즉, 찰나적인 아름다움이나 순간적인 행복에 집착하고 있다. 한국은 이와 반대로 유교적인 풍토에서 영원하고 변하지 않는 것에 절대적인 가치를 두고 있다. 그러면서도 질서보다는 사람들 간에 끈끈한 정이나 효도, 윤리 도덕을 강조하는 드라마의 주제가 많다.221) 우리가 얼른 보기에는 일본의 문화가 우리와 비슷하게 보이지만, 실제로는 이와 같이 문화적으로는 뿌리에서부터 상당한 차이가 있다.

3) 왜, 일본의 방송은 시청률이 높은가?

한마디로 일본의 민방이 시청률이 높은 것은 자본과 결탁된 상업성이 그 첫 번째의 원인이다. 따라서 방송사 측은 어떻게 하더라도 시청률을 높여야 살아남을 수 있다고 생각하고 있기 때문에 시청자가 가장 많은 젊은 층을 유인하기 위해서는 수단과 방법을 가리지 않는다. 그 결과 재미있고 우스우며 가볍게 보고 싶은 프로그램들만 만들면 된다는 개념을 제작자들이 의식하게 된 것이다. 일본에는 특히 생산업에 종사하는 젊은 종업원들이 보통 하루에 3~4번씩 교대로 근무를 하게 된다. 그 중 심야 시간대에 교대하여 퇴근하는 사람들도 상당히 많다. 우선 지치고 피곤한 이들을 TV화면에 유인하기 위해서는 성이나 폭력, 섹스 등을 소재로 한 프로그램을 만들어서 방영하는 것이 가장 손쉽기 때문에 저질 프로그램을 양산하는 원형이 되었다고 한다. 그러다 보니 상업방송의 경우는 자연 시청자가 많은 곳에 스폰서가 따르게 마련이고, 또 결과적으로는 이러한 상업자본이 저질 프로그램을 양산하게 된 것이다.

221) 이 연「일본 TV 프로그램 모방에 따른 문제점과 그 대응 방안」, 「방송 프로그램 모방의 문제점과 대처방안」, 한국방송진흥원, 1999년, P.36.

앞에서도 여러 번 언급했지만 방송 컨텐츠가 다른 외국에 비해 상대적으로 훨씬 더 풍부하다는 것을 우리는 염두에 두어야 할 것이다. 예를 들면, 일본은 인구가 약 1억 3천만으로 우리보다 3배, 국토면적도 약 3배나 된다. 또, 여기에 비례해서 방송 컨텐츠도 우리보다는 상대적으로 훨씬 많기 때문에 소재의 선택에 있어서도 선택의 폭이 넓다고 하겠다. 게다가 방송제작 기술이나 기자재, 자본력, 조명기술, 무대장치 등은 세계 어느 나라보다도 여건이 좋기 때문에 그만큼 상대적으로 시청자를 유인할 수 있는 흡입력도 강하다고 봐야 할 것이다. 이런 요인들이 시청률을 끌어올리는 데는 성공했을지는 모르지만 질적인 면에서는 사회적으로 지탄의 대상이 되고 있다.

따라서 이에 대한 사회적인 비판여론이 비등하는 가운데 우정성도 긴급대책으로 1988년에 청소년과 방송에 대한 대책회의를 세우게 된 것이다. 각 방송국들도 내부적으로는 이러한 비판여론에 대해서 자숙하는 한편, NHK를 포함한 민간방송연맹 등에서도 자체적으로 대책을 논의하는 조직을 만들게 되었다.

제 8 장 일본 방송사의 TV
프로그램 편성과 제작실태

1. 일본의 텔레비전 방송프로그램

2003년 일본에는 한국의 드라마가 상륙하여 상당한 인기를 얻었다. 그 중에서
도 특히 KBS 제2TV에서 방영된 "겨울연가(일본명, 후유노 소나타 : 冬のソナタ)"
는 일본의 공공방송인 NHK(일본방송협회) 위성방송 제2채널에서 인기리에 재
방송까지 되었고, 2003년 4월 3일부터는 토요일마다 20회에 걸쳐서 NHK 지상
파 종합채널에서 다시 전국적으로 방영 되었다. 이와 같이 일본에는 한국의 TV
방송프로그램이 진출하여 상당한 인기를 모으고 있다. 그런데 우리나라에서는
경쟁력 있는 자사제작 프로그램보다도 다소 경쟁력이 떨어지는 외부제작 프로
그램을 일정비율 의무화 하고 있어서 이에 대한 제고의 목소리도 없지는 않다.

2005년에 이어 2006년에도 한국에는 각 방송사 마다 외주제작 확대문제가 상
당히 사회적으로 문제가 되고 있다. 이는 일본과 같이 의무규정이 없는 일본에
비하면 상당한 규제가 아닐 수 없다. 특히 각 방송사는 새로 도입되는 디지털방
송 시스템의 정비와 함께 경영면에서도 어려움을 겪을 것으로 보인다.

그러나 일본의 경우는 아무런 법적 규제가 없기 때문에 프로그램 제작은 전적으
로 방송사가 자율적으로 제작하거나 아니면 외국 프로그램도입 등에는 시장 논리에

맡기고 있다. 더욱이 우리나라는 2004년부터 저작권법이 점점 더 강화되고 있는 이 시점에서 외주제작을 무리하게 확대해 나가면 각 방송사들은 컨텐츠 확보에 어려움을 겪게 될 것으로 보인다. 뿐만 아니라, 이에 대한 영향으로 국민들에게 제공하는 기본적인 방송서비스의 질도 훨씬 더 떨어질 수밖에는 없다. 또 예산편성상의 어려움 등으로 값싼 외주를 많이 발주하게 된다면, 오히려 방송의 질은 떨어질 수 있고, 반대로 고액의 프로그램만 제작하다보면 경영상으로는 어려움을 겪게 될 것이다.

그러나 일본의 경우는 이러한 프로그램의 자체 제작이나 외주제작, 그리고 외국 프로그램의 수입방영 등에 대한 규제는 거의 없는 편이다. 따라서 일본의 방송사는 자체제작을 하거나 외부에 발주하는 형태로 프로그램을 제작하고 있다.

2. 일본 방송사의 프로그램 편성정책과 제작

1) 일본 방송사의 프로그램 편성정책

일본 방송사에 있어서 방송편성과 프로그램 제작문제는 각 방송국마다 설치되어 있는 방송국의 편성 조직과 운영에 직접적으로 관련되어 있다. 일본 방송국의 경우, 네트워크 조직상 크게 도쿄(東京)의 6개의 키―국과 오사카(大阪)의 준 키―국(大阪局), 그리고 각 현에 있는 지역방송국으로 크게 3가지로 대별되고 있다. 키―국으로는 ① 일본방송협회(NHK, 교육방송), ② 니혼텔레비전, ③ 도쿄방송, ④ 후지텔레비전, ⑤ 텔레비전 아사히, ⑥ 텔레비전 도쿄방송이 있다. 또, 키―국과 준 키―국(大阪局)의 경우는 방송국의 조직 편제상 모든 텔레비전 방송국에는 방송편성에 관련된 부서가 설치되어 있다. 그 밖에, 각 방송국마다 편성기능이나 업무 내용 등에 대해서는 다소 차이가 있다. 그러나 그것을 구체적으로 구분해 보면 크게 2가지의 형태로 ① 제작 포괄형과 ② 제작 분리형으로 나눌 수 있다.

<제작 포괄형>은 <NHK>와 <후지TV>, <니혼TV>가 대표적이다. 제작 포괄형은 기획 발주는 물론, 프로그램 제작부문 전반에 이르기까지 편성국이 책임을 지는 <편성 주도형>의 조직이다. 여기에 비해 <TBS>, <TV아사히>, <TV도쿄> 방송 3사는 편성과 제작부문을 병렬한 <제작 분리형태>를 취하고 있다. 이런 제작 분리형태의 경우는 프로그램 기획이나 개발, 집약, 결정, 그리고 발주에 관한 권한 등을 어느 부서에서 갖느냐에 따라서 제작과정이 상당히 다르게 된다. 단지 조직상에는 제작국과 병렬되어 있지만, 편성 섹션에 기획부문이 설

치되어 있어서 기획결정에 관해서는 편성 주도형으로 진행된다고 봐야 할 것이다. 또, 제작 분리형의 경우, 제작부문에는 포함되지 않은 영화나 애니메이션 등은 외주 제작담당이 해외 프로그램판매, 외국으로부터의 구입업무, 제작에 직접 관여하는 아나운서 등의 섹션이 편성국에 속해있는 경우도 있다. 또, 같은 편성국이라도 담당 업무내용은 상당히 다를 수가 있다.

NHK 국내방송 프로그램 편성은 방송총국이 담당하고 있다. 방송총국은 연도별로 <국내방송 프로그램편집 기본계획>을 작성하고, 이 자료를 토대로 시청자가 가장 필요로 하는 프로그램을 제작하여 적합한 시간대에 시청자들에게 제공하고 있다. 또 각 채널별로 각각의 편성주간이 있어서 채널 특성과 역할, 컨셉 등에 맞게 프로그램을 편성한다.[222]

민방의 경우는 NHK와는 달리 프로그램 편성에는 철저하게 시청률 지상주의가 팽배해 있다. 예를 들면, 2002년의 경우는 한일 월드컵이 있어서 5, 6월에는 스포츠 프로그램을 대폭적으로 강화해 19경기의 평균 시청률이 30%를 넘기도 했다(최고 시청률은 일·러 전으로 66.1%). 특히 보도부문의 경우도 2002년 9월 <김정일 고이즈미 평양선언> 이후 북한의 일본인 납치문제 등으로 뉴욕 테러 당시보다도 높은 시청률인 25%를 상회했다. 같은 보도라도 <니혼TV>의 경우는 무려 30%대를 넘어서기도 했다. 그 밖에 이라크 전쟁이후 일본의 자위대 파견 문제 등으로 뉴스 보도 부문은 2006년 2월 현재도 시청률이 상당히 높은 편이다. 장르별로는 TBS의 드라마 "Good Luck"이 최종회에서 37.6%로 1990년대 이후 드라마로서는 시청률이 3위를 기록했다. 그러나 2003년은 전반적으로 드라마가 부진한 반면, 민방 각 방송사는 이북남치피해 가족들의 근황이나 이라크 전쟁 뉴스 등을 대폭으로 편성하여, 오히려 과잉대응이라는 비판적인 목소리도 있었다. 예를 들면, 2003년 한해는 일본의 미디어가 이북을 극도로 괴롭히면서 카타르시스 하는 듯한 집단 이지메(괴롭힘) 현상이 일어났다. 그런 가운데도 후지TV의 경우는 이 외로 탈북자 문제에 집착하면서 계속적인 동정어린 듯한 편성태도 또한 눈에 돋보였다. 그러나 결국 지나친 시청률 지상주의의 병폐가 <니혼TV>의 PD가 시청률을 조작하는 사건으로 비화하게 되었다.[223]

최근 일본의 드라마가 부진 한 것은 제작자 측이 시청자 측을 그다지 의식하지 않고 있다는 지적이 있다. 예를 들면, 시청자들의 수준이나 생각 등이 많이

---

222) NHK放送文化研究所 「放送番組の編成」 『NHK年鑑』 (2003年度), 日本放送出版協会, pp.122~123.
223) 日本民間放送連盟 『民間放送年鑑』 (2003年), 2003年, pp.78~85.

바뀌고 있는데 여기에 대한 연구는 소홀히 한다는 것이다. 또 따른 하나는 드라마의 줄거리나 내용이 점점 빈약해 간다는 점이다. 다키노 토시카즈(滝野俊一) 씨에 의하면, 최근 일본에서는 우선 텔레비전 드라마에서 시청률을 높이기 위한 작전으로 스타 중심으로 드라마를 제작하는 경향이 있다고 지적하고 있다. 이것은 우선 시청률을 높이는 데는 도움이 될지 몰라도 일정 수준 이상의 시청률을 기대하기는 어렵다는 것이다. 즉 드라마의 내용이나 줄거리에는 그다지 신경을 쓰지 않고 인기 탤런트들의 스케줄 잡기에만 여념이 없다는 것이다. 방송국 PD들은 인기 스타들의 스케줄을 관리해서 캐스팅만 하면 모든 일이 다 끝나는 것처럼 착각하고 안심하고 있다는 것이다. 뿐만 아니라 과거의 인기 드라마나 최근의 인기 작품 류의 흐름을 그대로 안이하게 재탕 삼탕 하고 있다는 지적이다. 드라마는 본래 디렉터가 모든 제작과정을 관리해야 하는데 그렇지 못하고 모든 주도권은 가장 바쁜 PD 독점주의가 횡행한다는 것이다. 일본에는 방송을 진행하고 있으면 PD라고 부르고 작품을 구상하거나 보조 내지는 작품이 끝난 PD는 디렉터로 부른다. 이점은 한국하고는 다르다.[224]

한편, 지역 방송국의 경우는 계열별로 도쿄의 키-국과 네트워크로 연결되어 있기 때문에 실제 자사에서 편성할 수 있는 시간대는 한정되어 있고, 또 자사 제작 프로그램 량도 아주 적은 20% 내외에 불과하다. 그러나 지역 방송사의 경우는 도쿄의 키-국이 못하는 지역밀착형 프로그램을 적극적으로 편성하여 프라임타임이나 심야 시간대에 젊은 층을 상대로 집중 편성하고 있다. 또 지역별, 권역별로는 몇 개의 방송국이 합동으로 공동편성 공동제작 등으로 제작비를 상당히 절감하고 있다.[225] 그 밖에 30인 미만의 아주 소규모 지역 방송국의 경우는 <편성>이라는 이름의 섹션이 아예 없는 방송사도 있다.

2) 방송편성의 기본방침과 업무내용

방송편성의 기본방침은 NHK의 경우는 방송총국이 일단 토론이나 조사·검증 등을 통해서 프로그램을 편성하고, 그것을 12월경에 이사회에 상정한다. 이사회에서는 편성계획을 다시 <중앙방송 프로그램심의회>에 자문을 거쳐서 <경영위원회>에 보고하고 경영위원회가 이를 최종 의결하게 된다. 민방의 경우도 이에 준하거나 다소 이와 비슷한 형태를 취하고 있다.

---

224) 滝野俊一「ドラマに何が起こったか?，視聴率３％の裏側」『GALAC』，放送批評懇談会，2003年(12月号)，2003年，pp.12~15.

225) 日本民間放送連盟『民間放送年鑑』(2003年)，2003年，pp.87~88.

방송편성의 업무를 크게 구분해보면 <방송프로그램 작성업무>와 이를 도와
주는 <지원업무>가 있다. 프로그램 작성업무는 한 마디로 말해서 프로그램을
계절별, 요일별, 시간대별로 나열하는 방법을 결정하는 업무이고, 지원업무는 프
로그램 작성과 함께 주변업무, 조사(시청률이나 여론, 마케팅 등), 심의(방송법이
나 방송기준, 프로그램 기준 등), 자료정리, 저작권처리, 예산, 프로그램 PR, 스
튜디오 관리 등이 있다.

(1) 편성 내용

NHK-TV의 종합채널은 공공방송(공영방송)의 기간채널로 각 시간대별로 성격
을 명확히 하고, 뉴스·정보프로그램이나 문화·교양프로·오락 등 각 분야별로
조화롭게 편성하고 있다. 2002년부터는 시청자들의 생활시간대 변화에 맞추어
편성하고, 11시 이후 심야시간대나 토·일요일의 프로그램은 대폭적으로 혁신하
여 시청자들의 폭넓은 지지를 얻고자 하고 있다.

방송프로그램을 부문별로 분류해 보면 크게 <보도>, <교육>, <교양>, <오
락> 등 4가지로 구분하고 있다.

○ 방송프로그램의 형태
　정규방송, 단일방송, 스페셜방송
○ 장르별 프로그램
　드라마, 버라이어티·퀴즈, 음악 프로그램, 뉴스·정보프로그램, 와이드 쇼, 스
포츠 등

(2) 방송프로그램의 편성기준

〈NHK 방송 프로그램의 부문별 편성기준 : 1일 24시간을 기본으로 한다.〉[226]

① 종합TV : NHK의 기간방송으로 종합서비스 채널이다. 뉴스와 정보프로그램,
문화·교양프로, 오락 등 각 분야의 조화로운 방송편성을 유지한다. 정시
프로그램의 경우는 보도 프로그램이 20%이상, 교육 프로그램이 10%이상,
교양 프로그램이 20% 이상, 오락 프로그램이 20% 이상 편성한다.
② 교육TV : 건전한 정서와 풍부한 인생, 그리고 문화 육성을 지향하는 채널이
다. 정시 프로그램의 경우는 교육 프로그램 75% 이상, 교양 15% 이상, 보
도 프로그램을 약간 편성한다.

226) NHK放送文化硏究所 『NHK年鑑』(2005年度), 日本放送出版協会, pp.124～127.

③디지털 하이비전 : 고화질 고품질의 특성을 살리는 프로그램을 방송한다. 정시 프로그램의 경우는 교육 프로그램 10% 이상, 교양프로그램 30% 이상 편성한다.

④위성 제1TV : 뉴스, 스포츠, 다큐멘터리에 중점을 둔다. 정시 프로그램의 경우, 교육 프로그램 10% 이상, 교양 프로그램 20% 이상을 편성한다.

⑤위성 제2TV : 뛰어난 예술이나 오락, 문화를 소개하는 전문채널이다. 교육 프로그램 30% 이상, 교양 프로그램 20% 이상을 편성한다.

⑥제1라디오 : 생활정보가 주된 타겟으로 속보성, 기동성, 음성미디어의 특성을 살린다. 정시 프로그램의 경우, 보도 프로그램 35% 이상, 교육·교양 프로그램 25%, 오락 프로그램 20% 이상을 편성한다.

⑦제2라디오 : 영어를 중심으로 어학강좌 및 교양강좌, 생애학습을 등을 충실히 방송한다. 정시 프로그램의 경우, 교육 프로그램 65% 이상, 보도 프로그램 10% 이상, 교양 15% 이상을 편성한다.

⑧FM방송 : 종합적인 음악채널이다. 정시 프로그램은, 보도 10% 이상, 교육·교양 40% 이상, 오락 프로그램 25% 이상을 편성한다.

⑨데이터 방송 : 지상파디지털 시작과 함께 지역성을 살리는 데이터방송이 개발되었다.

⑩TV 문자다중방송은 뉴스, 지역정보, 프로그램 가이드 등 각종 정보를 전달한다.

⑪FM 문자다중방송은 뉴스, 프로야구 정보, 기상 정보 등을 정확히 전달한다.

⑫자막방송 등 : 장애자를 위해 서비스 하는 자막방송이나 해설방송으로 시청자 요망에 대답하는 방송이다.

⑬그 외 : 인터넷을 이용한 정보제공 등이다.

〈일본 민간방송의 프로그램 편성기준〉[227]

민방도 지상파 디지털방송이 도입되게 되어 자금 면에 있어서도 상당히 어려움을 겪고 있다. 민간방송의 편성기준은 공공의 복지, 문화의 향상, 산업과 경제의 번영, 평화사회 실현에 기여 등을 사명으로 한다고 규정하고 있다. 또 방송프로그램 간에는 상호조화와 보편성, 즉시성 등 방송의 특성을 충분히 발휘할 수 있도록 내용을 충실히 해야 한다고 규정하고 있다.

특히, ①정확하고 신속한 보도, ②건전한 오락, ③교육·교양의 진전, ④아동 및 청소년에 미치는 영향, ⑤절도 있게 진실을 전달하는 광고 등으로 프로그램 기준을 정하고 있다.

2005년 10월 현재 1일 평균 방송시간은 TV가 21시간 55분, 라디오가 22시간 47분으로 24시간 방송체제를 갖추고 있다.

227) NHK放送文化研究所 『NHK年鑑』(2003年度), 日本放送出版協会, pp.504~505.

① 일본 민간방송연맹의 편성기준

  민방의 경우는 광고시간 이외에는 방송편성 방침에 대한 제약이 거의 없는
편이다. 그러나 방송국이 면허를 교부 받을 때 전체 방송시간 중에서 교육프로
그램 10% 이상, 교양프로그램은 20% 이상을 방송하지 않으면 안 된다는 방송
편성상의 의무조건 기준은 있다. 또, 민방은 NHK와는 달리 <보도>나 <오락부
문>에 대한 특별한 의무규정은 없다. 다만, 방송법에는 특별한 사업계획을 제
외하고는 TV프로그램 편집에 있어서 교양, 교육, 보도, 오락의 각 프로그램 간
에 조화와 균형을 이룰 것 등을 권고하고 있을 정도다.

② 장르별 편성 기준

  실제 2004년 하반기인 10월부터 2005년 3월까지(6개월간) 장르별 TV프로그램
(위성계는 제외) 방송시간을 보면, 보도가 19.8%, 교육이 12.4%, 교양이 25.0%,
오락 37.8%, 광고가 3.9%. 그 외 1.1%가 되고 있다. 라디오의 경우는 보도가
12.4%, 교육이 2.2%, 교양이 13.9%, 오락 68.9%, 광고가 2.0%. 그 외 0.6%가 되
고 있다. 이는 최근 10여 년 동안 거의 변화가 없는 편이다.

③ 민간방송연맹의 광고시간 편성기준

  광고의 종류는 <프로그램 광고>와 <스파트 광고> <협찬 광고> <안내 광
고> 4가지가 있다. TV의 경우 1주일간 총 광고량은 안내방송을 포함해서 총
방송시간의 18% 이내로 하도록 하고 있다. 단, <프로그램 광고>나 <협찬 광
고>의 경우, 프라임 타임의 경우는 아래와 같이 광고시간의 한도를 넘지 않게
제한하고 있다. 그 외의 시간대에 있어서는 시간 총 양제를 도입하여 18%를 기
준으로 하고 있다. 또, 스포츠 프로그램 및 특별행사 프로그램의 경우는 각 방
송국별로 별도로 정하도록 규정하고 있다.

TV방송의 광고시간 기준

프로그램 시간	광고 시간
5분 이내 프로그램	1분 : 00초
10분 이내	2분 : 00초
20분 이내	2분 : 30초
30분 이내	3분 : 00초
40분 이내	4분 : 00초
50분 이내	5분 : 00초
60분 이내	6분 : 00초
60분 이상의 프로그램은 위 시간을 준용	

(주의) 프라임 타임은 오후6시에서 11시까지로 연속 3시간을 말한다.
* 프로그램 광고의 경우는 음성(언어, 음악, 효과), 화면(기술적 특수효과) 등의 표현방법을 포함한다.
* 연출 상 필요한 경우를 제외하고는 광고효과를 가지는 배경이나 소도구, 의상, 음성(언어, 음악) 등을 이용한 경우에는 광고시간의 일부로 간주한다.

3) 프로그램의 종류

(1) 송출 형태에 따른 프로그램의 종류

방송프로그램은 송출형태에 따라 ① 생방송, ② 녹화방송으로 크게 2가지로 나눌 수 있다. 물론, 양자를 혼합한 프로그램도 있다.

(2) 제작 형태별 프로그램의 종류

제작형태별로 프로그램을 보면, 옥내 제작과 옥외 제작이 있다. 전자는 ① 스튜디오에서 제작하는 프로그램이고, 후자는 ② 로케이션 프로그램이다. 여기에도 현지 로케이션을 녹화한 프로그램을 스튜디오에서 토크로 전개하는 프로그램도 있다.

(3) 제작 주체별로 본 프로그램의 종류

① 방송국 자체 제작 프로그램

프로그램 기획에서부터 생산에 이르기까지 방송국 자체 스태프를 중심으로 제작하는 프로그램. 단, 구성 작가나 각본가는 기본적으로 외부사람이다. 작가를 포함해서 완전히 100%자체 제작하는 방송 체제는 거의 없다.

② 프로덕션 제작 프로그램

방송국의 주문을 받아서 제작하거나 혹은 제작회사 스스로 기획해서 제작하는 프로그램

3. 방송프로그램의 제작 개념과 범위

1) 외주제작

디지털 방송 기술이 급진전됨에 따라서 시청자들의 방송에 대한 욕구 또한 급속하게 다양화되어 가고 있다. 이러한 시청자들의 다양한 욕구를 각 방송사들이 자체 인력만으로는 시청자의 욕구나 광고주의 기호에 맞게 프로그램을 제작하기란 여간 어려운 일이 아니다. 뿐만 아니라, 방송사가 보유하고 있는 장비나 한정된 예산 등으로는 이러한 욕구에 맞는 프로그램을 자체 제작하기란 사실상 불가능한 일이다. 실제로, 프로그램 제작 측면에서만 보더라도, 일본에는 웬만한 방송사와는 어깨를 나란히 할 정도로 장비나 능력 면에서 상당한 제작능력을 갖춘 프로덕션이 많다. 따라서 오늘날과 같이 디지털 위성시대에 있어서 이러한 프로덕션의 협력 없이 TV방송국이 자체제작 능력으로 좋은 프로그램을 제작한다고 하는 것은 거의 불가능하다. 그러면 일본의 방송국들은 프로그램을 어떻게 제작하고 있으며, 어떤 형태로 외주제작(위탁제작)을 하고 있는지 그 형태에서부터 구체적으로 분석해 보고자 한다.

우선 외주제작 형태는 크게 2가지로 나눌 수 있다.[228]

(1) 완전 외주형

제작사가 방송국으로부터 완전히 주문만 받아서 프로그램을 제작하여 납품하는 형태다.

(2) 공동 제작형

위탁 방송국에서는 PD나 제작 스태프를 수탁 제작사에 파견하여 제작 스태프진과 직접 협의하면서 의도한 프로그램을 제작하는 형태이다. 이때 제작 장비나 기자재는 수탁 프로덕션 장비를 이용한다. 최근에는 이와 같은 제작 형태가 점점 증가하고 있는 추세다.

2) 점점 증가하는 공동 제작이나 파견 제작형

앞에서도 언급했지만, TV프로그램은 반드시 TV방송국의 자체 사원만이 제작하는 특허품이 아니다. 조건이 맞는다면 프로덕션이 단독으로 작품을 제작하여 방송국에 납품한다든지, 아니면 방송국과 프로덕션이 공동으로 프로그램을 연출·기획하여 제작하게 된다. 또 네트 프로그램, 즉 네트워크로서 키—국이나 준 키-국으로부터 구입하기도 한다. 이와 같이, 오늘날의 일본 방송국들은 프로그

---

228) 日本民間放送連盟 『放送ハンドブック』, 1999年, pp.273~274.

램 제작에 앞서서 먼저 인재나 기술자 등을 제작사에 파견하여 프로덕션과 협의하면서 프로그램을 제작하고 있다.[229)]

3) 프로그램 기획

프로그램 제작에 있어서 우선 프로그램을 '기획'하게 되는데, 프로그램 '기획'이란 어떤 목적으로 어떻게 프로그램을 만들까, 또 예산이나 제작순서 등은 어떻게 할 것인가를 계획하고 결정하는 것을 말한다. 어떠한 기획이든지 제안자의 의도나 생각을 구체적으로 문서로 나타내어야 한다. 따라서 기획서에는 프로그램의 목적이나 내용, 타이틀, 제작 스태프, 출연자, 제작비용, 방송시간대, 방송회수 등이 구체적으로 기록되어 있어야 한다.

프로그램의 성공여부는 결국, 뛰어난 기획력과 훌륭한 아이디어에 달려 있다. 따라서 아무리 기획이 좋다고 하더라도 타당성 여부에 대해서는 전문가들에 의한 엄격한 심사와 분석이 필요하고, 또 몇 가지 사례를 통해서 검증해 볼 필요가 있다.

4) 프로그램 제작비

프로그램 제작비는 출연자나 연기자, 그리고 기술·미술 프로덕션으로부터 파견되어 있는 스태프진의 인건비는 물론, 물품비, 교통비, 스튜디오나 카메라 사용료 등 여러 가지 경비가 포함되어 있어야 한다.

구체적으로 제작비를 장르별로 구별하여 보면,

① 드라마

드라마의 경우 60분짜리는 3000만 엔에서 4000만 엔, 120분짜리는 5000만 엔에서 6000만 엔 정도 경비가 소요된다. 인기 배우를 주연으로 기용하게 되면, 경우에 따라서 제작비는 60분짜리 7000만 엔에서 8000만 엔, 120분짜리는 1억 엔을 호가하는 경우가 있다. 어느 경우라도 3개월분을 기본으로 하고 있다.

② 와이드 쇼

도쿄의 키—국이 오전 오후, 심야 대에 경쟁적으로 편성하고 있는 와이드 쇼의 경우는 60분짜리가 2000만 엔에서 4000만 엔, 90분짜리는 3000만 엔에서

229) 松岡新児·向後英紀 『新現場からみた放送学』, 学文社, 2004年, pp.98~99.

5000만 엔 정도 제작비가 든다. 와이드 쇼의 경우는 출연자나 사회자에 따라서 제작비가 다를 뿐 아니라, 시청률도 엄청난 차를 보인다.

③ 퀴즈

최근 인기 높은 퀴즈 프로그램의 경우나 변함없이 시청률이 높은 버라이어티 쇼 프로그램의 경우는 60분짜리가 2500만 엔 정도였던 것이 최근에는 3000만 엔 전후가 되고, 퀴즈 프로그램도 해외취재를 가기 때문에 2배 이상 경비가 소요되는 경우도 허다하다.

④ 다큐멘터리

다큐멘터리의 경우는 가격차가 가장 심한 것이 특징이다. 60분짜리라도 1000만 엔에서 5000만 엔까지 그 가격차는 상당히 큰 편이다. 그것은 테마에 따라서 취재기간이나 범위, 사용 기자재 등에 따라서도 큰 폭으로 차이가 있기 때문이다.

⑤ 스포츠

스포츠 중에서도 가장 제작비가 소요되는 것은 역전 마라톤이다. 거리가 멀면 멀수록, 또 지형의 굴곡이 심하면 심할수록 중계차나 마이크 등 중계지점이 많아 당연히 제작비가 증가하게 된다. 제작·기술 스태프 진을 포함해서 연인원 400~500명이 필요한 역전 마라톤의 경우는 적어도 1억 엔을 상회하고 있다.

방송프로그램의 질은 제작과정도 투명하고 오랫동안 기획한 작품일수록 좋은 작품이 많다. 단기간에 이루어진 즉흥적인 발상이 아니라, 드라마의 경우는 최소한 3개월 이상 여유를 가지고 작품구상이나 기획을 하는 것이 바람직하다. 뿐만 아니라, 제작비도 최소한으로 제작할 수 있는 기본제작비는 충분히 지불해야 한다. 덤핑 성 저가 할인에 의한 프로그램 제작은 결과적으로 부실을 초래하여 질적 저하를 가져오기 때문이다.

4. 외주제작의 의무규정과 법적 규제

일본의 방송법이나 프로그램 기준에는 외주제작에 관해서 별도의 법적 규제나 의무규정은 두지 않고 있다. 다만, 전체 방송프로그램에 대한 부문별 편성기준만 있을 뿐이다.

앞에서도 이미 밝힌 바와 같이 공공방송인 NHK 종합TV의 경우 부문별 방송 프로그램의 편성기준은 정시 프로그램의 경우, 보도 프로그램이 20% 이상, 교육 프로그램이 10% 이상, 교양 프로그램이 20% 이상, 오락 프로그램이 20% 이 상으로 하여야 한다는 기준만 있다.

또, 민간방송의 경우도 면허를 받을 때 교육프로그램 10% 이상, 교양프로그램은 20% 이상 방송하지 않으면 안 된다는 방송편성의 의무조건 기준이 있다. 그러나 민간방송의 경우는 NHK와는 달리 보도나 오락부문에 대해서는 편성 의무 규정이 없다. 다만, 방송법에는 특별한 사업계획을 제외하고는 TV프로그램 편집에 있어서 교양, 교육, 보도, 오락의 각 프로그램 간에 조화를 이룰 것 등을 요구하고 있을 따름이다. 실제로 2003년 민방의 장르별 TV프로그램 방송시간을 보면, 대체로 이러한 비율이 잘 지켜지고 있는 것을 볼 수 있다. 현재 일본에는 우리나라 방송위원회와 같이 방송프로그램을 직접적으로 규제할 수 있는 방송 규제기구가 없다. 다만, 자체 방송사마다 프로그램 심의위원회가 구성되어서 문제가 있으면 자체로 심의할 따름이다. 그럼에도 불구하고 일본에는 외주제작 비율을 둘러싸고는 정부나 방송국, 아니면 프로덕션이나 시민들 사이에서 별로 문제되지 않고 있다. 뿐만 아니라, 방송프로덕션은 가히 포화상태에 이르렀다고 할 정도로 설립되어 있지만, 사회적으로 큰 문제를 일으킨 적은 없다. 상호 균형과 조화로 프로덕션이 발전하여 세계적인 방송 산업 수출국이 되었다.

일본의 관계자에 의하면 외주제작에 관한 개념이 우리나라와는 상당히 다르다는 것을 알 수 있다. 예를 들면, 니혼 텔레비전(NTV) 국제전략 부장 야마구치 에이지(山口英二)는 외주제작 개념에 대해서 "일반적으로 외주제작이라 함은 방송국의 자체 제작 스태프진이 아닌 외부 프로덕션에 의해서 제작되는 것을 말한다."라고 규정하고 있다. 물론, 여기에는 당연히 자사의 계열사인 독립 프로덕션에서 제작되는 프로그램도 포함될 수 있다고 보는 견해다. 물론, 그가 생각하는 외주제작의 개념은 발주처인 방송사가 계약자에게 프로그램 제작에 상당하는 제작비나 제작자들의 임금 등을 지급하여 제작한 경우는 모두 외주제작으로 본다는 것이다. 이 경우, 지급한 그 제작비가 충분한 것인지 아닌지는 문제가 되지 않는다. 또한, 프로그램 제작시 발주처인 방송국에서 PD나 CP 등이 파견되어 사전 기획에서부터 제작 완성단계에 이르기까지 사전협의가 이루어지더라도 제작비만 지불하면 일본에서는 외주로 본다는 점이다. 이때 방송국의 시설들이나 소품을 이용하거나 아니면 프로덕션 자체 스튜디오를 이용하든 문제가 되지 않는다. 이와 같이, 일본에는 계약에 의해서 방송국 밖에서 제작되기만 하면 외주로 보는 견해인 폭넓은 개념을 적용하고 있다. 그렇기 때문에 일본의 민간 방송국들은 뉴스보도를 포함해서 순수 자체제작을 제외한다면 거의 70% 이상이나 외주 제작에 의존하고 있는 실정이다.

NHK 방송문화연구소 선임연구원인 오쿠다 요시타네(奧田良胤)도 NHK의 경우는 간판 프로그램(NHK 스페셜, 아침 TV소설, 뉴스, 수입영화 등)을 제외하면 거의 85% 이상이 자회사의 제작으로 이루어진다고 한다. NHK도 약 25년 전에는 자체 조달했지만, 1980년경부터는 외주제작을 시작하게 되었다고 한다.

5. 일본 방송사의 방송제작 환경의 변화와 전망

1) 일본 방송사의 제작환경의 변화

일본에는 BS, CS 위성디지털방송에 이어 지상파에도 디지털방송이 도입되게 되어 2003년 12월 1일부터는 본격적으로 디지털방송이 실시되었다. NHK의 경우는 하이비전을 중핵으로 방송의 디지털화를 추진하고, 여기에 데이터방송이나 DMB 등 디지털기술을 활용한 고도의 방송기능으로 시청자들에게 서비스하고 있다. 특히, 급속하게 발전하는 디지털 기술은 일본 방송문화의 질적 발전은 물론, IT(정보통신기술)산업에 있어서도 선도적인 역할을 할 것으로 기대하고 있다. 2005년 2월 현재 일본에는 인터넷 이용자가 7000만을 상회할 뿐만 아니라, 브로드 밴드(broadband)에 의한 고속 인터넷 가입자 수도 폭발적으로 증가하고 있다. 게다가 종합정보 단말기인 디지털방송 수신기에는 방송과 통신이 융합하는 서비스는 방송프로그램의 상호보완적인 효과로 시너지를 발휘할 수 있게 되었다. 예를 들면, 일상생활이나 생명・재산 등을 지키기 위한 재해정보도 방송통신을 융합한 새로운 서비스에 의해서 다각적으로 전달할 수가 있게 되었다는 점이다.

이와 같이 방송의 디지털화는 지역사회나 국제사회에 공헌하게 됨은 물론, 시청자의 여망에 부응하는 다양한 서비스, 그리고 방송의 새로운 미래상 구축 등에 적극적으로 기여할 것으로 보인다.230)

---

230) NHK(日本放送協会)「デジタル化で広がる新たな送文化ー平成16~18年度NHKビジョンー」, 2004年, P.25.

2) 디지털방송과 새로운 방송제작 환경

　　2004년부터 2006년 사이에 전국적으로 일본방송의 디지털화가 완성되게 된다. 일본의 디지털방송은 고음질·고화질, 그리고 NHK가 개발한 하이비전방송이 그 중핵을 이루고 있다. 이미 하이비전은 2000년부터 사용되는 프로그램의 고정세 텔레비전이 세계통일 표준규격이 되었다. 또 시청자가 언제 어디서든지 좋아하는 정보를 볼 수 있도록 데이터방송이나 예약이 가능한 프로그램 가이드(EPG)가 도입되어 있다. 뿐만 아니라, 전파를 권역별로 분할하여 시청자들의 다양한 요구에 보답하기 위한 멀티편성도 가능해졌다. 지상파디지털방송은 또 권역별로 일부를 사용하여 휴대단말기로 TV를 시청할 수도 있게 되었다. 방송의 디지털화는 종래의 수신기와는 달리 인터넷과 친화성이 강한 것이 특징이다. 따라서 일본의 디지털텔레비전은 방송과 통신기능을 융합한 새로운 서비스나 이용방법을 통합한 <종합정보 단말기>로 복합적인 정보를 시청자들에게 공급하게 된다.

①「종합정보 단말기」로서의 텔레비전

　　앞에서 언급했지만, 종합정보 단말기는 방송과 통신의 연대 서비스가 가능한 수신기다. 새로운 21세기는 IT의 혁명으로 위성이나 인터넷 등을 통해서 정보를 순식간에 지구촌에 전달하는 초스피드적인 방송환경시대가 되었다. 지금까지 개인정보의 전달능력은 한정되어 있었지만, 인터넷 통신의 개발로 정보를 상호 교환하는 수단은 그 범위가 비약적으로 확대되어, 인터넷을 통해서 물품구입이나 금융결재, 증권거래에 이르기까지 광범위한 영역에 걸쳐서 서비스나 행정업무를 수행할 수 있게 되었다.

②「24시간 뉴스채널」과 디지털시대의 방송

　　일본에는 2002년부터 BS디지털과 똑같이 동경 110도에서 CS디지털방송도 서비스를 실시하고 있다. 이와 같이 통신용 전송로를 이용해서도 한정되긴 하지만 시청자를 대상으로 유료 방송이 가능하게 되었다. 방송과 통신의 융합은 서비스 내용이나 전송로, 사업체, 단말기 등 각 분야에서 급속하게 진행되어 다양한 정보를 서비스하게 된다. 이러한 방송환경 변화 속에서 NHK의 경우는 위성방송을 이용한 「24시간 뉴스채널」 신설을 적극적으로 검토하고 있다.

　　이러한 시도는 지금까지와는 달리 일본 전토와 해외를 연결해 전 세계를 취재 네트워크로 구축한다는 것이다. 물론, 세계의 방송기관들과는 긴밀한 협력관계를 유지하면서 위성방송으로 24시간 뉴스채널체제를 구축한다는 것이다. 테러나 전쟁, 각종 재해가 시시각각으로 일어나고 있는 상황에서는 더욱더 시민들에게는 신속한 정보가 절실한 것이다. 따라서 여기에는 또 일본의 정보가 해외로 발신하는데도 중점을 두고자 한다. 이것은 또 다른 일본의 정보종주국을 의미하는 것으로 우리는 이런 계획에 예의 주시할 필요가 있다.

3) 디지털시대에 있어서 방송제작 문화의 발전

총무성이 개정한 개정 전파법이 2001년 7월25일부터 발효됨에 따라서 향후 10년 이내에 아날로그 텔레비전방송은 모두 방송이 종료되게 되는데, 그 종료 시한은 2011년 7월24일이다. 따라서 일본의 지상파방송은 2011년 7월25일부터는 전면적으로 디지털 화 하게 된다. NHK를 포함한 202개의 민영 방송국들은 미디어 변혁기에 있어서 "방송의 공영성 추구"와 "공정한 시청률 경쟁을 통한 새로운 방송문화창조"라고 하는 2가지 기치를 내걸고 있다. 특히 NHK는 "공영방송"으로서 시청자에 대한 책임을 다하기 위해서 ① 새로운 방송문화의 창조를 위한 조사연구, ② 선도적인 방송기술의 연구개발, ③ 방송프로그램의 질적 향상 확보, ④ 방송윤리의 철저한 이행으로 방송의 자주 자립성의 확보, ⑤ 젊은 세대에 대해서는 올바른 방송이해교육을 그 모토로 내세우고 있다. 민영의 경우는 ① 공정한 시청률 경쟁, ② 다양한 방송문화의 창조, ③ 지역사회에 공헌, ④ 사업성 추구 등으로 사회적인 책임성을 강조하고 있다. 이 양자 모두 새로운 21세기 디지털 기술시대에 있어서 하이비전과 같은 고화질·고음질화, 다채널화, 데이터 방송, 인터넷이나 퍼스컴 등과 같이 결합하는 멀티미디어화 등을 실현해야 할 <통합디지털방송>이라고 지적하고 있다.

디지털시대에 있어서 새로운 방송문화를 창달하기 위해서는 인터넷도 방송을 보완하는 수단으로 충분히 활용할 필요성이 있다. 또, 장래에 디지털기술의 진전과 함께 미디어나 전송로의 상황이 크게 개선되게 되면 시청자들에게는 보다 질 높은 방송 서비스가 전개될 것으로 보인다. 또 한편으로, 디지털방송 시대에는 방송의 상업화가 급격히 진전되어, 영리나 시청률이 더욱 중시되어 인기 있는 프로그램만 살아남을 수 있는 "방송의 획일화" 시대가 우려되고 있다. 이러한 시대적 상황 속에서 NHK는 사회적·문화적 역할을 중시하여, 자율적인 편집 판단에 따라서 다양하고 질 높은 공영방송을 실시할 것을 다짐하고 있다. 민방도 치열한 시청률 경쟁 속에서 "풍부한 방송문화 창달'을 주장하고 있기 때문에 시청자들에게는 책임 있는 방송이 전개될 것으로 보인다.

제9장
일본의 방송프로덕션과 방송발전사

1. 일본 방송프로덕션의 발전사

　일본의 방송프로덕션은 CS디지털방송(SKY perfec TV)에 이어 BS디지털방송이 출연하여 본격적으로 변신하고 있다. 종전의 아날로그 식 영상프로덕션에서 다이나믹한 디지털영상으로 변화하는 세계시장에 접근하고 있다. 그러나 최근 텔레비전의 경우는 무엇보다도 영상프로그램을 제작하는 전문 제작프로덕션에 주목하고 있다. 왜냐하면 영상제작물은 그 들의 손에 의해서 제작되기 때문에 그들의 제작능력에 크게 기대하고 있는 형편이다. 이시이 기요시(石井淸司)의 <전국 TV프로덕션 베스트100사>231)에 의하면 일본의 프로덕션을 다음과 같이 전망하고 있다.

1) 새로운 재능 발굴

　이시이는 도쿄, 오사카를 중심으로 전국 기간도시에서 100개의 TV프로덕션 제작자들과 인터뷰해 본 결과, 그 들은 지금 <다채널화>나 <디지털화>의 격랑 속에서 "새로운 시대의 영상세계를 모색하고 있다."라고 진단하고 있다. 그

---

231) 石井淸司『全国テレビプロダクションベスト１００社』, 東急エージェンシー出版, 2003年, pp.2~3.

는 또 젊고 참신하고 재능 있는 인재들이 최전선 프로덕션에 몸을 던져 일하고 있는 모습을 보았다고 피력했다. 따라서 TV영상 세계에는 일본의 에이스 후보 군들이 건재하게 일하고 있었다고 전망하고 있다. 앞으로 더 많은 훌륭한 인재 들이 모여들 수 있도록 프로덕션의 토양조성이 필요하다고 주장했다.

　　TV프로덕션은 기업이나 방송국, 광고대리점 등에서부터 의뢰를 받아서 주로 영상제작물을 제작하는 회사다. 따라서 일부 자체 제작품이나 비디오 제품을 제 외하면 기본적으로는 모두 주문생산 하는 것이 기본이다. TV프로덕션은 정보 소프트 산업으로는 편집, 음악, 영상(영화·비디오·TV프로그램, 텔레비전 CM), 사진, 예능, 애니메이션, 광고제작, 디자인, 컴퓨터 소프트 등을 제작하고 있다. 단지, 관례로서 프로덕션이라고 호칭을 사용하지 않는 업체도 많다.

　　방송 프로그램은 방송사업체의 생산물로 통상 물질적인 소비재가 아니라, 광 의의 의미에서는 "사상"과도 관계가 있는 사회적인 가치의 표현이라고도 할 수 있다. 그것은 물질적인 소비재의 생산에서도 볼 수 있듯이 획일적, 또는 균질적 인 대량 생산을 계획하는 것이 아니라, 매스 미디어로서의 다양한 비 균질적인 정보내용, 즉 작품의 개별성과 독자성, 차별성을 확보하는 것이 방송 프로그램 의 본질이다. 이러한 방송프로그램의 제작·생산 활동에 직접적으로 관계가 있 는 TV제작 프로덕션의 특징은 다음과 같다.

(1) 제작 상품의 특수성

　　한마디로 방송프로그램이라는 상품은 사물이 아니라 정신노동이다. 텔레비전 프로그램의 경우는 고정된 필름이나 VTR의 형태를 취하고는 있지만, 실제로는 모든 정신노동의 종합적인 복합체이다. 따라서 방송프로그램은 설비나 자산은 그다지 필요로 하지 않고 수작업만 가능하기 때문에 대량생산이 불가능하며 효 율성이 떨어지는 산업이다.

(2) 유통구조의 단일성

　　일본의 민간방송 시장은 네트워크 별로 한정되어 있다. 그 제작과정도 위탁에 의해서 생산 할 수밖에는 없다. 게다가 그 위탁 과정도 예측이 곤란해 변동요인 이 크고 경쟁 또한 격심하다.

(3) 조직구조나 인재구성의 어려움

TV프로덕션은 크리에이터만이 재산이기 때문에 노동환경이나 보수, 인재양성 등에는 어려운 점이 있다.

(4) 새로운 업종의 기업이기 때문에 경영상의 지표 선례가 없다.

기업의 크기나 규모, 매상고, 이익률 등의 크기가 반드시 기업의 성장발전을 의미하지 않는다. 기업규모나 성장목표의 설정도 지극히 곤란한 편이다.

이러한 TV프로덕션의 특징에 의해서 중·장기적인 경영전략의 필요성과 유효성이 괴리되어, 단순한 "하청기업"으로 전락하기 쉬운 조건들을 갖추고 있다. 따라서 많은 프로그램 제작사들은 이러한 텔레비전 방송국들과의 역학적인 편차나 악조건에도 불구하고, "하청" 프로덕션에서 독립프로덕션으로 꾸준하게 자립성을 높여가고 있다. 그 대표적인 예가 다음에 언급할 ATP가 강력하게 주장하고 있는 저작권 문제이다.

2) 방송사의 제작국과 프로덕션의 통합화 경향

최근 전국 방송국들에 의해서 나타난 한 가지 새로운 경향은, 방송국내의 제작부문이나 제작자들을 국외자로 취급하여 방송국과는 별도조직으로 프로덕션화하는 경향을 보이고 있다. 이러한 이유로는 점점 어려워지는 방송국의 경영압박 등에서 살아남기 위한 하나의 방책임과 동시에 또 하나는 제작부문의 독립채산제의 도입이다. 다 채널 디지털시대에 대응하기 위해서는 우선 효과적인 제작태세나 신시대에 적합한 제작환경과 발상의 전환이 필요하다. 이러한 경향은 지역 국에서는 더욱 현저하게 나타난다. 또한 이전에 지역프로덕션은 어딘가 방송국의 계열 국에 속해 있었는데 반해, 이제는 주된 방송국에 속해 있기는 하지만 타국의 제작이나 제작협력에 인재를 파견하기도 하는 "전방위 경영"으로 변신하는 프로덕션이 많아졌다. 이와 같이 지역프로덕션의 경우는 제작관행을 탈피하여 노선변경 등으로 활로를 개척하고 있다.

3) 지역 제작국들의 노력

최근 TV제작 지원자들 가운데 젊은 층이나 중소도시 제작현장에서는 흔히들 능력 있는 우수한 인재들을 많이 볼 수가 있다. 이들은 자기 자신의 몸을 지역에 던져서 지역에서도 제작활동을 계속하겠다는 의지의 표현으로 보인다. 아무튼 오늘날 TV제작의 중심지는 대도시임에는 틀림없는 일이다. 그러나 방대한 텔레비전 영상 컨텐츠는 전국 각지에 존재하고 있다. 더구나 지방화시대를 맞이하여 전국적으로 이러한 TV영상제작 풍토가 두꺼워진다고 한다면 일본의 TV영상 제작계는 한층 변혁이 일어날 것으로 보인다.

2. TV프로덕션의 발전과정

1) TV프로덕션의 탄생

① 일본TV프로덕션의 원류는 우선 영화에서 찾아볼 수 있다. 일본 최초로 영화 촬영소를 만든 것은 요시자와 상점(吉澤商店)이다. 당시는 조명이 발달하지 못한 관계로 온실과 같은 모양의 유리로 만든 촬영소였다. 요시자와 이외에도 요코다 상회(橫田商会), 후쿠호도(福宝堂)등도 영화 제작에 참가하게 된다. 이 당시의 영화는 일본 전통 예술인 가부키(歌舞伎)의 연장선상에 있었다고 할 수 있는데 대부분의 영화가 이 가부키의 한 장면을 그대로 영화에 옮겨 놓은 것에 불과했다. 내용 역시 악당을 물리치는 영웅의 이야기가 주된 테마로 그다지 수준이 높지는 않았다고 하겠다.

1910년대에 접어들자 일본의 영화계는 새로운 바람을 불러일으켜 분위기를 쇄신하려는 움직임이 일게 된다. 그 일환으로 일본 최초의 본격적 영화회사인 닛카츠(日活)를 설립하게 된다. 이 닛카츠는 도쿄에 무코지마(向島) 촬영소를 두고 교토에는 니조성(二條城) 촬영소를 설치하여 각각 현대극과 시대극을 나누어 촬영하는 이분법적 촬영방식을 도입하게 된다. 한편, 서양 문물의 꾸준한 유입으로 인해 영화의 표현기법도 발전하여 영화 주제의 고급화를 꾀하게 된다. 그 결과 외국 영화가 가지고 있었던 여러 가지 표현기법과 장면분할법, 즉 카메라워크나 편집 등을 생각하기에 이른다. 그리고 전문 배우를 양성하기 위해서 전문 배우 양성소가 설립된다. 그 당시 남자가 여자의 역할을 대신하는 온나가타(女形)가 보편화 되어있었으나 여성 인물은 여자가 직접 연기해야 한다는 주장이 팽배해 온나가타의 시대는 서서히 막을 내리게 된다.

초기 일본 영상프로덕션의 태동은, 메이지(明治)말기부터 다이쇼(大正期) 초기에 걸쳐서 다수가 난립했지만, 토키(Talkie : 발성영화)와 함께 독과점으로 변하게 된다. 뿐만 아니라, 오래 전부터 토키화의 시도는 계속해서 이루어졌으나 큰 결

실을 맺지는 못하였다. 일본에 완전한 형식의 토키영화가 완성된 것은1931년으로 기록되는데 고쇼 헤이노스케(五所平之助, 1902-1981)감독의 「마담과 아내・マダムと女房」가 대표적인 작품이다. 이렇게 해서 일본영화도 토키시대 진입에 성공하게 되는데 일본영화 전체가 토키화 되는 데는 거의 5년 가까이 시간이 걸리게 된다. 무성 영화에 비해 훨씬 많은 비용이 들었기 때문에 독립 프로덕션으로서는 그 비용을 감당할 수가 없었다. 그래서 소규모의 독립 프로덕션은 점차 닛카츠와 쇼구치(松竹) 같은 대규모 메이저 회사로 흡수되어 갔다.

토키 영화의 보급이 본격화되면서 '리얼리즘'이라는 장르가 확립되게 되는데, 그 가운데는 미조구치 켄지(溝口健二, 1898-1956)와 오즈 야스지로(小津安二郎, 1903-1963)라는 거장이 있었다. 미조구치 겐지의 1935년 작품 「낭만비가・浪漫悲歌」, 그리고 오스 야스지로의 32년 작품인 「태어나기는 했지만・生れてはみたけれど」은 일본 영화계에 리얼리즘을 확립한 기념비적인 영화이다.

우선 수십 개의 영화 프로덕션이 합병하여 닛카츠(日活)라는 큰 영화회사가 설립하게 되고, 토키영화를 계기로 몇 개의 회사가 독과점 체제를 이룬다.[232] 1953년에 TV방송이 시작되자마자 각 방송국들은 극영화나 외국제 드라마 등을 프로그램으로 편성하기 시작했다. 그 후 1950년대 후반이 되면서 대형 영화회사가 텔레비전 영화제작에 도전하게 된다. 또 1960년대에는 민방 CM을 제작하는 프로덕션과 광고 대리점, 극영화, 단편 영화 등으로 CM제작 프로덕션이 생겨난다.

② TV프로그램에서 "외주제작"이라는 것은 문자 그대로 방송프로그램을 방송국의 밖에서 만드는 프로그램을 말한다. 외주 제작의 시초는 영화제작 프로덕션에 텔레비전 전용 영화제작을 의뢰하면서 시작되게 되었다. 1956년 11월부터 다음해 7월에까지 8개월에 걸쳐서 당시의 라디오 도쿄 텔레비전에서(현 TBS) 『폰포코 이야기』라고 하는 1회당 10분짜리 인형극 영화가 방송되었다. 그것은 도쿄TV의 개국과 함께 병행해서 설립된 도쿄TV 영화사가 자체 제작한 것으로 국산 텔레비전 영화로는 제1호가 된 셈이다. 그 후 1959년 후지TV와 NET(현재 텔레비전 아사히)가 각각 개국하게 되자 TV프로그램 컨텐츠는 절대적으로 부족하게 되고, 후지 텔레비전은 도호(東宝), 마쯔타케(松竹), 다이에이(大映)와 자본 제휴를 하게 된다. 또, 그 시기 대형회사들 가운데 가장 특징적이었던 영화배급회사가 도에이(東映)이다.

③ 도에이(東映)는 NET의 개국에 자본이 참가하는 한편, 출발 당시부터 교육

---

232) 佐藤忠男 『日本映畵社』, 1995年, pp.36~37.

영화부문에 참가해 교육영화나 아동영화를 대량으로 공급하게 된다. 1959년 4월에는 도에이(東映) 텔레비전 프로덕션을 설립하고 30분짜리 아동용 텔레비전 영화 제작에도 적극적으로 나서게 되었다. 영화산업은 1960년대부터 본격적으로 텔레비전 시장에 눈을 돌리면서 대 메이저 영화 계열사들이 일제히 텔레비전 영화제작에 참가하게 되었다. 그 후 일본은 순수 국산 텔레비전 영화의 번성기를 맞게 되고, 텔레비전의 영화제작 독립프로덕션도 뒤를 이어 설립되게 된다.

④ 1962년 2월 TBS(1960년 11월 라디오 도쿄TV로 개칭)가 NEC에 의뢰해서 제작한 45분 단발 드라마 "그림자 지대(影の地帯)"가 일본 최초의 외주제작 프로그램이다. 이 "그림자 지대"는 큰 전기회사가 후원한 드라마로, 이것의 성공은 그 후에 국산 텔레비전 영화들을 한꺼번에 꽃피우게 한 계기가 되었다.

2) TV프로덕션의 발전

① 1960년대는 일본방송계에는 경영합리화 바람이 불게 되었다. 여기에서 각 방송사는 자회사를 설립하여 스튜디오와 자회사를 분리하는 "제작 분리"정책을 꾀하게 된다. 이 시기가 대체로 1970년대 초로, TBS가 제일 먼저 제작부문을 분리하게 된다. 후지 텔레비전의 경우는, 1970년 9월에 예능 제작부를 폐지하고 새롭게 설립한 프로덕션에 프로그램을 제작시키도록 하는 한편, 철저한 제작 분리형 방송국으로 경영방침을 발표하게 된다. 그 방침에 따라서 "후지 포니", "와이드 프로모션", "후지 프로덕션" 등이 사내 프로덕션으로, 그 외에 "교도 텔레비전", "후지 텔레비전 엔터프라이즈", "일본 텔레워크" 등이 발족하게 된다.

② 후지 텔레비전의 경우는, 제작 분리 이후 영업성과는 줄곧 상승효과를 보이는 한편, 제작 분리가 제작비의 비용절감 효과에 크게 공헌하게 된다. 그렇지만, 민방의 노동조합은 당시 이런 제작 분리 합리화는 방송노조의 착취강화에 불과하며, 더 나아가서는 텔레비전 프로그램의 질적 저하를 초래한다고 주장하면서 반대했다.

③ 니혼 텔레비전(日本TV)의 경우는 1971년 12월, 다큐멘터리 제작자로서 유명한 우시야마 준이치(牛山純一)가 중심이 되어서, "일본영화기록센터"를 설립했다. 당시 NET는 1971년 11월에 "NET 아사히"를 발족시켰다. 이것은 보도 프로그램을 중심으로 제작하던 회사로 NET에서 보도부원을 방출해서 제작사원과 일체가 되어서 뉴스와 보도프로그램을 제작하게 되었다. 그 후, NET가 "텔레비

전 아사히"로 회사명을 바꾸면서 영상 프로덕션도 "텔레비전 아사히 영상"으로 이름을 바꾸게 된다.

④ 이러한 자회사의 설립은 프로그램의 "외주제작"이라고 하는 새로운 텔레비전 환경을 마련해 주었다는 의미에서는 큰 의의가 있다. 1970년대에 들어와서 VTR계나 프로덕션들은 대체로 이러한 제작 분리의 흐름을 유지하게 된다. 그러나 방송국들은 점차 드라마나 다큐멘터리, 토크, 공개프로그램 등에 이르기까지 점차로 발주 범위를 확대해 가게 된다.

3) TV프로덕션의 현황

① 일본의 영상 프로덕션은 2006년 현재 약 4000개 이상이나 된다. 그 중에서 음악 프로덕션이 약 1100개사, 예능 프로덕션이 약 1300개사, 순수한 영상 프로덕션은 2600여 개정도다. 또 도쿄에 소재하고 있는 회사가 1930여개회사로 전체의 74%를 차지하고 있어서 영상 프로덕션은 도쿄 집중현상을 보이고 있다. 그 다음이 오사카(大阪 : 149개사), 카나가와(神奈川県 : 87개사) 순으로 되어 있다. 이와 같이 대도시 편중현상은 지역영상 진흥 차원에서는 아주 불균형한 현상이라고 하겠다. 한편, TV제작 프로덕션사의 경우도 2005년도 일본민간방송연감에 의하면 일본에서 현재 방송프로그램을 제작할 수 있는 영상 프로덕션은 약 1370여 개나 된다.[233] 또 동 연감에 의하면 TV프로덕션의 수는 무려 1367개 사나 된다. 이 중에서 690사(50.5%)가 도쿄에 소재하고 있다.

② 자본금 상황을 보면 프로덕션 전체의 평균치는 약 1억 엔 정도이다. 여기에는 1억 엔을 초과하는 프로덕션도 무려 61개사나 포함되어 있다. 이들을 자본 계열별로 분류해보면 "TV방송국(키-국)계"와 "독립계"로 나눌 수 있다. TV방송국계는 전체 TV프로덕션의 약 20%로 자사 텔레비전 방송국의 외부제작 조직에 해당한다. 독립계는 특정 TV방송국의 프로그램을 제작하는 것이 아니라, 자유롭게 방송프로그램 등을 만들 수 있는 회사다. 현재는 대부분의 TV프로덕션이 여기에 속한다.

③ 일본 총무성에 의하면, TV프로덕션이 업무를 활발하게 개시한 시기는 대체로 1980년대 이후로 분석하고 있다. 물론, 현재 프로덕션의 23.2% 정도는 이미 1969년 이전에 설립되었으나, 대부분의 경우는 1970년 이후에 설립되었다. 텔레

---

233) 『日本民間放送年間』(2003), コーケン出版, 2005年, pp.630~754.

비전 프로덕션 증가는 1980년대 이후 방송시간의 증가와 함께 제작사도 대폭 증가하게 되었다. 여기에 병행해서 방송제작 기자재의 저렴화로 제작인력을 양성하기가 쉬워졌을 뿐만 아니라, 프로덕션 설립도 상대적으로 쉬워졌기 때문이다.

④ 일본의 방송사업자(방송국)는 원칙적으로 하드와 소프트의 일치를 기본으로 하고 있다. 그러나 2000년 12월부터 실시되고 있는 디지털 BS의 경우는 예외 규정을 두어 하드와 소프트를 분리하고 있다. 즉, 방송사가 방송시설을 이용해서 전파를 발사하는 일은 하드부문에 관한 일이고, 방송프로그램의 기획이나 편집·제작 등에 관한 일은 소프트에 관한 일로 운영부문에 해당된다. 따라서 방송사업자가 자사(自社)에서 방송하는 방송프로그램 모두를 완전한 자체 제작으로 조달한다는 것은 사실상 불가능한 일이다. 방송사업자들도 시청자들의 이러한 높은 욕구에 부응하기 위해서는 능력 있는 외부 프로덕션들에 의뢰하지 않으면 안 되게 되었다.

⑤ 일본의 TV프로덕션은 1970년대에 많이 설립되어 1980년대에 들어가서야 외주제작이 본격화되기 시작했다. ATP가 조사한 자료에 의하면 1982년부터 1988년까지는, 방송국 제작비율이 아직 30%대를 유지하고 있었지만, 1989년부터는 방송국 제작비율이 20%대로 감소하게 된다. 1993년부터는 다시 방송국 자체 제작 비율이 23.1%로 증가하게 되었는데 이는 새로운 변화를 나타내고 있는 것이다. 1970년대의 제작회사 증가 이후, 계속 증가하던 외주제작은 NHK를 제외하고는 다시 감소 경향을 보이고 있다. 그것은 각 방송사들이 1980년대 후반부터 불어 닥치기 시작한 불경기와 더불어 "제작 능력의 충실"이라고 하는 경영 방침이 내부제작 비율의 증가를 가져오게 되었던 것으로 보인다.

⑥ 위에서 언급한 외주제작에는 크게 2가지로 생각할 수가 있다. 첫째는 방송산업 내부의 생산관계 차원이며, 둘째는 수신자의 이익확보의 차원이다. 프로그램 제작의 외주 화는 일본 경제의 2중 구조의 확대로서 받아들일 수 있다. 이런 면에서는 특히 방송국의 자체 제작과 사외제작이라고 하는 고용의 2중 구조가 부각되어 외주 구조는 점점 "하청제"와 동의어로 인식되게 된다. 일반적으로 하청이란, 단순한 외주관계가 아니라 경제적, 기술적으로 열등한 위치에 있는 중소기업이 특정 대기업의 계열 하에 편성되어 생산하는 상태를 일컫는다. 오늘날의 일본 텔레비전계의 사외 기업군이 종속적 하청기업인지 구미적인 전문공장으로서 자립된 집단인지에 대해서는 구체적으로 분석해볼 필요가 있다. 그러나 텔레비전 프로그램 제작에 있어서는 기획이나 제작 등은 완전히 자유경쟁시장

에 맡기는 것이 당연한 귀결이다.

4) TV프로덕션의 향후 과제

향후 바람직한 TV프로덕션의 발전을 위해서는 다음과 같은 시정노력이 필요할 것으로 본다.

(1) 거래관행의 시정노력

일본의 TV산업의 특징 중 하나가 기획이나 연출 등에 대한 예산배분이 굉장히 낮다는 점이다. 미국, 유럽의 경우는 기획·제작·연출에 대한 예산배분이 무려 60%를 차지하고 있다. 이와는 정반대로 일본의 경우는 탤런트와 촬영·편집 등의 하드 처리부분에서 이미 80%나 차지하는 경우도 있다. TV프로덕션 업계에서는 기획·연출료에 관한 예산이 적정수준으로 지급되지 않는 것에 대한 불만이 많다. 기획이나 연출에 대한 예산분배의 과소성은 창조성이 높은 우수 프로그램 개발을 저해하는 요인으로 작용하게 된다. 특히, 기획이나 연출에 있어서는 충분한 시간과 예산, 그리고 제작자의 창의력이 가장 중요시되는 부분이다. 따라서 영상 소프트 산업에 있어서 거래 관행은 물론, 기획료나 연출비 배분 등에 대한 컨센서스의 형성도 중요한 과제 중의 하나다.

(2) TV프로덕션의 체질 강화

TV프로덕션은 자주적인 기획력을 강화하여 매력 있는 소프트를 제작하는 것이 주된 업무이다. 그러나 그러기 위해서는 첫째로, 프로덕션도 하나의 기업으로서 금융적인 지원체제가 필요하다. 따라서 영상 프로덕션은 다른 기업에 비해 그다지 자산이나 담보물이 많지 않기 때문에 자금조달 방법도 미흡한 실정이다. 이러한 자금부족 현상은 결국, 운전자금의 부족으로 연결되어 사원들이 아무리 질 좋은 프로그램을 제작해 낸다 하더라도 회사는 언제라도 도산할 수 있다는 우려가 있다. 미국이나 유럽에서는 이미 이러한 우려에 대비하여 영상 프로덕션에 대한 지원책으로 융자나 보험제도가 잘 도입되어 있지만, 일본에서는 그러한 금융 시스템이 아직 도입되어 있지 않다.

둘째, 영상 프로덕션 내부의 체제를 정비하는 일이 시급하다. 예를 들면, 영상 프로덕션 내부는 제작자를 중심으로 구성되어 있기 때문에 직능 적이거나 기술자적인 발상에 얽매이기가 쉽다. 그러나 실제로 영상 프로덕션은 사업전개를 적극적으로 추진하기 위해서는 제작자뿐만 아니라, 영업을 담당하는 훌륭한 인재도 필요하다. 경우에 따라서는 사업전개에 적극적인 프로덕션의 영업담당 인재가 부족하다는 의견이다. 영상 프로덕션에 대한 인재 육성은 제작자나 기술자 육성지원에 그치지 않고 우수한 영업담당자를 채용하는 방법과 인센티브 제도의 도입 등에 대해서도 충분히 연구해 볼 필요가 있다.

3. ATP(전 일본TV프로그램 제작사협회)의 방송제작환경의 개선과 방송발전

1) ATP의 역할과 제작환경의 개선

(1) ATP의 조직[234]

일본에서 전국적으로 텔레비전제작사협회가 발족한 것은 1982년이다. 즉 "전 일본 텔레비전프로그램 제작사협회(ATP : Association of All Japan TV Program Production Companies)"가 임의 단체 형식으로 조직하게 된다. ATP의 발족은 1978년에 각본가와 제작자들이 방송프로그램 제작문제에 대한 교섭을 계기로 "제작프로덕션 연락회"를 조직한 것이 그 최초의 동기다. 그러나 이보다 8년 전인 1970년 2월 당시 TBS디렉터였던 기무라 요시히코(木村良彦), 아끼모도하루히코(秋元晴彦), 이마노 쯔도무(今野勉) 3사람이 주도하여 텔레비전 프로덕션 유니온 결성을 결성한 게 계기가 된다.[235]

1978년 당시 처음 참가 제작사는 국제방송영화사, 다이에이TV(大映텔레비전), 유니온 영화사 등의 17개 회사로, 초대 사무국장은 유니온영화사의 다케우치 겐자부로(竹内源三郎)가 맡게 되었다. 이 연락회는 저작권문제, 제작환경문제, 프로그램 판매현상조사, 제작현장에서의 재해방지 등을 연구하면서 회보도 발간하게 되었다.

1980년에는 제작회사들 간에 연락조직망을 구축하는 한편, 비디오 계 제작회사들로부터도 큰 호응을 얻게 되었다. 1981년 5월에는 8개 회사(이스트, 일본영상기록센터, PDS, 텔레파크, 텔레비전 맨 유니온 등)가 간담회를 열게 되고, 또

234)「社団法人全日本テレビ番組製作社連盟会員社名簿」, 2006年 2月 1日, https://www.atp.or.jp
235) 木村良彦「テレビプロダクションの草創」『放送研究と調査』, NHK文化研究所, 2003年(12月号), 2003年, pp.74~81.

같은 해 6월에는 금후 활동방향 등에 관해서도 활동계획을 수립하게 된다. 이 시점에서는 아직 필름 계와 비디오 계의 계열 간에는 직접적인 교류는 없었지만 7월 이후부터는 실제적인 교류가 시작되었고 12월에는 양자합동회의로 ATP 설립 준비회가 정식으로 발족하게 된다.

마침내, 1982년 3월 29일에는 21개제작사가 모여서 "사단법인 전 일본 텔레비전프로그램 제작사협회 : ATP)"가 조직되게 된다. 그 이후는 계속적으로 참가사가 증가하여 1985년에는 정회원이 34개사가 되어 86년에는 사단법인으로서 인가를 받게 된다. 2006년 2월 1일 현재는 가맹사 중 정회원이 74개사, 준회원이 16개사, 찬조회원사가 39개사로 총 129개사로 구성되어 있다.[236][237]

설립목적으로는 "텔레비전 프로그램의 공공성과 사회적 기능의 다양화에 비추어 방송프로그램의 질적 향상을 꾀하여 일본의 방송문화발전과 국민의 문화적인 생활향상에 기여하고자 한다"라고 정관에 기록하고 있다.

ATP의 주된 활동사업은 ① ATP심포지움, ② ATP상, ③ ATP세미나, ④ 사적녹화 배분업무, ⑤ 또 가맹사의 최대 관심사인 저작권이나 제작비, ⑥ 세무에 관한 문제, ⑦ 그리고 외부적으로는 재경 5개사 키-국 저작권 담당부장과 정기적인 간담회 등이다. 뿐만 아니라, 관련 단체인 CATV 프로그램공급자협의회, 비디오 저작권보급 및 감시기구 등에도 발기인으로 참가하게 하는 등 디지털방송시대에 있어서 저작권 보호방안 등에 대해서 적극적으로 활동하고 있다. 즉, 동 연맹에 있어서 제1활동에 해당하는 것은 제작환경의 개선과 인재육성, 그리고 제작비나 저작권에 관한 문제이다. 이는 전 가맹사에 조직되어 있는 "경영·조직 센터", "사업·프로젝트 센터", "저작권위원회"등을 중심으로 활동을 전개해 나가고 있다. 그 결과로서 1984년에는 "제작비 핸드북", 89년에는 "ATP 저작권 핸드북"을 발행했다. 또, 2002년에는 재경 키-국 프로그램 기획담당자인 멀티미디어국장 등을 방문했고, 2003년에는 "액션활동 프로그램" 등에서 방송프로그램 위탁제작에 관한 "사용료절충안제시" 등으로 제작사의 저작권을 강화하기도 했다. 그 밖에 동 연맹의 각종 위원회가 분담하는 분야도 각 권리자 단체나 방송국의 담당자 이 외에도, 판매, 음악, 뉴 미디어, 드라마, 다큐멘터리, 상품화, 직원 대책 등 다양한 분야에 걸쳐서 권익보호에 중점을 두고 있다.

(2) ATP의 중점사업 내용과 그 활동

236) 「社團法人全日本テレビ番組制作社連盟會員社名簿」, 2004년 4月 1日付け.
237) 「社団法人全日本テレビ番組製作社連盟会員社名簿」, 2006年 2月 1日 現在.

ATP의 중점 사업활동은 우선 ① 제작사업자를 둘러싼 환경개선, ② 텔레비전 프로그램을 소프트를 포함한 컨텐츠 창조, 보호 및 활용에 관한 추진계획 수립, ③ 행정부 및 관계성청과 함께 여러 가지의 협의회·연구회 등을 만들어 조사 내지는 검토활동 등을 활발히 전개했다. 이러한 활동은 대체로 <컨텐츠의 유통촉진>에 있었지만 근본적으로는 소프트를 창조하는 제작환경의 개선 및 정비에 중점을 두고 있다.238)

한편, 사업위원회를 중심으로 총무성과 문화청, 공정거래위원회 등 관계주무부처와 연계하여 제작환경을 개선하기 위한 토론회나 간담회 등을 통해 그들의 주장을 계속 확대해 나가고 있다. 그 밖에도 "텔레비전 ATP상(賞)", "ATP 심포지엄"(2002년은 한국방송협회와도 공동으로 개최) 등으로 그들의 권익을 위한 활동 영역을 점차 확대하고 있다. 1982년 ATP가 설립된 이래, 시청자들에게 다양한 서비스로 응답하는가 하면, 이제는 방송국 측에서도 제작현장에 없어서는 안 될 존재가 되었다.

2) ATP의 방송프로그램제작과 저작권보호

2002년부터 일본에는 저작권법이 개정되어 방송프로그램에도 부분적인 저작권을 인정하지 않으면 안 된다. 즉 종전에는 저작권의 권리가 일괄해서 위임하던 것이 이제는 하나의 작품에서도 각각 장르별로 자기의 권리를 주장할 수 있게 되었다. 즉, 방송프로그램의 경우 연기부분은 연기자분과위원회가, 음악부분은 음반저작협회, 원작은 작가협회, 번안협회, 탤런트협회 등등 각 분과협회나 위원회에서도 각자 자기의 지분을 주장할 수 있게 되었다. 따라서 종래에는 제작자가 손쉽게 저작권을 일괄해서 취급하였지만, 이제는 새로운 저작권법이 통과됨에 따라 각자의 지분이 다르기 때문에 방송프로그램의 경우는 저작권관리가 그만큼 복잡하고 어렵게 되었다.

(1) ATP의 저작권보호

ATP는 현재 저작권보호 문제 등으로 각 방송사들과는 의견을 달리하는 부분이 많아서 계속 협의해 나가고 있다. ATP 전무이사 이마카와 히로유키(今川裕之)에 의하면, 방송환경의 급변화와 디지털 기술이 급속도로 보급됨에 따라 저작권이 상당히 침해당하고 있다는 주장이다. 즉, 디지털 기술이나 인터넷의 보

238) 「社團法人全日本テレビ番組制作社連盟平成15年事業報告書」, 2003년, P.1.

급 등으로 프로그램을 간단하게 복사할 수 있을 뿐만 아니라, 송수신도 간편해졌기 때문이다. 또, CS, BS 등 디지털 위성방송이 실시됨에 따라서 방송 채널은 급속하게 늘어난 반면, 이에 사용되는 컨텐츠는 한정되어 있어서 재방송이나 재편집 등으로 저작권이 상당히 침해당하고 있다는 것이다. 특히, ATP로서는 제작된 작품이 지상파에서도 한번 방영되고 필요에 따라서는 재방 정도는 인정할 수 있지마는, 인터넷이나 CATV 위성방송 등 매체가 다르면 방영권을 인정하지 않는다는 것이 기본방침이다.

따라서 세 번 이상 방영된다면 계약위반으로 재 방송료를 다시 요구하겠다는 입장이다.

① 현재 NHK를 비롯하여 각 민방들도 ATP의 이런 입장 때문에 어려움을 겪고 있다. NHK의 경우는 종래에 첫 방송 후 1주일 이내에는 몇 번이고 재방송해도 1회로 카운트 했을 뿐만 아니라, 위성이나 하이비전, 교육방송 등 NHK 내에서는 채널에 관계없이 무제한 무기한으로 몇 번이라도 자유롭게 재방송하게 되었다. 그러나 ATP는 이러한 NHK의 재방송에 계속 반발하면서 방송권을 최소한으로 제한하려 하고 있다.

② 민방의 경우는 계약상 본 방송 후 재방송하려면 재계약이 필요하다. 즉, 본 방송 후 재방송은 1회로 총 2회에 한하여 방송할 수 있다. 그것도 계약상으로는 2~3년 이내로 제한하고 있다. 이 기간이 지나면 자동적으로 재방송권이 소멸된 것으로 본다고 주장하고 있다. 따라서 일본에는 지금까지 방송국이 저작권에 대해서는 우위적인 입장에서 마음대로 재방하면서 힘으로 휘두르던 것이 이제는 저작권법에 의해서 상당히 제한받고 있는 형편이다.

(2) ATP의 저작권주장과 재계약에 대한 견해[239]

① 저작권

종래 NHK는 제작사와 계약시 <제작회사가 보유한 저작권은 계약에 의해서 NHK에 양도하고 NHK에 귀속한다>고 규정하고 있다. 이에 대해 ATP는 <우선 공동저작물로 인정한 이후에 계약에 의해서 NHK를 공동저작권의 대표행사자로 한다.>로 주장하고 있다.

---

239) 「社團法人全日本テレビ番組制作社連盟平成15年事業報告書」, 2003년, P.10.

② 재 위탁계약

ATP는 2003년 4월 7일 NHK와 재 위탁 프로그램제작계약에 대한 견해에서 새로운 조건을 주장하고 있다. 예를 들면, NHK의 경우는 종래 외주제작 프로그램에 대해서는 <5년간 10회 방송>을 기본조건으로 계약하고 있으나, 이를 <3년 5회로>제한하겠다는 주장을 제시하고 있다. 또 2차 사용료의 경우도 현행 <30%~50%>에서 일률적으로 <50%>로 적용할 것을 주장하고 있다.

제10장
일본의 각 방송사별 계열 프로덕션

1. NHK와 계열 프로덕션

1) NHK 엔터프라이즈

2003년은 일본 텔레비전 방송시작 50주년의 해다. NHK는 방송시작 50년 만에 12월에는 지상파 디지털방송을 실시하게 되었다. NHK는 TV방송프로그램 중에서 15%정도는 외주로 제작하고 나머지는 자체제작하고 있다. 여기에서 자체제작이란 NHK 자체 계열사에서 제작한 프로그램도 함께 포함하고 있다. NHK의 경우는 공영방송이기 때문에 직접적으로 외부 프로덕션에는 외주를 발주하지 않는다. 따라서 불가피하게 NHK가 외주를 발주해야 할 경우에도, 계열사(프로덕션)를 통해서 간접적으로 발주하게 된다. 특별한 경우를 제외하고는 거의가 계열자회사에 자체발주하게 된다.

NHK "엔터프라이즈(Enterprise)"는 NHK의 자회사로 NHK의 34개 계열사 중 가장 규모가 크며, NHK에서 방송하고 있는 프로그램 중 85%가 여기에서 제작되고 있다.[240] 예를 들면, 대하드라마나 특집기획, 오락(Entertainments), 일반 드

---

240) NHK에는 방송프로그램을 기획하고 제작하는 계열회사는 이외에도 'NHK 정보네트워크', 'NHK 에듀케이션', 'NHK 소프트', 'NHK 정보네트워크' 등 12개 회사나 된다.

라마, 애니메이션, 심포지엄, 비디오제작, DVD 및 CD-ROM, 인터넷 컨텐츠, 위성방송, 하이비전 등 폭넓은 분야에 걸쳐서 프로그램을 제작하고 있다. 'NHK 엔터프라이즈'는 일본의 프로덕션 가운데도 가장 큰 규모다.

매년 여러 분야에 걸쳐서 많은 수상(受賞)을 하여 방송제작의 전문성을 높이 평가받고 있다. 뿐만 아니라, 수많은 이벤트의 기획이나 제작, 심포지엄 등 폭넓은 활동으로 국제적으로도 잘 알려져 있다. 그 외 캐릭터의 상품화, 비디오 소프트 제작, CD-ROM 등 멀티소프트제작, DVD제작, 테마파크나 문화시설의 기획 제작, 저작권관리, 해외취재 코디네이션 등 다각적인 영업기획을 하고 있다.

〈NHK 프로그램의 수주제작〉

NHK는 기본적으로 자사 직원이 제작하는 것을 원칙으로 한다. 왜냐하면 프로그램을 자체 제작하지 않고 점점 위탁에만 의지한다면 자체 제작력이 점점 떨어지게 된다는 것이다. 부득이하게 외부에 위탁할 경우에도 방송설계나 포맷은 NHK 내부에서 기획하도록 한다. 또 NHK의 경우는 처음부터 위탁하여 방송 프로그램을 기획하는 것이 아니라, 최소한 방송시작 6개월이 지난 이후에나 외주를 의뢰한다. 이것은 방송프로그램이 어느 정도 정착된 이후에 외주를 의뢰한다는 의미이다. NHK는 또 일본 방송의 컨트롤 타워로서 역할을 다하기 위해 자체제작을 고수하고 있다. 대표적인 외주제작 간판 프로그램은 위성방송(BS-2)이나 지상파의 "스페셜 다큐멘터리", "금요 드라마", "연속 드라마", "특집 프로그램" 등이다. 외부위탁 프로그램의 경우도 반드시 NHK 계열사에 위탁하는 것이 기본 원칙이다.

(1) 회사설립과 자본금

이 회사는 2005년 4월 1일에 종전의 "NHK 엔터프라이즈 21"과 "NHK 소프트웨어"가 합병하여 자본금 125억 엔으로 새 출발한 회사다. 사원은 2005년 4월 말 현재 361명이 근무하고 있다. 특히 361명 사원 가운데 120여명은 NHK의 현직의 출고사원(파견사원)으로 NHK에 재직하면서 프로그램 제작을 위하여 파견 나온 사원들이다. 이들은 방송 제작이 끝나면 다시 NHK 본사로 돌아간다. 그 밖에 90여명은 NHK의 전직 사원(퇴직 간부나 우수한 제작진)으로 구성되어 있다.[241]

---

241)「平成16年度決算概要, ＮＨＫエンタープライズ・21ＮＨＫソフトウエア」, 2006.2.10付け. www.nhk-ep.co.jp/

(2) 자본금 출자회사

NHK 종합TV, NHK 에듀케이션, NHK 엔터프라이즈 아메리카(NHK 자회사), NHK 엔터프라이즈 유럽(NHK 자회사), 재팬 네트워크 그룹, 재팬 서치라이트 TV 11개 회사.

(3) 사업 내용

① NHK 방송프로그램 제작(다큐멘터리, 드라마, 문화, 엔터테인먼트, 애니메이션, 일본어판제작)
② NHK 방송프로그램 등의 기획·제작, 판매(이벤트, 테마파크와 극장, 심포지엄과 포럼, 비디오사업, 권리사업)
③ NHK 각종 주최물의 기획 실시　　④ NHK 저작물의 관리·판매
⑤ NHK 각종 영상물 제작　　　　　⑥ NHK 하이비전 소프트 기획 제작
⑦ NHK 하이비전 소프트 연락회　　⑧ NHK 국제영상방송, TV재팬 실시
⑨ NHK 방송프로그램 해외로케 코디네이션 등

(4) 방송프로그램 제작

NHK의 프로그램 노하우를 살려서 "엔터프라이즈" 독자의 발상으로 질 높은 프로그램을 제작한다. 다큐멘터리, 드라마, 엔터테인먼트, 애니메이션, 해외 구입 프로그램의 일본어판 제작, CS, BS, CATV, 또 하이비전 프로그램에서 FM라디오 프로그램에 이르기까지 그 제작 장르는 다양한 편이다. 연간 7700편이 넘을 정도로 많은 작품을 제작하고 있다. 이러한 질 높은 프로그램은 이탈리아 상, 국제에미상을 수상하는 등 국내외에서 높이 평가받고 있다. 인터넷과 프로그램의 융합 등 항상 시대에 앞서서 다채롭게 사업을 전개하고 있다.

① 다큐멘터리

사회나 자연환경, 과학, 문화, 역사 등 폭 넓은 테마로 항상 시대를 조명하는 본격적인 다큐멘터리를 제작하고 있다. NHK스페셜프로그램은 세계를 무대로 제작하고 있다.

② 드라마

오락작품에서 사극에 이르기까지 다양한 장르의 프로그램을 기획, 연출, 제작한다. 특히 금요일 사극은 시청자를 사로잡고 있다.

③ 문화

마음과 생활을 풍부하게 하는 프로그램이나 지적호기심을 자극하는 최신의 정보로 프로그램을 제작·기획하며, 시청자들의 욕구에 부응하기 위해서 질 높은 표현을 추구하고 있다. 아침의 하트 모닝 프로그램은 시청자들에게 새로운 최신 정보나 각종 교양교육을 주된 내용으로 하고 있다.

④ 엔터테인먼트

클래식이나 가요 곡, 팝, 재즈, 락, 뮤지컬 등 본격적인 음악 프로그램에서 가족이 즐길 수 있는 예능 프로그램에 이르기까지 프로그램을 다채롭게 제작하고 있다. 즉, "다 같이 노래를" "코미디 에도" "시네마 파라다이스" 등을 제작하고 있다.

⑤ 애니메이션

유아에서부터 성인에 이르기까지 안심하고 즐길 수 있는 프로그램을 독자적으로 기획, 개발, 제작하고 있다. 꿈이 넘치는 오리지널 애니메이션을 중심으로 많은 작품들이 내외에서부터 뜨거운 시선을 받고 있을 정도다.

⑥ 일본어판 제작

해외에서 평판이 높은 드라마나 영화, 다큐멘터리 등을 일본어로 더빙하여 NHK 방송국에 제공하고 있다. 해외 명작을 적극적으로 소개하여 문화교류에 공헌하고 있다. 또 "NHK의 인간강좌"등 해설방송도 담당하고 있다. "ER 긴급 구명실" 등은 위기관리에 대비한 훌륭한 교양프로그램이다.

(5) 기획사업

고도의 취재력과 풍부한 영상소재를 토대로 최첨단 영상기술을 구사하여 비디오를 제작하며, 브라운관의 틀을 넘어서 다양한 기획사업도 전개하고 있다. 그 밖에도 실제 첨단 영상을 활용해서 꿈이 넘치는 테마파크나 각종 극장 등의 건설로 기획·구상단계에서 새로운 문화의 거점을 창출해 내고 있다. 또, 국제회의나 국제박람회 등 사람들의 지적교류·체험을 요하는 집회의 기획에서부터 운영에 이르기까지 전 과정을 기획하고 있다. 게다가 정치, 경제, 과학, 환경, 정보통신, 에너지 등 시대적 요구를 정확하게 포착하여 심포지엄을 기획하고 운영하는 사업을 한다. 즉, "문화 유전자"가 사회에 뿌리를 내리게 하기 위해서 활동하고 있다.

① 이벤트

어린이에서부터 어른에 이르기까지 폭 넓게 즐길 수 있는 시의 적절한 이벤트 기획에서부터 운영에 이르기까지 종합적인 제작 사업을 전개한다. 언제나 사람들의 가슴에 감동이 남아있게 하는 이벤트를 제작하는데 주력하고 있다.(아이디어 대결·로봇 콘테스트, 국민문화제, 박람회 등)

② 테마파크와 극장

테마파크나 박람회나 미술관·박물관수족관 등의 구상·설계·소프트제작과 폭 넓은 전개. 방송 이 외의 분야에서 NHK 영상자산이나 기획의 노하우를 사회에 환원하고 있다.

③ 심포지엄과 포럼

시대적 요구에 정확하게 부응하기 위한 테마를, 철저하게 영상 소재로 활용하여 알기 쉽게 소개한다. 또한, 일류 패널리스트를 게스트로 초대하여 다양하게 연출하고 있다.(국제심포지엄이나 하천 유역에 있어서 수자원 문제, 지구온난화와 일본의 대응)

④ 비디오제작

NHK 프로그램 제작에서 배양된 구성력과 최첨단 영상기술을 구사하여 폭 넓은 분야에서 비디오를 제작한다. 풍부한 영상소재를 이용하여 질 높고 재미있는 프로그램제작을 추구하고 있다.("진화하는 수도고속도로의 두뇌", "방재, 환경 그리고 에너지 새로운 지역 만들기", "풍부한 음악문화를 향하여" 등)

⑤ 권리 사업

NHK 프로그램에서 사용된 테마 음악, 타이틀 로고, 캐릭터 등을 활용해서 상품을 개발하고 있다. 저작권의 관리와 함께 소프트의 다양한 활용도 전개하고 있다.(출판물 NHK대하드라마, NHK 연속TV소설, NHK하이비전 스페셜 등)

(6) 멀티미디어 컨텐츠

디지털 기술의 급속한 발전으로 각종 미디어는 눈부시게 발전하고 있다. 몇년 전만 해도 꿈에 불과하던 기술이 점점 현실화하고 있는 가운데, 각종 컨텐츠의 기획·제작자에게는 수용자의 요망에 부응하기 위한 노력이 더욱더 절실히 요구되고 있다. 그리하여 멀티미디어의 노하우를 살려서 폭넓은 사업으로 항상 참신한 영상 소프트, 컨텐츠를 기획·제작하고 있다. 금후는 NHK 종합 디지털방송(ISDB)를 염두에 두면서 패키지 미디어에서부터 네트워크 서비스까지 차세대에 적합한 멀티미디어 컨텐츠를 창조하고 있다. 인간의 마음에 "꿈의 유전자"를 전달하고자 하는 것이 그들의 목적이다.

① DVD와 CD-ROM의 제작

고화질, 고 음질 이라고 하는 선진 미디어 DVD의 특성을 살린 질 높은 컨텐츠의 개발한다. 그리고 DVD비디오의 기획·제작 및 CD-ROM소프트의 개발·제작 등에도 주력하고 있다.(DVD NHK애니메이션, "대 자연의 경이" "우주 디지털도감" 등)

② 인터넷과 컨텐츠

새로운 미디어로서 사람들의 생활에 정착하고 있는 인터넷, 그 네트워크의 힘과 고도의 영상기술의 융합한 차세대 컨텐츠 개발에 주력하고 있다.(선진적 교육용 네트워크 모델 지역사업, 동화상에 데이터를 링크시킨 세포와 생식의 복합교제)

③ 프로그램 비디오

NHK에서 방송되는 여러 장르의 프로그램을 시판비디오로 제작하고 있다. 권리 처리에서부터 상품의 제조에 이르기까지 비디오패키지에 관한 모든 업무를 취급하고 있다.(NHK 스페셜, 영상의 세기, 생명, 우주 미지에의 기행 등)

④ CG

영상미디어에서 없어서는 안 될 존재가 컴퓨터 게임이다. 프로그램의 타이틀 영상에서부터 게임 소프트, 영화, 입체 하이비전전시영상까지 폭넓고 질 높은 작품을 제공하고 있다.(대하드라마 "수길", "길종" 등)

⑤ 영화

프로그램제작이나 멀티미디어 소프트 개발 등으로 쌓아온 노하우를 구사하여 다양한 형태로 영화제작에 참여한다. 다수의 명작과 화제작을 계속해서 제작해 내고 있다.(서유기, 붉은 유리와 유령선 등)

(7) 디지털·하이비전 소프트제작

선명한 화상, 박력 있는 소리, 디지털·하이비전은 새로운 영상미디어의 주역으로서 주목받고 있다. 엔터프라이즈는 디지털·하이비전 프로그램, 비디오 소프트, 전시영상, 컴퓨터 그래픽, 애니메이션 등 다종다양한 컨텐츠의 제작·개발·소프트 대여 등을 실시하고 있다. 금후는 대화면·고화질·고음질이라고 하는 미디어의 특성을 최대한 살린 오리지널의 프로그램 개발과 함께 디지털·하이비전이 가지고 있는 다채로운 가능성을 추구하고 있다.(대자연 스페셜, 하이비전 시네마, 일본의 마쯔리 등)

(8) 5개 해외거점 지역을 활용한 글로벌 네트워크

일본에서부터 세계로, 세계에서 일본으로, 영상미디어의 무대는 지구 규모로 확대되고 있다. "엔터프라이즈"는 5개의 해외 현지법인을 통해서 해외에서의 프로그램 제작, 세계 각국과의 국제공동제작 등 다양한 국제사업을 전개하고 있다. 또, 해외에 살고 있는 일본인에 대한 정보제공이나 세계의 사람들에 대한 일본의 이해를 촉진하기 위해 뉴스·정보의 세계로 발신 등도 적극적으로 추진하고 있다. 런던의 JSTV(Japan Satellite TV)와 뉴욕의 JNG(Japan Network Group)는 유럽과 미국에서 일본에서부터 매일 발송되는 뉴스나 프로그램을 위성으로 방송하고 있다.

2) NHK 애드케셔널

NHK 애드케셔널은 NHK가 제정 공표한 <프로그램제작 위탁거래에 관한 자주기준>에 의해서 제작 프로덕션과 위탁거래를 한다.

〈프로그램제작 위탁거래에 관한 자주기준〉

2003년도

일본방송협회(NHK)는 NHK 관련단체(제작자회사)를 통해서 NHK 프로그램을 외주제작사업자(제작 프로덕션)에게 위탁함에 있어서 ① 공정성, ② 투명성을 확보하고 보다 좋은 프로그램을 창작하기 위해, NHK 및 NHK 관련단체(제작 자회사)가 지켜야 할 사항을 다음과 같이 정한다.

(1) 기본적인 거래방침

① 제작프로덕션에 제작 위탁함에 앞서서 제작프로덕션은 방송문화의 창조와 발전의 파트너로서 인정하고, NHK가 규정한 <방송프로그램의 기준>에 맞게 프로그램을 제작하기 위하여 적절한 협력관계 구축에 노력한다.

② NHK 프로그램의 공영성 및 수신료를 재원으로 하는 공공방송의 사명에 관해서 프로덕션이 충분하게 이해할 수 있도록 노력한다.

③ 프로그램제작을 위탁에 있어서는 독점금지법이나 관계법령을 준수하고 거래 내용이나 조건, 수속 등에 대해서는 성실하고도 충분하게 협의하도록 한다. 필요에 따라서는 문서를 확인하는 등 거래의 공정성과 투명성을 확보한다.

(2) 프로그램 제작위탁에 관한 NHK의 기본방침

① <NHK의 방송프로그램기준>의 따라서 NHK의 내용관리 하에 제작하며, NHK관련(제작자회사)에 프로듀서 업무를 위탁하고, 그 제작책임 하에 제작프로덕션에 제작을 위탁한다.

② NHK에 의한 내용관리 하에서 제작을 보장하고, 제작프로그램에 관한 경비는 NHK가 부담한다.

③ 제작실태에 의해서 프로그램 저작권을 프로덕션과 공유 할 경우에는 NHK 방송 등에서 사용하고, 공공방송으로서의 적정한 관리가 필요할 때에는 제작프로덕션에 이해를 구하고 또 필요한 조건을 설정해 둔다.

(3) 거래 계약에 관해서

〈계약의 체결〉

① 제작프로덕션에 제작 위탁함에 있어서 전항의 <프로그램 제작 위탁에 관한 NHK의 기본방침>을 사전에 충분히 설명하고 이해를 구하려고 노력한다.

② 제작프로덕션과의 위탁계약 체결시에 있어서는 위탁내용, 위탁대금 지불, 권리취급, 납품 등에 관한 조건 등을 쌍방이 충분히 협의하고 합의한 내용을 명시한 계약서를 작성한다. 계약서 작성에 있어서는 필요 조항을 망라한 <계약서 초안>을 준비하고 계약체결 시 협의를 확실하고 원만하게 진행한다. 계약조건 확정에 시간이 필요한 경우에는 쌍방이 합의 한 후 여유 있게 조건을 명확히 해 둔다.

③ 위와 같이 조기에 제작위탁발주를 문서로 행한다.

④ 계약 내용이나 이행에 관해서 상정외의 사정이나 의의가 발생할 때에는 쌍방의 성의로 해결하고 오해가 없도록 하기 위해서 문서로 보다 명확히 해 둔다.

⑤ 계약서에서 결정된 사항은 다음과 같다.

(ㄱ) <위탁 목적> 제작한 프로그램의의 사용범위를 명확히 한다.

(ㄴ) <위탁 내용> 제작 프로그램, 제작 작업에의 쌍방의 역할이나 관계, 책임 등을 명확히 한다.

(ㄷ) <위탁 금액> 위탁의 목적과 범위 등, 프로그램 사용을 전제로 프로그램 내용에 따라 위탁대금을 결정한다.

(ㄹ) <위탁대금의 지불> 위탁대금의 지불시기, 지불방법 등의 조건을 적정하게 정하고 명확히 이행한다.

(ㅁ) <저작권 등의 취급> 제작위탁 취급에 있어서 NHK의 기본방침을 이해한 후에 프로그램 저작권 등 권리귀속이나 위탁목적의 범위를 넘어선 2차적인 쌍방관계, 또한 그런 것들에 대한 적정한 조건 등을 결정한다.

(ㅂ) <납품 및 검수> 완성물의 사양, 납기, 검사 등에 관해서는 명확히 하고, 필요에 따라서는 활용 방법 등을 정한다.

(ㅅ) <기 타> 사고나 분쟁 시의 취급 등 필요한 사항을 정한다.

〈준수하는 사항〉

(1) 정당한 이유 없이 위탁한 프로그램의 수용을 거부해서는 안 된다.

(2) 검사에 합격해서 납품이 완료된 후에 일방적으로 부당하게 수정을 요청해서는 안 된다.

(3) 정당한 이유 없이 위탁대금을 삭감해서는 안 된다.

(4) 제작 위탁에 있어서 직접 관계가 없는 다른 일이나 업무의 제공을 강요해서는 안 된다.

3) NHK Enterprise America(New York 본사, Los Angeles 지사)

1994년에 설립된 회사로 직원은 모두 16명으로 구성되어 있다. 주된 사업은 화이트 하우스의 콘서트, 국제공동제작, 그랜드캐넌 체감 생중계, 지구의 자각 하이미션, PGA골프, MLB 등의 정규 방송프로그램 제작, BS 일요 스페셜 등 특집, 지구 호기심, 대형 기획제작, BS 토론, 퀴즈 일본인의 질문, 클로즈업 현지, 지구백서 등.

* 미국에서 취재. 프로그램제작에 편리 안심.

4) NHK Enterprise Europ(Westminster London, 본사)

1994년에 설립된 회사로 직원은 모두 16명으로 구성되어 있다. 주된 사업은 엔터프라이즈

아메리카와 비슷하다. 유럽인의 생활, 세계의 여행, BS 스페셜 등이 있다.

5) NEP21 북경주재

6) NHK 소프트웨어 등

2. 니혼TV(NTV)와 계열 프로덕션[242]

니혼TV는 요미우리신문의 계열사로 1953년에 개국한 일본의 3대 민방 중에 하나다. 특히 니혼TV는 계열 프로야구팀인 요미우리 자이언트(巨人)에 의해서 상당하게 시청률을 올리고 있다. 그러나 2003년은 담당PD에 의해서 행해진 시청률 조작사건으로 곤욕을 치르기도 했다. 한국에는 SBS와도 제휴관계에 있다.

니혼TV 관련 프로덕션은 20개의 회사가 있다. 이중에서 니혼TV 프로그램의 대부분은 NTV 영상센터에서 제작되고 있다. NTV 관련회사 중에서 위성방송으로는 ①BS닛폰, ②니혼 데이터방송(디지털방송), ③CS닛폰, ④플렛트 원 등이 있다.

또 관련 자회사로는
①NTV 영상센터(드라마나 스포츠, 정보, 버라이어티 프로그램, 제작과 편집 등 NTV에서 가장 큰 종합 영상프로덕션이다)
②니혼TV 비디오 ③니혼TV 엔터프라이즈
④니혼TV 아트 ⑤NTV 음악
⑥주식회사 파크 ⑦니혼TV 서비스
⑧니혼TV 워크 24

그 외 자회사 ①NTV 풋볼 클럽, ②포 캐스트 커뮤니케이션즈, ③니혼TV 아메리카, ④니혼TV 인터네셔널, ⑤NTV 유럽, ⑥NTV 인재센터, ⑦NTV 유럽,

---

242) 最近에는 디지털방송HD 등 새로운 흐름과 함께 프로그램 제작에 대한 가능성이 점점 확대되고 있다. NTV의 역사와 함께 본 센터도 TV프로그램제작에 크게 공헌하고 있다. 드라마에서 버라이어티까지 거의 모든 프로그램을 여기에서 제작하고 있다. www.ntvec.co.jp

⑧ 헐리우드 도쿄 등이다.

이 밖에도 협력관련사는 Nippon Television Network Europ BV(네델란드) 등이 있다. 이 회사들도 대체로 니혼TV의 프로그램을 제작하거나 아니면 다른 방송국들의 프로그램도 제작하고 있다.

니혼TV의 경우는 25%정도가 자체 제작이며, 75%는 외부에서 제작하고 있다. 자체제작 25%의 경우도 전적으로 외부 프로덕션 도움 없이 제작되는 것은 아니다. 니혼 텔레비전의 경우 100%의 자체 제작은 거의 불가능하다고 제작관계자는 말하고 있다. 다만, 영화나 애니메이션, 가요 서스펜스의 경우는 100% 수입으로 외주제작에 의존하고 있다. NTV는 뉴스의 경우도 단순한 보도가 아니라, 기획해서 제작하기 때문에 기획·편성권·편집권 등으로 나누어서 외주를 주는 경우가 많다고 한다. NTV의 관계자에 의하면 외주제작문제는 방송프로그램의 질과도 직결되는 문제로, 발주금액에 따라서 프로그램의 질이 달라지기 때문에 외주제작에는 상당한 어려움이 있다고 토로 했다.

3. 후지TV와 계열 프로덕션

후지TV는 산케이신문(産経新聞)의 계열 방송사로 전통적으로 <드라마>가 강한 일본에서는 우익적인 방송국으로 알려져 있다. 특히, 대만이나 사회주의국가, 공산주의 국가 등에 대해서는 어느 민방보다도 취재력이 강하다고 하겠다. 한국의 경우는 MBC와 제휴관계에 있다. 후지TV 계열 프로그램제작사는 다음과 같다.

① FIP-FujiTV(UK)
② FI랜드
③ 교토 텔레비전
　교토 텔레비전은 뉴스야 와이드 쇼 등 방송프로그램을 기획·제작 판매하고 있는 회사다. 또 각종 영상이나 영화, 비디오제작 및 광고물 등도 기획·제작 판매하고 있다. 그 밖에도 이벤트의 기획 실시, 개발사업, 그리고 VTR의 수록과 촬영, 녹음, 조명, 스틸사진 등 취재기술 관계 업무, 스튜디오나 중계차의 제작 기술관련 업무, VTR의 편집, 특수영상효과 및 복사, 더빙 등 포스트 방송프로그램 관련 제반업무를 담당하고 있다. 후지TV의 대부분의 프로그램은 교토 텔레비전에서 제작되고 있다.
④ 산케이신문　　　　　　　　　　　　⑤ CCTV

⑥ 제이 스카이 스포츠　　　　　⑦ SKY perfect TV
⑧ 스타지오 아루타　　　　　　　⑨ 일본영화위성방송
⑩ 닛폰 방송　　　　　　　　　　⑪ 후지 크리에이티브
⑫ 후지 산케이 그룹

4. TBS와 계열 프로덕션

　　TBS 방송국은 개성 있는 뉴스보도로 일본의 시청자들을 압도하고 있다. 특히 저녁 매인 뉴스인 11시 <쯔쿠시 테츠야 NEWS 23>은 일본에서 시청률이 가장 높은 저녁 뉴스 중에 하나다. 또 지상파뿐만 아니라 위성방송도 <BSi>라고 하는 디지털 위성방송국이 잘 운영되고 있어서 타 계열 민방 위성방송사보다는 훨씬 앞서가고 있다는 평이다. 지난 2003년 6월6일 노무현 대통령이 일본 방문시에도 유일하게 TBS가 노 대통령을 출연시켜 쯔쿠시 테츠야와 대담하기도 했다.

　　계열 프로덕션은
① TBS 엔터테인먼트　　　　　　② TBS 서비스
③ TBS 라이브　　　　　　　　　④ TBS 스포츠
⑤ TBS 라디오 & 커뮤니케이션즈　⑥ TBS 비전
⑦ 액스(TOKOY BROADCASTING SYSTEM INTERNATIONAL, INC)
⑧ 도호우 제작　　　　　　　　　⑨ 파크
⑩ 아카사카 비디오센터　　　　　⑪ 트리맥스 TV
⑫ 아카사카 그래픽 스토어　　　　⑬ 사운드 도어
⑭ 에프 앤드 에프　　　　　　　　⑮ 텔레컴 사운드
⑯ 프로컴

　　TBS의 경우도 NHK나 NTV의 경우와 마찬가지로 TBS의 프로그램을 제작하거나 아니면 타 회사의 작품도 제작하고 있다. 특히, TBS엔터테인먼트에서는 TBS의 골든타임 프로그램의 60% 이상을 제작하고 있다. 앞에서도 약간 언급했지만, TBS의 뉴스프로그램은 주말에도 시청자들에게 인기가 있다. 예리하고 독설적이며 독특한 언어를 구사하는 등 시사문제를 해부하고 있다.

　　TBS의 외주제작 프로그램의 경우는 ① 인력파견, ② 공동제작 2가지 형태가 있는데 어느 것이라도 모두 편성부에서 발주한다고 했다. 발주는 계약에 의해서 제작하게 되는데 외주 제작의 저작권은 모두 TBS에 귀속된다고 했다.

일본의 드라마는 대체로 1편이 3~4개월(주 1~2회) 정도 방송되는데, 그 동안 프로그램을 방영하고 있는 PD는 PD라고 부르지만 방송이 끝난 PD는 PD라고 부르지 않고 디렉터라고 부른다. 원칙적으로 우리와는 PD의 개념이 좀 다른 편이다. 또, 일본의 PD는 하나의 프로그램이 시작되면 대체로 3년 가까이는 계속해서 제작을 담당하게 되기 때문에 담당 PD는 그 프로그램을 가지고 외부 프로덕션으로 일시 방출되기도 한다. 그러다가 프로그램 제작이 끝나면 다시 원래의 제자리로 돌아오게 된다.

이상과 같이 일본의 공영방송인 NHK와 민영방송의 키 스테이션인 NTV, TBS의 계열 프로덕션을 살펴봤지만, 대체로 자기회사의 프로그램은 자기계열 프로덕션에서 제작하고 있는 실정이다.

5. TV아사히(朝日)와 계열 프로덕션

TV아사히는 1957년에 설립된 『아사히신문(朝日新聞)』의 계열사로 일본의 3대 민방 가운데 하나이다. 특히 뉴스나 보도관계 프로그램은 시청률이 매우 높은 편이다. 최근에는 일본의 집권당인 자민당에 대해서도 저돌적인 비판기사로 잦은 마찰을 빚기도 하고 있다.

TV아사히 관련 프로그램제작회사

① TV아사히 영상주식회사[243]
   TV아사히 계열사의 방송프로그램은 대개 여기에서 제작되고 있다. 이 회사는 사회문제나 경제문제, 문화, 예술, 교육, 과학, 스포츠 등에 권위 있는 작가 그룹이 골고루 포진해 있어서 이 분야에 대한 스태프진의 영향력은 매우 높은 편이다. 뿐만 아니라, 모든 분야에 대응할 수 있는 기자재나 설비도 완비되어 있다. 또 관공서나 지방자치단체, 각종단체나 기업, 개인 등에 이르기까지 다양한 형태로 취재 네트워크를 구축하고 있다.

② 주식회사 비디오파크 닛폰　　③ 주식회사 방송기술사
④ 주식회사 테이크시스템　　⑤ 주식회사 트러스트네트워크
⑥ 주식회사 TV아사히크리에이트　　⑦ TV Asahi Amercia, Inc.

---

243) 당사는 TV아사히 프로그램 제작을 전문으로 하는 계열 프로덕션으로 정규방송 프로그램뿐만 아니라, 시리즈 기획물 그리고 단발 프로그램 및 그 밖에 타 회사 프로그램도 제작한다. www.tv-asahipro.co.jp

⑧ 주식회사 문화공방(工房)   ⑨ 주식회사 플렉스

⑩ 주식회사 일본케이블텔레비전(JCTV)   ⑪ 주식회사 토혹쿠아사히프로덕션

⑫ 주식회사 미디어믹스재팬   ⑬ 주식회사 류큐트러스트

⑭ 주식회사 미스터리채널   ⑮ 토우에이주식회사(영화사)

⑯ BS아사히(朝日)   ⑰ CS10(CS원텐)

⑱ TV아사히 데이터비전(문자다중방송, 데이터다중방송)

⑲ 주식회사 LSD(인터넷, 모바일정보산업)

⑳ 주직회사 토레소라(브로드밴드 영상컨텐츠)

6. TV도쿄와 계열 프로덕션

TV도쿄 1964년 설립되어 1973년부터는 도쿄 제12채널로 회사명을 경신하여 종합방송국으로 성장하게 된다. 1969년에는 니혼케이자이신문사(日本經濟新聞社)가 TV도쿄 경영에 참가하게 되고, 현재는 니혼케이자이신문사 그룹의 중핵적인 영상미디어로 전국적인 에어리어로 3200만 세대를 커버하고 있다.

관련 계열사

① TV도쿄 뮤직(음악 저작권의 관리, 이벤트, 음악프로그램의 제작)

② TV도쿄 미디어 네트워크(프로그램 판매)

③ TV도쿄 커머셜(CM방송 준비)

④ TV도쿄 조명(프로그램용 조명)

⑤ TV도쿄 시스템(시스템 개발)

⑥ TV도쿄 제작(프로그램의 기획과 제작) : TV도쿄의 대부분의 프로그램은 여기에서 제작된다.

⑦ 테크노막크(기술제작)

⑧ 에이 티 엑스(애니메이션 프로그램 제작)

⑨ 니혼케이자이 영상(프로그램 제작)

⑩ 도쿄 브로드밴드(영상콘텐츠의 배신 및 제공)

⑪ 인터렉티브(CS 위탁방송)

⑫ 센터 포(방송준비)

⑬ TV TOKYO AMERICA, INC.(미국보도)

⑭ 프론터(통신판매, 광고판매)

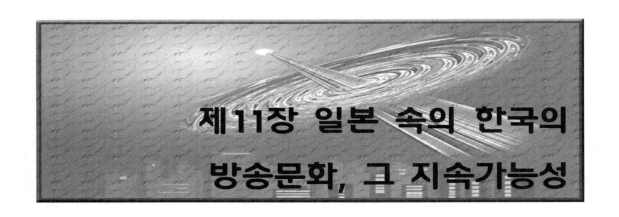

제11장 일본 속의 한국의
방송문화, 그 지속가능성

1. 한국 방송프로그램의 일본 진출

　　한국의 방송프로그램이 일본에 진출한 것은 1992년 TV프로그램 "임진왜란"과 "여명의 눈동자", "질투" 등이 NHK 등에 진출한 이래 12년만의 일이다. 이는 해방 이후 일본 식민지배하에서 그들에게 배운 기술이나 모방에서 탈피하여 우리기술진들의 독자적인 제작능력에 의해서 제작된 쾌거라 아니할 수 없다. 물론, 큐슈 지역이라는 한정된 지역이긴 하지만, 일본인들의 정서나 풍습, 습관 등에 상당히 접근한 수준 높은 작품으로 그들이 높게 평가하지 않으면 도입자체가 불가능하기 때문이다. 또, 한편으로는 우리의 방송제작 능력이 국제적인 측면에서도 객관적으로 인정받고 있다는 점이다. 이와 같이 과거에는 우리나라의 방송사들이 일본의 프로그램을 모방이나 베끼는 복사작업에서 이제 한 단계 나아가서 그들의 정서에 맞게 제작할 수 있는 기술적인 노하우나 제작능력이 생겨났다는 것이다. 그 예로 KBS 제2TV에서 방송한 드라마 "겨울 연가(일본명 후유노 소나타)" "대장금" 등이 일본에서 선풍적인 인기를 끌고 있는 실정이다. 또, MBC와 일본의 TBS가 공동 제작한 "프랜즈", MBC와 후지TV가 합작한 "스타즈 에코(Star's Echo)—별의 소리", "소나기, 비갠 오후" 등도 인기를 얻었다. 그

밖에도 영화로는 "쉬리", "JSA" 등이 일본에서 대단히 인기를 끈바 있다.244)

2. 드라마 "겨울연가(冬のソナタ)"의 NHK 방영

<겨울 연가>는 2003년 봄에 NHK 위성TV 제2채널에서 처음으로 방영되었다. <겨울 연가>는 방영 되자마자 일본 시청자들에게는 상당한 인기를 얻게 되어 마침내는 방송종료 이후에도 재방송이 쇄도해, 결국 NHK는 12월 15일에서 26일까지 위성TV 제2채널에서 다시 재방송하게 되었다. 뿐만 아니라, NHK는 15일 재방송 하루 전날인 12월 14일에는 특별 프로그램 형태로 <한국의 드라마, 매력 대해부>라는 프로그램으로 편성하여 드라마의 특징을 분석하기도 했다.

NHK에서 방송한 시간대는 오후 10시에서 0시까지 매일 2시간동안 2회분을 방영해 총 20회를 방송했다(20, 21일은 제외). 재방송 이후에도 시청자들이 계속해서 방영을 요청해와 드디어 NHK는 다시 간부회의에서 2004년 4월 3일부터 지상파 종합TV에서도 <겨울 연가>를 방송하기로 결정했다. 그 밖에 <겨울 연가>의 주인공(배용준)이 출연하는 MBC 드라마 <호텔리어>도 2003년에는 도쿄 MX-TV(메트로폴리탄-TV)나 KNTV(SKY perfect-TV)에서 방영되었다. 이와 같이 일본에는 <겨울 연가>가 폭발적인 인기를 얻고 있는 가운데, DVD는 물론 드라마의 주인공인 <배용준, 최지우>가 나오는 잡지나 CD, 출판물 등도 상당한 인기를 얻었다.

드디어 <겨울 연가>는 2004년 4월 3일 저녁 11시 10분부터 NHK 종합TV에서 전국적으로 방송되었다. 이날의 시청률은 평소 시청률의 배가 넘는 9.2%로 일본 열도를 한류로 달구기도 했다. NHK는 5일 아침 "안녕하십니까 일본(오하요 닛폰)" 프로그램에서도 배용준을 인터뷰 방송했을 뿐만 아니라, 마침내 4월 6일 에비사와(海老沢勝二)회장은 배용준에게 "양국간의 상호 이해와 문화교류 증진에 크게 이바지했다"고 하여 감사장을 주고 격려했다. 또, 4월 6일에 <겨울 연가>의 특집을 만드는 등 <NHK 뉴스7>에서는 배용준을 집중 인터뷰하여 소개하기도 했다.

그런데 왜 <겨울 연가>가 일본에서 크게 인기가 있을까? 그 이유는 뭐라고 생각하는가? 우선 일본인들이 즐겨서 보는 이유는 여러 가지 원인이 있으리라

244) 「韓国ロケ地ツアーへ日本人900人」『東京新聞』, 2003年 12月 11日付け.

고 본다.

① 이 <겨울 연가>는 과거 일본의 1960연대, 1970연대의 순수한 사랑, 연정, 순애보 등 흔히들 일본 고교생들 사이에 일어날 수 있는 평범한 소재를 선택했기 때문에 우선 일본인들 사이에는 문화적으로 친근감이 있기 때문이다. 일본에는 초·중·고등학교에서 교복을 착용하고 있다. 따라서 이국인 한국에도 이러한 문화가 있다는데 상당한 호기심이 있는 것으로 보인다.

② 일본에는 이제 <겨울 연과>와 같이 시청률이 떨어지는 중년층을 의식한 프로그램은 거의 만들지 않는다. 따라서 시청률이 떨어지는 중년층을 의식한 여고생 시절의 소재는 NHK 이외에 민방에서는 생각하기 어려운 작품이다. 일본의 민방들은 시청률을 의식하여 대부분이 젊은이들을 포커스로 한 작품들이다.

③ 고이즈미 정권이 들어서 이제 일본경제가 조금씩 살아나기는 하지만, 대체적으로 10년이 넘게 불황이 계속되고 있다. 따라서 실직자나 국민들은 지겨워서 뭔가 돌파구를 찾고자 하고 있다. 그런데 이 작품은 과거 자기가 화려했던 고등학교 시절을 회상하면서 이국적인 문화를 접할 수 있는 드라마이긴 하지만, 어떤 면에서는 잠시나마 현재의 자기가 카타르시스를 느낄 수 있는 작품이기 때문이다.

④ 이 드라마는 특히 일본에서 젊은 중년들에게는 선풍적인 인기를 얻고 있다. 구체적으로 30대 후반에서 40대 후반까지가 가장 극성적인 팬이 많고, 그 다음 50대에서 60대에 이르기까지 아주머니들에게는 폭발적으로 인기가 있는 작품이다.

⑤ 일본에는 이제 이런 종류의 드라마는 볼 수 없지만, 자기들의 학창시절을 회상하면서 한국의 젊은이들에 대한 역동적인 면을 관찰할 수 있는 좋은 기회라고 본다. 특히, 일본의 젊은 남성들에게는 볼 수 없는 한국 젊은이들의 박력 있는 모습이나 솔직한 고백 등은 일본의 여성들에게 신선한 충격을 주는 호기심이 가는 대목이다. 따라서 다소 시간적 여유가 있는 젊은 아주머니 층에 인기가 더욱 많다.

3. 일본 속의 한국의 방송문화와 한류

앞에서도 이미 언급했듯이, 한국의 방송프로그램이 일본인들에게 인기를 끌고 있는 것은 작품이나 제작기술이 우수하다기보다는 순수하고 이국적이면서도 또한 일본의 문화 풍토에 잘 맞는다는 점이다. 유럽이나 서양의 드라마보다도 한국의 드라마는 외형적으로도 비슷한 점이 많고, 또 중국 드라마보다는 다소 품위가 있으며 고급스런 자본주의 냄새가 나 어느 나라보다도 한국의 드라마가 그들에게 친근감을 줄 수 있다고 본다. 물론, <겨울 연가>나 <대장금> 자체보다도 이미 일본에 진출하여 인기를 끌었던 "쉬리"나 "JSA", "프랜즈" 등으로 한국의 작품들은 이미 검증을 받은 상태다. 따라서 결론적으로 말하면 지금 이 시점에서는 한국의 방송문화가 일본에 진출하면 성공할 가능성은 매우 높은 편이다.

그 예로 2003년부터 일본에는 한국의 드라마 관련 서적이나 DVD, CD, 잡지, 서적 등이 쏟아지고 있다. 일본의 이케부쿠로(池袋) 세부(西部)백화점 지하 1층 잡지 코너 입구에는 온통 <겨울 연가>를 소개하는 잡지나 소설로 표지에는 배용준과 최지우, 이영애 등 한국의 탤런트들의 사진으로 다음과 같이 도배를 하고 있을 정도다.

① <한국 드라마 가이드(겨울 연가), NHK출판>, ② <한국 드라마와 비즈니스 가이드(배용준 특집), 다카라지마 출판사(宝島社)>, ③ <춘천의 사랑이야기(겨울 연가)>, ④ <그 사람의 나라, 한국을 알고 싶다>, ⑤ <한국의 TV영화 팬북>, ⑥ <K, POP, STAR(17호), 매거진>, 대장금 등이 대표적이다.

따라서 이와 같이 2003년 이후 일본에서는 우리나라의 방송제작물들이 상당히 상승세를 타고 있는 편이다. 그렇기 때문에 MBC나 KBS 등 경쟁력 있는 방송사들의 제작물은 일본의 방송시장 개방과 더불어 일본 프로그램의 한국진출을 상당히 위축시킬 뿐만 아니라, 역으로 일본 시장에 진출해 외화획득에 효자 노릇을 할 수 있다.

4. 일본 속의 한국의 방송문화, 그 지속가능성

일본의 영상 프로덕션 부분에서도 지적했듯이 방송문화 발전에는 여러 가지 요인이 있을 수 있다. 무엇보다도 우리는 우선 영상산업 육성을 위해 영상산업에도 공적인 개념 도입과 함께 제도적인 법제도의 도입이 필요하다. 그 다음 우수한 전문 제작자들의 인력 확충 이 시급하다고 하겠다. 특히, 영세한 프로덕션에 대한 과감한 투자나 세제혜택, 그리고 방송제작 시스템의 전문화나 첨단화 등으로 영상산업진흥정책을 적극적으로 펼쳐 나갈 필요가 있다. 2006년도부터 일본방송 전면 개방을 앞두고 철저하게 사전대비를 해야 할 것이다.

왜냐하면, 일본의 방송문화가 전면 개방되게 되면 세계적인 경쟁력을 갖춘 일본의 방송산업이 우리나라에 진출하여 순식간에 우리 시장을 잠식할지도 모르기 때문이다. 뿐만 아니라, 그렇지 않아도 디지털위성방송이나 DMB 등의 출현으로 채널수가 늘어나 컨텐츠가 엄청나게 부족한 상황이다. 게다가 제한적이긴 하지만 방송시간마저 연장되어 종일방송으로 각 방송사가 재방송으로 땜질하고 있는 상황 속에서 방송프로그램의 질적 저하가 우려되기 때문이다.

이제 새로운 디지털방송시대는 컨텐츠의 개발이나 창의적인 아이디어가 방송산업을 지배하는 시대다. 따라서 정부당국도 규제보다는 자율적으로 아이디어와 컨텐츠를 창출할 수 있는 자율적인 방송제작 환경조성이 시급한 시점이다. 특히 일본사회에서 한국문화가 이처럼 인기가 있었던 예는 몇 백 년 만에 찾아온 "일본 통신사" 이래 처음이다. 이러한 호기에 한류를 지속적으로 살릴 수 있는 길은 우선 일본의 방송문화에 대한 깊은 성찰이 필요하다. 이와 동시에 보다 더 조직적으로 일본의 방송문화에 대한 면밀한 연구 분석이 필요하다고 본다. 왜냐하면, 일본의 방송문화는 세계적인 경쟁력을 갖추고 있기 때문이다. 따라서 우리가 일본이나 세계시장에서 그들을 요리하기 위해서는 일본의 방송문화에 대한 주도면밀한 조사와 연구 분석에서부터 그 해법을 찾을 수 있기 때문이다.

참고문헌

- Emil Shearing, "Introduction : Property Rules as Remedies", *Yale Law Journal* Vol.106(1997).
- Louis Kaplow & Steven Shavel(1996), "Property Rules Versus Liability Rules : An economic Analysis", *Harvard Law Review* Vol.109.
- Michael Lehmann(1995), "Property and Intellectual Property-Property Rights as Restrictions on Competition in furtherance of Competition", ⅡC Vol.20.
- Nonaka, Ikujiro, and Hirotaka Takeuchi(1995), The Knowledge-Creating Company : How Japanese Companies Create the Dynamics of Innovation, *Oxford University Press.*
- Ishikawa, Sakae(1991), "The Assessment of Quality in Broadcasting: Research in Japan", *in Studies of Broadcasting* No.27.
- NHK "Nippon Hoso Kyokai Annual Peport 2005", Copyright 2005 NHK (Japan Broadcasting Corporation) All rights reserved.
- NHK "NHK Science &Technical Research Laboratories" (2005), Japan.
- Okawara Yoshio(2003), "TV in the Age of Globalization": from the Promoting Mutual Understanding, Japan Media Communication Center(JAMCO)
- Smith. D. L(1991) Video Communication: Structuring Content for Maximum Effectiveness. Belmont, California : Wordsworth Publishing Company.
- 坂本衛『徹底検証，NHKの真相』，イースト・プレス，2005年
- 菅谷実編『東アジアのメディア・コンテンツ流通』，慶應義塾大学出版会，2005年
- 放送と人権等権利に関する委員会『BRC判断基準2005』，BRC委員会，2005年
- 小野善邦『放送を学ぶ人のために』，政界出版社，2005年.
- 渡辺武達・松井茂記『メディアの法理と社会的責任』，ミネルヴィ書店，2004年

- 松岡新児・向後英紀『新現場からみた放送学』 学文社, 2004年
- 武市英雄・原寿雄『グローバル社会とメディア』 ミネルヴィ書店, 2003年
- 佐藤卓己・津金沢聡広『広報・広告・プロパガンダ』, ミネルヴィ書店, 2003年
- 服部孝章「混迷テレビ界のジャーナリズム性の喪失」『創』(2003年 2月号), 創出版, 2003年, pp.14〜17.
- 総務省『情報通信白書』, ぎょうせい出版, 2005年
- 電通総研編『情報メディア白書 2005』, ダイヤモンド社, 2005年
- サテマガ・ヒー・アイ『ケーブル年鑑 2005』, 2005年
- 田畑暁生『映像と社会』, 北樹出版, 2003年
- NHK（日本放送協会）「デジタル化で広がる新たな放送文化」, 2004年
- NHK視聴者総局「公共放送・受信料制度」, 2003年
- NHK（日本放送協会）『放送受信契約統計要覧』, 2003年
- NHK出版『放送文化』(1月, 2月, 3月号), 2004年
- NHK放送文化研究所『放送研究と調査』(2004年 2月号)
- NHK（日本放送労働組合）『人としてジャーナリストとして』, 2000年
- NHK（日本放送労働組合）『公共放送ルネサンス 99』, 1999年
- NHK（日本放送労働組合）『メディアリテラシー』, 2003年
- NHK（日本放送労働組合）『送り手たちの森』, 2000年
- NHK（日本放送協会）『ポケット事典』, 2003年
- 片岡俊夫『新・放送概論』, 日本放送出版協会, 2001年
- 河村正行『よくわかるデジタル放送』, 電波新聞社, 2003年
- 吉田直哉『映像は何だろうか』, 岩波書店、2003年
- NHK放送文化研究所『テレビを越えるテレビ』, 日本放送出版協会, 2003年
- NTTグループ・ネットワーク研究会『通信』, かんき出版, 2001年
- 田中伯知『危機管理の社会学』, 北樹出版, 2003年
- ATP事務局「社團法人全日本テレビ番組制作社連盟會員社名簿」, 2003年
- 日本民間放送連盟『民間放送50年史』, 2001年
- 日本民間放送連盟・番組基準審議会「資料集青少年有害環境"問題とメディアの自律」, 2001年
- 日本民間放送連盟研究所『民放エリア別収益動向』(2003年版), 2003年
- 日本民間放送連盟研究所『2004年度のテレビ、ラジオ広告費見通し』, 2004年
- 日本民間放送連盟研究所『民放、経営四季報』(冬), 2003年
- 日本民間放送連盟研究所『21世紀の新放送ビジョン』, 2002年
- 日本民間放送連盟『民間放送』(隔週間新聞), 2003年 1月〜2004年 3月
- ATP日本全国協議会「モニタリングによるテレビ番組の実態調査の実施結果ついて」,2000年 3月
- 日本民間放送連盟編『放送ハンドブック』, 東洋経済新報社, 1999年
- 竹山昭子『ラジオの時代』, 世界思想社, 2002年
- 「地上デジタル放送のスケジュールは」『テレビ新生活』, ニューメディア(株), 2004年

· 電通総研『情報メディア白書 2004』, ダイヤモンド社, 2004年
· 鈴木秀美『放送の自由』, 信山社, 2001年
· 石井清司『全国テレビプロダクションベスト100社』, 東急エージェンシー, 2000年
· 日本民間放送連盟『民間放送年鑑』(2003年), 2003年
· 『ケーブル年鑑 2004』, サテライトマガ・ビー・アイ有限会社, 2003年
· NHK放送文化研究所『テレビ視聴の50年』, 日本放送出版協会, 2003年
· NHK放送文化研究所『NHK年鑑』, 2003年
· NHK放送技術研究所『研究年報』(2003年度), 2003年
· 杉山茂『テレビスポーツ50年』, 株式会社角川インタラクティブ・メディア, 2003年
· デジタルコンテンツ協会『デジタルコンテンツ白書』, 2003年
· 『NEW MEDIA』, ニューメディア(株), 2004年(1号, 2号, 3号), 2004年
· 『NEW MEDIA』, ニューメディア(株), 2003年(11号), 2003年
· 『GALAC』, 放送批評懇談会, 2004年(2月号), 2004年
· 「アニメブームの裏のウラ」『GALAC』, 放送批評懇談会, 2003年(6月号), 2003年
· 「人気番組あれこれ大解剖」『GALAC』, 放送批評懇談会, 2003年(1月号), 2003年
· 「連続ドラマの正念場」『GALAC』, 放送批評懇談会, 2003年(12月号), 2003年
· 「テレビ局の徹底研究」『月刊, 創』(1·2月号), 創出版株式会社, 2004年
· 「テレビ局の徹底研究」『月刊, 創』(1·2月号), 創出版株式会社, 2003年
· 『月刊, 創』(5, 6月号), 創出版株式会社, 2003年
· 『ソフィア』(203号), 上智大学, 2004年
· 西正『謎走するデジタル放送』, 日刊工業新聞社, 2003年
· 西正『放送·通信融合時代の夜明け』, 日本実業出版社, 2002年
· 湯浅正俊・西正『放送VS通信』, 日本実業出版社, 2002年
· 『冬のソナタ』, 日本放送出版協会, 2004年, 2004年
· 日本放送出版協会『放送文化』(春号, 通巻2号), 2004年
· 「2003年, インターネットリサーチ業界は激動の年を迎える」『宣伝会議』(2月号), 宣伝会議(株), 2003年
· 李錬『マス・メディアと冷戦後の東アジア』, 学文社(共著), 2005年
· 李錬『朝鮮言論統制史』, 信山社, 2002年
· 李錬『サッカー文化の構図』, 学文社(共著), 2004年
· 李錬「文化摩擦とメディア」『グローバル社会とメディア』, ミネルヴィ書店, 2003年
· 李錬「韓国におけるテレビ放送環境の変化と日本のテレビ番組輸入政策を中心に」, 『コミュニケーション研究』, 上智大学コミュニケーション学会, 2005年
· 「放送法の一部を改正する法律案関係資料」, 郵政省, 1999年
· 『放送技術の動向』, 日本放送協会技術研究所, 1999年
· 『月刊民放』, 民間放送連盟, 1998年 12月号
· 『民間放送』, 民間放送連盟, 1999.5.1～1999.5.31日付けまで

- 『新放送文化』, 日本放送出版協会, 1998年~1999年 5月号まで
- 『放送研究と調査』, NHK放送文化研究所, 1999年 4月号
- 『放送と通信の融合問題』, 日本民間放送連盟研究所, 1998年
- 『放送ハンドブック』, 東洋経済新報社, 1999年
- 『放送業界』, 東洋経済新報社, 1998年
- 『なぜ, 表現の自由か』, 東京大学出版会, 1998年
- 『放送法制の課題』, 有斐閣, 1989年
- 『平成10年度版通信白書』, 大蔵省印刷局, 1999年
- 『放送行政の展望』, 電気通信振興会, 1996年
- 『公共性からみた放送』, 郵政省放送行政局, 1998年
- 『放送問題総合研究会報告書』, 放送文化基金, 1998年
- 『民放20年私記』, 兼六館出版, 1994年
- 『テレビは変る』, 岩波ジュニア新書, 1995年
- 日本民間放送連盟研究所『放送の自由』のために』, 日本評論社, 1997年
- 美ノ谷和成『放送論』, 学陽書房, 1992年
- 長谷部恭男『テレビノ憲法理論』, 弘文堂, 1992年
- 日本放送協会編『NHK年報』, 1998年度版
- 郵政省郵研究所『今後の国際受発信メディアの在り方に関する調査研究報告書』, 1998年
- 日本民間放送連盟研究所『放送判例研究報告書』, 1999年
- 郵政研究所『21世紀放送の論点』, 日刊工業新聞社, 1998年
- 西正 さくら総合研究所『放送はどうなる!』, ダイヤモンド社, 1998年
- 桑野幸徳『ディジタル革命新時代』, オーム社, 1998年
- NHK放送文化研究所「あなたにとっての"マイステーション"〜放送局イメージテレビ視聴〜」(春の研究発表とシンポジウム), 2004年
- NHK放送文化研究所「デジタル放送が築く新世紀〜放送と通信はどう変わるのか〜」, 文研 Report(No.6.), 2000年 11月
- NHK放送文化研究所「デジタル革命の予感〜放送が変わるか, 視聴者が変わるか〜」(No.8.), 2001年 4月
- 日本民間放送連盟・番組基準審議会「"青少年有害環境"問題とメディアの自律」, 2001年
- 日本民間放送連盟「米国におけるテレビ番組規制と視聴者団体の活動」, 2001年 7月 6日 講演資料
- 日本民間放送連盟『平成12年度放送計劃委員會 業務報告會』(レジュメ/參考資料), 2000年 7月 6日
- 日本全国協議会「モニタリングによるテレビ番組の実態調査の実施結果ついて」, 2000年 3月
- 日本民間放送連盟研究所『放送の自由』のために』, 日本評論社, 1997年
- 日本民間放送連盟編『放送ハンドブック』, 東洋経済新報社, 1999年
- 田宮武・津金澤聰廣『テレビ放送を考える』, ミネルヴァ書房, 1990年
- 津金澤聰廣・田宮武『放送文化論』, ミネルヴァ書房, 1985年

· NHK放送文化研究所「放送研究と調査」(1月~12月), 2000年~2006年
· 郵政省『青少年と放送に関する調査研究報告書』, 1999年
· NHK放送文化研究所『国内放送の現況~民間放送~』, 2000年
· 日本放送協会·放送文化研究所『放送学研究』(50号), 2001年
· 郵政省郵研究所『今後の国際受発信メディアの在り方に関する調査研究報告書』, 1998年
· 日本民間放送連盟研究所『放送判例研究報告書』, 1999年
· 坂本佳鶴恵『<家族>イメージの誕生』, 新曜社, 1997年
· 井上宏『テレビ文化の社會學』, 政界思想史, 1987年
· 佐藤忠男『日本映畫史(3)』, 岩波書店, 1995年
· 鳥山擴『テレビドラマ·映畫の世界』, 早稻田大學出版部, 1995年
· 白幡洋三郎『カラオケ·アニメが世界をめぐる』, PHP研究所, 1996年
· 桂敬一『21世紀のマスコミ放送』, 大月書店, 1998年
· 平本厚『日本のテレビ産業』, ミネルウァ書房, 1997年
· 左怒賀三夫『テレビドラマ史』, 日本放送協会, 1978年
· 桑野幸徳『ディジタル革命新時代』, オーム社, 1998年
· 能村庸一『実錄テレビ時代劇史』, 東京新聞出版局, 1999年
· 天野勝文『岐路に立つ日本のジャーナリズム』, 日本評論社, 1997年
· 日本放送協会·総合放送文化研究所『日本のテレビ編成』, 1976年
· MBC 방송문화, 『방송과 커뮤니케이션 2001』, 2001
· 방송위원회 『방송연구』, (1995년 여름호), 방송위원회(통권 40호)
· 방송위원회 「일본방송 개방과 문화적 파급영향에 대한 분석」 『방송시장 개방과 문화정체성 확보 방안 연구』, 2001년 12월
· 한국방송진흥원 『해외 우수 프로그램 제작 시스템 비교연구』, 2001년 12월
· 한국방송진흥원 『디지털화에 따른 텔레비전 제작시스템 개선방안 연구』, 2001년 11월
· 방송위원회 『방송연구』, 1994년 겨울호(통권 39호)
· 방송위원회 『방송연구』, 1995년 여름호(통권 40호)
· 『방송 프로그램 모방의 문제점과 대처방안』, 한국방송진흥원, 1999년
· 『방송사의 경영평가』 (일본편), 한국방송위원회, 1999년
· 「방송과 저작권」 『방송연구』, 한국방송위원회, 1999년
· 한국일본문학회 『한국일본문학회 2000년도 추계 국제학술대회』, 2000년
· 한국방송진흥원 『연예·오락 프로그램 전문가 평가 및 평가결과 분석(1)』, 2000년 8월
· 한국방송진흥원 『프로그램 등급제 관련 시청률 분석 및 프로그램 내용분석』, 2001년 7월
· 한국방송진흥원 『방송 동향과 분석』, 2004년 5월
· 방송위원회 『방송 연구』(1998년 겨울호, 통권47호), 1998년
· 한국방송개발원 『일본문화 개방에 대비한 우리 방송의 대응 방안 연구』, 1998년
· 「한국속의 일본 대중문화」 『간행물윤리』, 간행물윤리위원회, 1999년(4월호)

A

ABC(오사카:大阪) 167
ATP(전 일본TV프로그램 제작사협회) 223
ATP상 224
ATP세미나 224
ATP심포지움 224
ATP의 조직 223

B

BBC 83
BBC의 가이드라인 36
BPO(Broadcasting Ethics&rogram Improvement Organization: 방송윤리·프로그램 향상기구) 47, 48
BRC(Broadcasting and Human Rights / Other Related Rights Committee) 48
BSAT-2a 발사 66
BS디지털방송 70, 77
BS디지털방송실험 65
BS아날로그방송 77

C

CBC(나고야:名古屋) 167
CCD(Civil Censorship Detachment＝民間検閲支隊) 19
CCS(Civil Communications Section＝民間通信局) 20
CS디지털방송(SKY perfec TV) 214
CS방송 96

D

DMB 192
DVD와 CD-ROM의 제작 233

F

FIP-FujiTV(UK) 238
FI랜드 238
FM도쿄 104
FM방송 104
FM방송협회 104
FNN(Fuji News Network) 164
FNS(Fuji Network System) 164

G

GHQ(General Head Quarter:연합국군총사령부) 19
Good Luck 201

H

HDTV1계통 77

I

IPTV 38
IT 혁명의 세기 192
IT벤처회사(실제는 금융회사) 106

J

JET 174
JNN네트워크기본협정 103
JOAK 19
JRN 104

K

KBC가 키一국 171
KNTV(SKY perfect一TV) 243

M

MICO 174

N

NEP21 북경주재 237
NET 아사히 219
NHK 128
NHK Enterprise America(New York 본사, Los Angeles 지사) 236
NHK Enterprise Europ(Westminster London, 본사) 236
NHK 기술연구소 147
NHK 세끼네 아끼요시(關根昭義) 91
NHK 소프트웨어 229, 237
NHK 애드케셔널 234
NHK 엔터프라이즈 228
NHK 엔터프라이즈 21 229
NHK 연속TV소설 232
NHK 월드 프리미엄 78, 79
NHK 종합 디지털방송(ISDB) 233
NHK(Japan Broadcasting Corporation) 22
NHK(日本放送協會:Nippon Hoso Kyokai) 58
NHK(일본방송협회) 199
NHK대하드라마 232
NHK방송 가이드라인 44
NHK방송문화연구소 180
NHK월드TV 79
NHK의 기본 편성 방침 137

NHK의 정치적 중립 훼손사건 88
NHK의 정치적 중립 훼손사건과 특별 사과방송 88
NHK하이비전 스페셜 232
NHK홀의 이용규정 88
Nippon Television Network Europ BV(네델란드) 238
NNHK 월드 라디오 닛폰 79
NNN(Nippon News Network) 164
NNS(Nippon Television Network System) 164
NTT 55
NTTcom 168
NTT커뮤니케이션즈(NTTcom) 167

P

PD나 CP 210
PPB(Pictorial Press Broadcast=영상, 출판, 방송검열부) 19

S

SDTV2계통 77
simultaneous 77

T

TBS 라이브 239
TBS 서비스 239
TBS 엔터테인먼트 239
TBS와 계열 프로덕션 239
TBS의 드라마 201
TV도쿄와 계열 프로덕션 241
TV아사히 영상주식회사 240
TV아사히(朝日)와 계열 프로덕션 240
TV중계 회선 망 167
TV프로덕션 베스트100사 214

W

WOWOW가 도쿄증권거래소 106

ㄱ

가부키(歌舞伎) 217

감사(監事) 70, 82

개인정보보호법제화전문위원회 52

거래 계약 235

겨울연가(일본명, 후유노 소나타:冬のソナタ) 178, 199, 243, 245

견해 49

결산 81

경성(硬性) 뉴스 182

경영·조직센터 224

경영위원회(Board of Governors) 66, 70, 142, 202

경영위원회의사록 72

경영재원 74

경영재원은 국민의 세금(수신료 포함) 196

경영평가 142

계약의 체결 235

고미야(小宮悦子) 아나운서 182

고바야시 기이치(小林喜一) 논설위원(朝日新聞) 182

고쇼 헤이노스케(五所平之助, 1902-1981) 218

고이즈미 (小泉純一郎) 107

고정세도(高精細度:하이비전) 41

공공방송(공영방송) 71, 203

공동 제작 171

공동 제작형 139, 207

공동청취용 방송설비 86

공동판매 171

공민영 이원(二元)체제 60

공사(公社) 81

공선(公選) 86

공중(public) 118

공평한 수신료 징수 145

관동(關東) 128, 98

관련사업(Affiliated Organizations) 147

교부금 삭감 75

교육방송 159

교카(狂歌:우스꽝스러운 와카) 190

교토 텔레비전 238

구로사와 아키라 (黑澤明, 1910-1998) 189

국내방송(중파방송) 64

국내방송의 프로그램준칙 70

국내프로그램기준의 공표 70

국민적인 공공방송(公共放送) 94

국제 전기 통신 조약 123

국제방송 78

권고 49

규제완화소위원회 77

그림자 지대(影の地帯) 219

금요 드라마 229

금요일의 부인들(金曜日の妻たちへ) 184

기못다마 카아산(肝っ玉かあさん:배짱 좋은 아줌마) 184

기무라 요시히코(木村良彦) 223

기뵤시(黄表紙) 191

기술기준 적합성 129

기술투자(NHK기술연구소, 하드 소프트, 디지털) 147

기시베의 앨범(岸辺のアルバム) 184

기타노 타케시(北野武) 189

긴급대책위원회 95, 96

긴끼(近機) 128

긴키(近機)지역권 193

긴키(近畿) 98

ㄴ

나가가와 아키라(中川昭) 경제대신 89

나고야 방송국(名古屋放送局) 160

나고야(名古屋) 주부 닛폰방송(中部日本放送:CBC) 93, 161

낭만비가·浪漫悲歌 218

뉴一야마가다(TUY) 172

뉴욕의 JNG(Japan Network Group) 234

니조성(二條城) 217

니혼 텔레비전(N-TV) 169, 210

니혼TV(NTV)와 계열 프로덕션 237

니혼케이자이신문사(日本經濟新聞社) 128, 241

니혼텔레비전 방송망 103

니혼텔레비전(日本TV:NTV) 94

니혼텔레비전방송(N-TV, channel 4)　128
니혼텔레비전방송망 계(NNN)　104
닌텐도　178
닛카츠(日活)　217
닛카츠와 쇼구치(松竹)　218
닛폰방송(주)　104, 106

ㄷ

다국화주의(多局化主義)　174
다이쇼(大正)시대　187
다이쇼(大正期)　217
다이에이(大映)　218
다중 문자방송의 실시여부　157
다중 언어방송의 실시여부　157
다중방송　137
다카타 마코토(高田誠)　90
다케우치 겐자부로(竹内源三郎)　223
다큐멘터리　209, 230
다키노 토시카즈(滝野俊一)　202
단 카이 세대　187
대중　179
대차대조표　82
대체규정　70
도에이(東映)　218
도쿄 방송(TBS-TV, channel 16)　128
도쿄 방송국(NHK전신)　160
도쿄 카스미카세끼의 사린 독극물 사건　155
도쿄MX-TV(메트로폴리탄-TV)　243
도쿄방송계(JNN)　104
도쿄의 가치　188
도쿄의 키-국(Key Station:모국)　135
도호(東宝)　218
동경(東經) 110도　109
두루마리 그림(絵巻:에마키)　190
드라마　178, 208, 230
드라마는 지방을 테마　172
디지털·하이비전　234
디지털방송 (동경(東經)　109
디지털방송(ISDB)의 고도화 연구　149

ㄹ

라디오 닛폰　78
라디오 도쿄 텔레비전(현 東京放送:TBS)　161, 218
라디오 방송문화　179
라이브도어(live door)　106
라이프스타일　180
런던의 JSTV(Japan Satellite TV)　234
리얼리즘　218

ㅁ

마담과 아내·マダムと女房　218
마이니치신문(毎日新聞)　91, 128
마쯔시다　178
마쯔타케(松竹)　218
마츠오바쇼(松尾芭蕉)　190
매스미디어　98
매스미디어의 표현의 자유　32
메이지(明治)시대　187, 217
免許　114
면허 부여(전파법 제12조)　125
면허 신청 수속　125
면허신청　124
명예훼손　157
무로마치시대(室町時代:1336년~1573년)　190
무선국　115
무선국 면허　64, 105
무선통신(Radio communication)　116
무코지마(向島)　217
문학작품(원작이나 대본)　197
문화　179
문화방송　104
문화적인 소재　189
미국의 가치　188
미디어·학습능력(literacy) 향상　50
미조구치 켄지(溝口健二, 1898-1956)　218
민간 정보교육국(CIE:Civil Information & Education Section)　20
민간방송　204

민간방송사업자 159
민간방송연맹 48
민간방송연맹의 광고시간 편성기준 205
민방 키 스테이션(Key Station) 104
민방의 존립기반 97

ㅂ

바우네트(VAWW—NET) 89
반론권 45
방송 구역이 다를 경우 127
방송 구역이 동일할 경우 127
방송 컨텐츠 198
방송(공중(公衆)) 67
방송과 인권 등 권리에 관한 위원회기구(Broadcast and Human Rights/Other Related Rights Organization (약칭 'BRO') 46
방송국 재 면허의 근거 규정 129
방송국 재 면허의 심사 요건 129
방송국의 개설 근본적 기준 129
방송국의 경영방침 134
방송국의 네트-워크 사정 134
방송국의 면허 122
방송국의 사회적 책임 134
방송규제(BPO) 44
방송기준심의회 95
방송대학 학원(學園)법 94
방송문화 177, 178, 179, 245
방송문화의 발전 189
방송문화의 특성과 본질 195
방송박물관 운영 153
방송법 115
방송법 시행규칙 117
방송법 시행령 117
방송법 제38조 84
방송법 제40조 84
방송보급 기본계획 27, 29 97, 117
방송설비(광고방송설비) 86
방송설비의 양도 등의 제한 규정 88
방송용주파수 사용계획 117

방송운영 138
방송윤리·프로그램 향상기구(BPO : Broadcasting Ethics &Program Improvement Organization) 46
방송윤리의 철저(Strict Broadcasting Ethics) 144
방송의 공공성에 관한 조사연구회 68
방송의 불편부당 35, 85
방송의 획일화 213
방송정책간담회 38
방송편성을 규정하는 요인 134
방송편성의 평가관련 내용과 기준 133
방송편집의 자유 85
방송평가 132
방송프로그램 심의기관 41
방송프로그램 심의위원회 48
방송프로그램 편집 등의 적합성 130
방송프로그램의 정정 42
방송프로그램의 편집준칙 85
방수(傍受:제3자가 엿 듣는 것=감청) 53
방수영장은 최장 30일로 54
배용준 245
110도 인공위성디지털방송 109
법령준수추진위원회(compliance) 90
보류권한(reserve power) 36
보완위성 BS-3N 중계기 65
복수지배의 금지원칙 97
부속 무선 통신 규칙 123
브로드 밴드(broadband) 211
블록 네트워크 171
비디오제작 232
비즈니스적인 척도 188

ㅅ

사무국 96
사업·프로젝트 센터 224
사업계획 실시의 확실성 130
사업운영의 독립성(Independence of Operation) 143
사용료절충안제시 224
사이가쿠(西鶴) 190
사회의 광장 76

산께이신문(産經新聞) 128
삽화(揷繪:사시에) 190
상근역원(監事, 監査役) 120
새로운 가치 188
새로운 로컬 172
새로운 문화 187
서브 스크립션(subscription:유료계약방식) 76
성령(省令) 40
세일즈 레디(Sales Ready) 24
소수계층에 대한 배려(캡션방송, 장애자 수화, 노인 방송) 157
소수계층에 대한 배려방송 실시 여부 157
소우시(冊子=草紙:삽화가 많이 들어 있는 대중소설) 190
속(俗) 190
송출 형태 138, 206
쇼와(昭和)시대 187
수신료제도 74
수탁국내방송－방송위성업무용주파수 108
수탁국내방송－방송위성업무용주파수 이외의 주파수 108
수탁내외방송 25
수탁방송사업자 110
수탁협회국제방송 25, 69
수화방송실시 여부 157
스미토모(住友)상사 111
스파트 광고 205
스페셜 다큐멘터리 229
스포츠 209
시민단체에 의한 방송평가 154
시청자 의향 집약 151
시청자 「소리」의 흡수 146
시청자에 관한 정보 134
시청자의견수렴과 반영의 구조 152
시청자회의 151
신문윤리강령 45
신세대(디지털세대) 186, 187
신청의 심사 126
심사기준(신규) 124
심포지엄과 포럼 232

ㅇ

아(雅) 190
아끼모도하루히코(秋元晴彦) 223
아베신조(安部晋三) 자민당 간사장 대리 89
아사히신문(朝日新聞) 128, 90
아속 혼류(混流) 191
아즈치 모모야마시대(安土挑山時代) 190
안내 광고 205
애니메이션 215, 230
액션활동 프로그램 224
야마가다 텔레비전(YTS) 172
야마가다현(山形縣) 172
야마구찌(山口) 171
언어도 지방 방언 172
에도(江戸)시대 187
에도시대에 유명한 하이쿠(俳句) 작가 190
에비사와 카츠지(海老沢勝二) 회장 89, 243
엔터테인먼트 230
엔터프라이즈(Enterprise) 228, 230
여명의 눈동자 242
여성 국제 전범재판(여성 국제 전범법정) 89
역시 세계(なるほど! ザ・ワールド) 185
역원(監事, 監査役) 119
연방통신위원회(Federal Communication Commission:FCC) 39
연성(軟性) 뉴스 182
연속 드라마 229
영국군(British troops) 36
영상의 세기 192
영업사정 134
영화배급회사 218
예비면허(가 면허) 조건달성 확인(전파법 8조) 125
예산 81
예산총칙 83
오사카 방송국(大阪放送局) 160
오사카(大阪) 신 닛폰방송(新日本放送:NJB, 현 RKB毎日放送) 93, 161
오사카(大阪:149개사) 220
오자와 이치로(小澤一郎) 174

오즈 야스지로(小津安二郎, 1903-1963) 218

오쿠다 요시타네(奥田良胤) 180, 211

오타기리 마코토(小田桐誠) 182

온나가타(女形) 217

옴 진리교 교주인 아사하라쇼꼬(麻原彰晃) 155

와이드 쇼 185, 208

와이드 프로모션 219

와카(和歌:일본 고유형식의 시)라는 전통시 190

완전 외주형 139, 207

외자 진입 규제 121

외주제작 139, 206

요꼬하마(横濱)의 사카모토(坂本) 변호사 155

요미우리 자이언트(巨人) 237

요미우리신문(讀賣新聞) 128

요시자와 상점(吉澤商店) 217

요코다 상회(横田商会) 217

우리군(our troops) 36

우시야마 준이치(牛山純一) 219

우정성(총무성) 68

우주시대 89

우주통신(주)(SCC)(미츠코시(三越)상사,   미츠코시(三越)전기) 111

운영 개시신고(전파법 제15조) 125

울트라 만보 171

위성 계 108

위성 제1TV 137

위성 제2TV 137

위성계 민간방송사업자 159

위탁방송사업자 109

위탁방송업무(수탁국내방송) 64

위탁협회국제방송 80

위탁협회국제방송업무 69

유니온영화사 223

유료방송 107

유선전기통신설비 86

유선텔레비전 67

유선텔레비전방송법 94

의·식·주·유(遊)·학(学)·노(勞)·커뮤니케이션·경조사·소비 179

이마노 쯔도무(今野勉) 223

이벤트 232

이시이 기요시(石井清司) 214

21세기의 IT 혁명시대 192

24시간 뉴스채널 212

이영애 245

이와테 현(岩手縣) 174

이케부쿠로(池袋) 세부(西部)백화점 245

이토츄(伊藤忠, 미츠이(三井)물산 111

이하라 사이카쿠(井原西鶴) 190

인공위성디지털방송 109

인권침해 157

인정갱신규정 69

인터넷 서비스 79

인터넷과 컨텐츠 233

일극(一極)주의 171

일반방송사업자(유료방송사업자) 30, 93, 107

일본 방송사업 159

일본 텔레비전 프로그램 제작사연맹(ATP:Association of All Japan Television Program Production Companies) 139

일본 텔레워크 219

일본민간방송연맹(NBA : The National Association of Commercial Broadcasters in Japan) 28, 47, 94

일본방송협회(NHK) 47

일본신문협회 45, 53

일본신문협회 미디어개발위원회 66

일본영화기록센터 219

일본통신위성(주)(JCSAT) 111

임진왜란 242

장래를 위한 대응 134

장르별 편성 기준 205

재 면허의 근거 규정 129

재 면허의 심사 요건(신규면허) 130

再免許 114

재미있는 가치 188

재정의 자립성(Financial Independence) 145

재정적 기초의 유무 129

재팬 에프엠(Japan FM) 리그 104
재팬 에프엠(Japan FM)네트워크 104
재팬(닛쇼이와이(日商岩井) 111
재해의 경우의 방송규정 70
저작권보호 225
저작권위원회 224
전 일 본 텔레비전프로그램 제작사협회(ATP : Association of All Japan TV Program Production Companies) 223
전기통신(유선)역무이용방송사업자 159
전기통신역무이용방송법 31
전문위원회 96
전전공사(電電公社) 167
전전세대 187
전통문화 189, 197
전통문화의 고수 197
전파감리심의회 65
전파감리위원회설치법상해(詳解) 83
전파법 115, 116
전파법 시행규칙 114, 117
전후 세대(단 카이[團塊 세대) 186, 187
정관의 변경 95
정보통신기술(IT)전략본부 51
제39조(지출제한 등) 84
제41조(회계검사원의 검사) 84
제42조(방송채권) 84
제작 분리형 135
제작 분리형태 200
제작 주체별 206
제작 포괄형 135, 200
제작 형태별 206
제작체제 134
제작환경 211
종합정보 단말기 212
주식회사 방송기술사 240
주식회사 비디오파크 닛폰 240
(주)일본세터라이트시스템즈(JSAT) 111
주쿄(中京) 98
주파수의 할당 가능성 129
(주)후지텔레비전(주) 106

준 키ー국(大阪局) 135
중앙교육심의회 50
중앙방송 프로그램심의회 202
지방방송프로그램심의회(정령(政令) 86
지상파 방송문화의 특성과 본질 195
지상파계 108
지역 네트워크 160
지역 문화 171
지역 생활상 171
지역밀착성 131
지역에 밀착한 방송 169
질투 242
집중배제원칙 98
쯔꾸시 테츠야(筑紫哲也) 156
쯔바기(椿貞良) 보도 국장 155
쯔쿠시 테츠야 NEWS 23 239

차세대 233
차세대휴대전화(IMT 2000) 67
천황책임론 89
청소년과 방송위원회(2000년 4월 발족) 51
청춘가족(靑春家族) 184
초단파데이터다중방송 109
초단파방송 64, 109
최고재판소(대법원) 33
최지우 245
취재원(源)의 비닉(秘匿) 34
츠나시마 츠요시(綱島 毅) 58
치카마쯔(近松) 190
치카마츠 몬사에몬(近松門左衛門:1653~1724) 190

카게무샤・影武者 189
카고시마(鹿兒島) 172
카나가와(神奈川県:87개사) 220
카운터 파트너(counter partner) 161
카타르시스 181

캡션방송 실시여부 157
컨텐츠 189
컨텐츠 제작기술의 연구 149
컨퍼런스(법령준수)추진실 59
케이블TV(CATV) 94
퀴즈 209
큐슈 아사히방송(KBC) 171
큐슈(九州) 171
키 스테이션 160
키ー국(Key Station:母局) 128, 193
키네마 준보(キネマ旬報) 189
키시모토 카요코(岸本加世子) 189
키타가와 마코토(北川信) 169

ㅌ

타미야 타케시(田宮武) 180
탈 로컬 172
태어나기는 했지만・生れてはみたけれど 218
테마파크와 극장 232
텔레비전 다중방송 67
텔레비전 도쿄 계(TXN) 104
텔레비전 도쿄 방송(TX-TV, channel-12) 128
텔레비전 방송문화 179
텔레비전 아사히 영상 220
텔레비전 아사히(ANB-TV, channel-10) 128
텔레비전 아사히방송 계(ANN) 104
텔레비전 아사히방송(주) 106
텔레비전아사히(TV朝日) 155
토요토미 히데요시(豊臣秀吉:1573〜1603) 190
토키(Talkie:발성영화) 217
통신 방수(傍受)법 44
통신 비밀을 범한 공무원 56
통신방수법(범죄수사를 위한 통신방수에 관한 법률) 53
통신방수법시행(통신감청법) 53
통합디지털방송(ISDB:Integrated Services Digital Broadcasting) 194
트랜스폰더(transponder)환산 101
특집 프로그램 229

ㅍ

파견 제작형 207
퍼블릭・코퍼레이션(public cooperation) 62
페어 렌털 록 기능과 V(Violence)칩 50
편성 내용 203
편성 업무 136
편성 조직 135
편성 주도형 200
편성기준과 실제 137
편성평가 132
평가 내용 136
평가 대상 136
포괄면허 114
포맷 183
폰포코 이야기 218
표현의 자유 48
프로그램 광고 205
프로그램 기획 140
프로그램 비디오 233
프로그램 심의위원회 48
프로그램 제작비 140
프로그램 제작위탁에 관한 NHK의 기본방침 235
프로그램 편성기준 204
프로그램 편집의 자율성(Independence of Programming) 144
프로그램평가 133
프로덕션 215

ㅎ

하나비(HANA-BI) 189
하세카와(長谷部恭男) 교수 32
하시모토 겐이치(橋本元一) 91
하이비전 137
하이비전 프로그램 230
한국 드라마 가이드(겨울 연가) 245
허가제도 114
헤안시대(平安時代:794년〜1185년) 190
현(縣) 97

협찬 광고 205

호리에 다카후미(堀江貴文) 107

호선(互選) 71

혼다 마사카즈(本田雅和) 90

화면의 질적인 평가 133

회장 70

회장, 부회장, 이사의 임면 72

후지 산케이 그룹의 닛폰방송(중파라디오 방송) 주
식 106

후지 텔레비전 엔터프라이즈 219

후지 포니 219

후지 프로덕션 219

후지TV는 산케이신문(産経新聞)의 계열 방송사 238

후지TV와 계열 프로덕션 238

후지텔레비전 계(FNN) 104

후지텔레비전(CX-TV, channel-8) 128

후쿠오카(福岡) 171

후쿠호도(福宝堂) 217

◼ 저자 소개

이연 교수는 현재 선문대학교 언론광고학부 신문방송학과에 재직 중이다. 그가 일본의 매스미디어에 대해서 연구하게는 된 것은 1984년 조치대학 (上智大學 : Sophia Univ.) 新聞學硏究科에 유학하면서부터였다. 그 후 上智大學 新聞學硏究科에서 碩士, 博士學位를 마치고 1991년부터 일본의 매스미디어에 대해서 본격적으로 연구하게 된다. 특히 '일본 대중문화 베끼기'라는 화두로 우리 사회의 방송프로그램 베끼기의 무감각성에 경종을 울리기도 했다. 그 동안 학회 활동으로는 한국언론학회 기획이사, 국제담당이사, 집행이사, 한국방송학회이사 등을 역임했다. 또, 일본 上智大學 新聞學科 客員敎授 및 NHK 자문교수(릿포로), 소방방재청 자문교수 및 평가위원, 심의위원 등을 역임했다.

그 밖에 대표적인 저서는 다음과 같다.
『朝鮮言論統制史』, 信山社(東京), 2002年
『サッカー文化の構造』, 道和書院(東京 : 共著), 2004年
『マスメディアと冷戦後の東アジア』, 學文社(東京 : 共著), 2005年
『グローバル社會とメディア』, ミネルヴァ書店(京都 : 共著), 2003年
『위기관리와 매스미디어』, 학문사, 2006년
『재난방송체계 구축방안연구』, 방송위원회, 2005년
『위기관리와 커뮤니케이션』, 학문사, 2003년
『일본 대중문화 베끼기』, 나무와 숲(공저), 2000년
『일본의 케이블TV』, 영풍문고(공저), 1999년

일본의방송과방송문화사

2006년 8월 20일 초판 발행
2007년 7월 20일 2쇄 발행

지은이 / 이   연
펴낸이 / 김 귀 환
펴낸데 / 학 문 사 HMP

주소 / 서울특별시 종로구 행촌동 37-18
전화 / 본사 (대) 738-5118   FAX 733-8998
        대구 지사(053) 422-5000   FAX 424-7111
        부산 지사(051) 502-8104   FAX 503-8121
신고번호 / 제 300-2003-149 호
                © HAKMUN PUBLISHING CO. 2006

E-mail : hakmun@hakmun.co.kr
http://www.hakmun.co.kr

값 15,000원
ISBN 89-467-3390-X